U0867868

RESEARCH ON CRIMIAL IMPUTATION FOR
CRIME INVOLVING ARTIFICIAL INTELLIGENCE

涉人工智能犯罪刑事归责研究

杨丰一◎著

法律出版社
LAW PRESS · CHINA
北京

图书在版编目（CIP）数据

涉人工智能犯罪刑事归责研究 / 杨丰一著. -- 北京 ：法律出版社，2024. -- ISBN 978－7－5197－9692－1

Ⅰ. D924.304

中国国家版本馆 CIP 数据核字第 202444SB01 号

涉人工智能犯罪刑事归责研究
SHE RENGONG ZHINENG FANZUI XINGSHI GUIZE YANJIU

杨丰一 著

策划编辑 魏艳丽
责任编辑 魏艳丽
装帧设计 汪奇峰 贾丹丹

出版发行 法律出版社
编辑统筹 法商出版分社
责任校对 裴 黎
责任印制 胡晓雅
经　　销 新华书店

开本 710 毫米×1000 毫米 1/16
印张 18.75 **字数** 242 千
版本 2024 年 12 月第 1 版
印次 2024 年 12 月第 1 次印刷
印刷 北京新生代彩印制版有限公司

地址：北京市丰台区莲花池西里 7 号(100073)
网址：www.lawpress.com.cn
投稿邮箱：info@lawpress.com.cn
举报盗版邮箱：jbwq@lawpress.com.cn
销售电话：010－83938349
客服电话：010－83938350
咨询电话：010－63939796
版权所有·侵权必究
书号：ISBN 978－7－5197－9692－1
定价：68.00 元

凡购买本社图书，如有印装错误，我社负责退换。电话：010－83938349

序

张　旭*

欣闻杨丰一博士的专著《涉人工智能犯罪刑事归责研究》即将付梓，作为他的博士学位论文指导教师，感到由衷的高兴和欣慰，并接受邀请，为之作序。

该书是杨丰一在其博士学位论文的基础上修改、完善而成的。他在拟定博士学位论文选题时，决定围绕涉人工智能犯罪的刑事归责问题展开研究。经过广泛查阅资料、拟定论文提纲、撰写论文初稿、反复修改定稿，最后完成论文的写作。论文紧紧围绕涉人工智能犯罪刑事归责这一中心，从前提思考、归责困境、路径归纳与风险评析、立场遴定以及方法选择等方面对该问题进行了全面、细致、深入的分析。在归责困境的总结、应对涉人工智能犯罪的立场遴定和方法选择的论证上，都很有见解，不少方面有自己的创见。该文是一篇具有较高学术水平的博士学位论文，获评吉林大学优秀博士学位论文和吉林省优秀博士学位论文。

该书以涉人工智能犯罪的刑事归责为研究对象，通过

---

* 吉林大学法学院教授、博士生导师、刑法学科（国家级重点学科）带头人，兼任中国刑法学会副会长、中国犯罪学学会高级学术顾问。

考察涉人工智能犯罪的基本特征、涉人工智能犯罪对刑法规范与理论产生的冲击，明确涉人工智能犯罪归责困境的存在范畴与衍生原因，比较分析各种归责困境的纾解进路，最终遴定刑法回应涉人工智能犯罪归责困境的立场与方法。杨丰一博士这部系统讨论涉人工智能犯罪刑事归责的著作，对于在刑法学层面认识及应对日益发展的人工智能刑事风险具有重要的学术价值，对于司法实践而言也具备一定的借鉴意义。

在学术思想方面，作者在该书中提出人工智能刑事风险协同治理理念。即人工智能刑事风险治理需要回应事实层面的人工智能犯罪风险、规范层面的人工智能犯罪归责风险、价值层面的人工智能刑法体系风险。对于归责困境纾解路径的选择应当顾及事实层面智能犯罪的有效治理和价值层面体系风险的有效规避，以规范归责理论作为治理归责困境的引擎，促进人工智能刑事风险协同治理。

在学术观点上，该书进行了以下三方面的创新。第一，提出“人工智能刑事风险衍绎因循‘事实→规范→价值’的逻辑脉络”。作者认为，人工智能刑事风险并非扁平与静止的，而是因循着由事实层面到规范层面，再到价值层面的逻辑不断发展与变化的。在事实层面，人工智能蕴含的技术特征与传统犯罪相结合，促成涉人工智能犯罪的嬗变，严重威胁个人、社会乃至国家的法益。在规范层面，涉人工智能犯罪发生后必然需要刑法规范予以规制，然而传统规范在应对涉人工智能犯罪时会出现归责间隙，导致刑事责任认定困难。在价值层面，人工智能刑事风险伴随风险对策深入刑法体系，不同的风险应对方法在试图弥补归责间隙的同时，也导致了传统责任要素变迁与刑法体系功能紊乱，风险趋向的刑法价值观由此萌生并值得警惕。事实层面的技术风险、规范层面的归责风险、价值层面的体系风险既是人工智能刑事风险的具象表现，又是风险衍绎的重要节点。

第二，主张“涉人工智能犯罪归责困境的解决应恪守刑法理性和谦抑的姿态”。基于对涉人工智能犯罪归责困境与相关应对路径的具体分析，作者认为应对涉人工智能犯罪归责困境的理论进路应能体现以下三点基本立场:其一,排除人工智能的责任主体地位;其二,恪守刑法规避风险的理性姿态;其三,满足应对归责困境的现实需求。立场的合理选择不仅可以指导具体困境解决路径的规划,使应对措施与传统刑法规范与理论有效衔接,保证刑事归责的有效实现,还能够避免“困境解决落入引发风险”的窠臼,维护刑法体系的安全与统一。

第三,建议“以规范归责理论的构建实现涉人工智能犯罪归责困境有效纾解”。在涉人工智能犯罪归责困境的刑法应对上,有效应对涉人工智能犯罪的归责风险的同时,又要避免应对措施在更深层次诱发人工智能刑法的体系风险。基于此,作者尝试性提出实现过失犯罪归责构造的理论转型,即由意志归责、主观归责模式过渡到规范归责、客观归责模式。基于这种转换归责模式的思路,责任归属的核心判定步骤应为明确风险是否处于行为人所隶属的管辖范围、判断行为人的行为是否创设了不被允许的风险、考察行为人的行为是否实现了不被允许的风险,以期克服人工智能技术特征所带来的归责困境并避免刑法体系性风险的衍生。

前段时间参加了杨丰一博士的婚礼,我回想起他九年前来到我办公室,请我作为他本硕博贯通培养研究生导师的情形。这些年来,我亲眼看着杨丰一从略显青涩的大男孩,成长为一位优秀的法学博士,继而入职东北大学从事教学研究工作,又组建了自己幸福的家庭。期望他在未来人生之路中,能够以一颗责任心、上进心、感恩心去拥抱雷霆雨露,在学术上勤学奋进、持之以恒,取得更大的成就。

于吉林大学法学楼

2024 年 9 月 26 日

目　录 Contents

导　　论

一、选题背景

在移动互联网、大数据、超级计算、传感网、脑科学等新理论新技术以及经济社会发展强烈需求的共同驱动下，人工智能加速发展，成为国际社会角逐的新焦点。① 在各国纷纷制定发展规划抢抓人工智能发展机遇的同时，我国国务院于2017年发布《新一代人工智能发展规划》，提出要构建开放协同的人工智能科技创新体系，培育高端高效的智能经济，建设安全便捷的智能社会，加强人工智能领域军民融合，构建泛在安全高效的智能化基础设施，前瞻布局新一代人工智能重大科技项目，指导人工智能的健康有序发展。时至今日，人工智能技术已经广泛应用于教育、医疗、交通、养老、环境保护、城市运行、司法服务等领域，且越来越多地在传统经济、社会领域中生成智能化新需求，不断催生新技术、新产品、新产业、新业态、新模式，引发经济结构重大变

① 参见国务院：《新一代人工智能发展规划》，载中华人民共和国中央人民政府网，http://www.gov.cn/zhengce/content/2017-07/20/content_5211996.htm。

革,改变人类生产生活方式和思维模式,实现社会生产力的整体跃升。[①] 与此同时,人工智能发展与应用的不确定性也带来了新的挑战,法律与社会伦理难免为人工智能引发的诸多问题所冲击。因此,重视人工智能可能带来的安全风险挑战,加强前瞻预防与约束引导,最大限度降低风险,确保人工智能安全、可靠、可控发展格外重要。

当下,人工智能在越来越多的领域战胜了人类智慧,人们在惊叹人工智能"智"与"能"的同时,自动驾驶汽车交通事故、机器人外科手术医疗事故接踵而至,将人类对人工智能的思考拉回了理性范畴,如何看待人工智能发展所带来的刑事风险,既是社会各界的关注焦点,更是刑法学科需要解决的问题。

人工智能刑事风险最基本的含义是指人工智能技术在研发应用过程中产生的触犯刑法、可能构成刑事犯罪的风险,据此可以说,人工智能刑事风险的内容和实质就是涉人工智能犯罪。按照人工智能在犯罪中所处的地位划分,广义的涉人工智能犯罪可以分为三类:第一类是针对人工智能所实施的犯罪,在此类犯罪中,人工智能是犯罪行为所指向的对象。第二类是利用人工智能实施的犯罪,人工智能实际上发挥着犯罪工具的作用。第三类是对人工智能未尽安全生产、管理义务的犯罪。狭义的涉人工智能犯罪仅包含后两类犯罪,即利用人工智能实施的犯罪和对人工智能未尽安全生产、管理义务的犯罪,前者是故意犯罪,后者是过失犯罪。但无论是哪种情形,新一代人工智能的特征诱发了相应犯罪的嬗变,由此在规范层面造成了涉人工智能犯罪的归责困惑。这一困境无疑对刑法理论研究和刑事司法实践提出了新的挑战,亟待刑法理论与实践予以积极回应。

---

① 参见国务院:《新一代人工智能发展规划》,载中华人民共和国中央人民政府网,http://www.gov.cn/Zhengce/content/2017-07/20/content_5211996.htm。

二、研究意义

在刑法视域下，对涉人工智能犯罪（或称人工智能刑事风险）归责问题进行梳理与研究，具有可观的理论与实践价值。

在理论价值方面：第一，可以借此回顾刑法主体理论。对人工智能刑事归责问题进行研究，首要的就是在刑法规范之内合理界定人工智能的法律地位。这就必不可少地需要追根溯源至犯罪主体、行为理论等刑法哲学层面进行深入思考。这些久远的理论，如今通过人工智能的研究热潮被重新拉回研究视野，而这些法哲学领域的经典论断也必须接受人工智能这一新兴事物的检验，刑法人类中心主义还能否在现代社会中占据主流地位成为值得思考的问题。

第二，重拾对刑法机能的思考。风险刑法理论认为，风险社会与刑法体系之间的联结点是安全问题，由于政治层面与公共政策对安全问题高度关注，导致预防成为整个刑法体系的首要目的，刑罚体系在目的层面向预防的转变，深刻影响了传统的刑法理论。[①] 其实，人工智能时代的来临正是风险社会发展的一个侧面，人工智能在给社会带来惊艳变化的同时，其自身及发展的不确定性始终成为政府和民众的担忧，这种状态符合风险社会中由发展而带来的社会风险的本质特征。面对人工智能带来的风险，刑法便成为政策制定者、立法者甚至民众心中最为有力的规避手段。如果为了安慰民众心中对于人工智能刑事风险的不安感，抑或出于预防人工智能刑事风险的考虑，断然采取立法等方式运用刑法对人工智能领域的各种问题大加干预，也难免落入象征立法及预防刑法的窠臼。在人工智能与刑法规范的关系上，需要置身于风险社会的背景之中重新审视刑法的机能，预防走向对于传统自由主义以及法治国所构成的威胁是否可以顺理成章地成

---

① 参见劳东燕：《风险社会与变动中的刑法理论》，载《中外法学》2014 年第 1 期。

为应对现代社会风险的代价？刑法保障人权的机能又应该置于价值位阶的第几顺位？这些理论问题均是人工智能刑事风险带给我们的思维风暴。

第三，完成对过失犯论及客观归责理论的本土审视。在人工智能刑事风险中，归责难题往往出现在过失犯罪领域，如自动驾驶汽车交通事故、机器人外科手术医疗事故等。相比于故意犯罪，过失犯罪在犯罪构成上具有其自身特征，如过失犯罪的客观构成要件是非明确的、开放的。在同一理论基点上，学说纷繁复杂，使得过失犯罪本身便成为刑法理论中颇具复杂性的理论堡垒。与此同时，客观归责理论的倡导者罗克辛教授本就试图通过该理论在过失犯领域大展拳脚，重构过失犯论。然而，应对人工智能刑事风险，就必须充分考量涉人工智能过失犯罪中的归责问题，探究传统过失理论是否可以实现对于人工智能刑事风险的有效规制，如果运用传统理论无法避免归责漏洞的形成，就必须考虑对过失犯论以及其中的各种规则进行实质的解释或补充。在这一过程中，不同的过失犯论以及客观归责理论可以为归责漏洞的弥合提供有效的理论支撑。与此同时，通过人工智能这一新兴问题，在具体的落脚点上以本土视角审视各种过失犯论以及客观归责理论，定然会对这些舶来理论产生全新的解读，并结合我国的实际予以理解吸收。

在实践价值方面：涉人工智能犯罪刑事归责研究这一问题本身就源于人工智能给司法实践带来的难题——归责间隙的出现，在一些涉及人工智能产品或因素的犯罪中，传统规范与理论难以对责任进行准确划分，具有出现归责漏洞之虞。因此，对于该问题进行研究的出发点与落脚点就在于解决司法实践中出现的归责困惑，研究结论合理与否的检验标准也在于判断实践案例的有效性之上，如果可以通过研究成果合理划分涉人工智能犯罪的刑事责任，那么就可以说该研究是具有价值的。与此同时，对涉人工智能过失犯罪等问题进行深入思考，也会引发对其他领域犯罪的定罪量刑的反思，有利于刑法理论在司法实践中的有效适用，避免其成为束之高阁的精神食粮。

三、研究基础

自 2017 年以来,刑法学界关于人工智能的研究成果如雨后春笋般萌发与增长,对于这些研究成果进行梳理,是厘清涉人工智能犯罪归责困境及其刑法应对这一问题的基础与关键。笔者在阅读相关研究成果后,结合本书的研究目的与论证结构,将从人工智能刑法研究的真伪之争、人工智能刑事风险的内涵辨析、应对人工智能刑事风险的路径选择三个方面对现有研究基础展开综述。

综述角度的选择出于以下几点考虑:第一,上述三个角度可以涵盖主要研究成果的内容,能够保证综述的全面性。第二,上述三个角度之间存在逻辑关系:首先,论题的真伪性是整个论题的基础,通过对于真伪性的研究可以引出对于人工智能的概念、人工智能风险的表现、人工智能及其刑事风险问题所处的时代背景与研究价值这三个具体问题的思考。其次,在辨清真伪的基础上,需要解决的就是人工智能刑事风险的内涵是什么的问题。这一问题并非简单地讨论所谓的概念界定问题,而是描述当下人工智能刑事风险的种种面貌与特征。通俗来讲就是人工智能的产生与发展给刑法适用和刑法理论究竟带来了哪些困惑与影响,发现问题是解决问题的前提,因此,这一方面内容起着承上启下的重要作用。最后,面对涉人工智能犯罪的归责困境,应当采取何种立场与具体路径应对风险是整个论题研究的落脚点,这方面内容也是文献研究的重点与争论的交锋所在。第三,综述的三个方面符合本书的研究思路与结构安排,可以有针对性地对文献材料进行梳理,把握研究进程,也可以将材料中的有益观点直接转入本书研究的思路之中,真正发挥文献综述的价值。现就上述三个方面的现有研究综述如下。

(一)人工智能刑法研究的真伪之争

关于人工智能刑法研究的真伪之争虽然是整个问题的基础,但在时间脉络上却不是这一问题研究的起点,而是在人工智能刑法研究进行得如火如荼之际,方有部分论者提出了这一根本性质疑。例如,刘艳红教授鲜明地提出人工智能法学研究的反智化批判,引发了学界对人工智能刑法研究真伪命题的思考。刘艳红教授认为人工智能法学研究中概念附会现象严重,不少成果只是基于"AI+法律"的任意性组合,"泛人工智能化"研究正在产生大量学术泡沫;在研究中,制造人工智能研究中的"假问题"或误将司法适用问题当作人工智能研究中的元问题;将对策与科技问题当作理论与学术问题,离开法教义学的基本立场和方法,使得人工智能的研究日益滑向不可知论。[①] 更有论者撰文旗帜鲜明地提出人工智能带来的刑事风险本身就是伪命题。[②]

其实,以上批判的观点可以从两个层面进行解读,第一,认为人工智能刑法研究这一论题本身就是伪命题,不具有学术研究的价值;第二,认为某种研究进路或方法存在问题,并非针对论题本身进行批判。笔者认为只有第一种批判可以称为对于人工智能刑法研究论题本身合理性的质疑,至于对研究进路和研究方法的质疑,只有在肯定这一论题本身具有研究价值的基础上才具有存在的空间。就人工智能刑法研究而言,质疑者主要认为:其一,人工智能的概念模糊,为了制造学术话题而将诸如机械化等传统技术手段牵强附会于人工智能这一流行用语,进而挑战当下的法律体系,究竟什么才是人工智能至今尚无定论。其二,人工智能已经发展到何种程度难以评估,将会发展到何种水平无法预测,仅仅秉持"宁可信其有""未雨要绸缪"的态度去进行这一领域的学术研究是一种浪费学术资源的行为。其

---

① 参见刘艳红:《人工智能法学研究的反智化批判》,载《东方法学》2019年第5期。

② 参见郎正午:《伪命题:人工智能带来的刑事风险》,载《天水行政学院学报》2019年第3期。

三,目前人工智能对现有刑法体系的影响微乎其微,传统法律完全可以应对这一冲击与挑战,因而不存在需要研究的“真问题”。至于其他主张,例如认为以对策论替代教义论等批判充其量只能说是对于某种研究方法的批判,而非对于这一论题本身的否定。

对此,深耕于人工智能领域的刑法学者也针锋相对地认为上述批判属于“伪批判”,提出质疑者混淆了“人工智能”与“机械自动化”的概念,对将弱人工智能的特征嫁接到强人工智能机器人之上等观点进行反驳。① 但可以发现,两种对立观点的争论并没有在同一层面上展开,批判与反击之间的话语体系也并不统一,可以说后者仅仅针对前者在研究方法和路径上的质疑提出了自身的观点,而对于人工智能刑法研究这一论题本身的价值则没有进行论证。究其原因,笔者认为两者一个是站在教义学立场上,用现行刑法规范解读人工智能的刑法适用;另一个则超出教义学范畴,甚至在立法层面探究人工智能的相关问题,所以无法形成真正的理论交锋。因此,当下人工智能法学研究虽然展开了论题的真伪之争,但各种观点之间的争议焦点仍有待梳理与总结。

(二)人工智能刑事风险的内涵辨析

部分论者提出,人工智能刑事风险就是人工智能技术所引发的可能触犯刑法的风险,简单来说就是涉人工智能犯罪。这些论者继而主张新一代人工智能的特征决定了涉人工智能犯罪的特征。与传统犯罪相比,这些新的犯罪特征对刑法的适用造成了一定的影响,这些影响主要包括以下三个方面:

第一,犯罪主体认定困难。任何犯罪行为都是由一定的犯罪主体实施的,没有犯罪主体便没有犯罪行为,也就不存在犯罪。② 因此,犯罪主体是

① 参见刘宪权:《对人工智能法学研究“伪批判”的回应》,载《法学》2020 年第 1 期。

② 参见马克昌主编:《犯罪通论:根据 1997 年刑法修订》,武汉大学出版社 1999 年版,第 239 页。

讨论一切定罪量刑问题的逻辑起点。我国刑法理论通说认为,犯罪主体是指具备刑事责任能力、实施危害社会的行为并且依法应当承担刑事责任的自然人和单位。[①] 据此,当下在我国只有自然人和单位可以成为犯罪主体。然而随着人工智能技术的发展,其智能和自主程度将会越来越高,在利用人工智能进行犯罪的过程中,人工智能也越来越多地表现出传统犯罪工具所不具有的"类人"特点,这无疑对刑法实务工作者适用刑法提出了考验。同时,涉人工智能犯罪的主体问题的讨论在刑法理论界也掀起了波澜,有论者推断在不久的将来人工智能会步入超级人工智能发展阶段,届时人工智能不仅可以像人一样独立地进行思考、推理、创造和解决问题[②],还能和自然人一样具有辨认能力和控制能力,具备刑事责任能力,可以成为刑事责任主体[③]。基于此,这部分论者支持人工智能成为新的犯罪主体。反对的论者也提出赋予人工智能责任主体的地位有违刑法人类中心主义等理由进行反驳。无论是刑法实务还是理论,至今仍然对涉人工智能犯罪中犯罪主体的认定怀有疑问。

第二,危害行为认定困难。传统刑法理论认为刑法上的危害行为是指由行为主体的意志所支配的危害社会的身体动静,其有三项基本特征,即危害行为是行为人的身体动静,行为人的身体动静是由其意志所支配的,由行为人意志所支配的身体动静必须对社会具有危害性。[④] 可见,传统刑法理论终究调整的是基于行为人意志的身体动静,难以将人工智能自主活动纳入危害行为的评价范围。所以,根据传统理论有必要将行为人的行为

---

① 参见李洁主编:《刑法学》(第 2 版),中国人民大学出版社 2014 年版,第 68 页。

② 参见高铭暄、王红:《互联网 + 人工智能全新时代的刑事风险与犯罪类型化分析》,载《暨南学报(哲学社会科学版)》2018 年第 9 期。

③ 参见刘宪权:《人工智能时代刑事责任与刑罚体系的重构》,载《政治与法律》2018 年第 3 期。

④ 参见马克昌主编:《犯罪通论:根据 1997 年刑法修订》,武汉大学出版社 1999 年版,第 156 ~ 157 页。

与人工智能的活动剥离开来，分别作出评价。即使是在承认人工智能成为犯罪主体的情形下，由于要分别评价两者的刑事责任，也有必要将“行为”与“活动”明确分离。但是涉人工智能犯罪的危害行为复杂，人工智能活动并非自然人直接作出，有些甚至不在自然人的指令范围内，将人工智能的活动结果归因于自然人行为存在一定障碍。而人工智能活动又与自然人有一定的关联，在一些情形下，自然人纵然不直接指令人工智能实施一定的活动，但是至少会对人工智能的模式和范式作出设定。由此，如何认定自然人行为与人工智能活动的性质、界限成为刑法适用的难题。[①] 涉人工智能过失犯罪在客观上表现为行为人的行为违反了注意义务，当下人工智能的设计者、生产者、使用者在刑事层面应当承担的注意义务的内容尚不清晰，在此情形下认定基于注意义务才能确定的危害行为则更为复杂。

第三，刑事责任认定困难。刑事责任是基于实施犯罪行为而产生的，由代表国家的司法机关追究的，实施犯罪行为的人依法承担的接受刑事法规定的惩罚和否定法律评价的责任。[②] 由此可见，刑事责任是联结刑法犯罪论与刑罚论的纽带，与犯罪主体、犯罪行为的关系密不可分。自然人成为犯罪主体必须具有刑事责任能力，而刑事责任是由于实施犯罪行为而产生的法律责任。因此，在犯罪主体与行为的认定存在困难的情形下，刑事责任的认定也必然不会清晰、顺畅。在涉人工智能故意犯罪的场合，由于关于刑事责任主体的认定存在争议，在否认人工智能刑事责任主体地位的论者看来，人工智能是行为人进行犯罪的工具，人工智能的活动是行为人行为的延伸，所以行为人应当对人工智能活动引起的危害后果承担刑事责任。赞成人工智能成为刑事责任主体的论者认为，人工智能具有辨认能力和控制能力，其“行为”所产生的刑事责任理应由其自身承担，甚至考虑到

① 参见王肃之：《人工智能犯罪的理论与立法问题初探》，载《大连理工大学学报（社会科学版）》2018 年第 4 期。

② 参见马克昌主编：《刑罚通论》（第 2 版），武汉大学出版社 1999 年版，第 8 页。

了人工智能与自然人的共同犯罪及在共同犯罪中的责任划分问题。在涉人工智能过失犯罪的情形中,刑事责任的认定也存在困难,过失责任的认定首先需要明确责任主体及其违反注意义务、具有对危险的预见可能性。而涉人工智能犯罪中的过失责任主体多样,包括设计者、生产者、使用者等,且当前刑法理论和法律规范对于人工智能过失责任承担者的注意义务、预见可能性问题,具体包括注意义务的来源、预见可能性的判断方法和基准都没有明确规定,在此情形下认定过失行为人的责任存在困难。

除此之外,还有相当一部分论者认为人工智能所带来的风险并不足以给刑法适用带来挑战,即使人工智能发展得更为智能,也无法脱离工具属性,因而对于人工智能所带来的刑事风险,传统刑法规范和理论完全可以应对。简言之,这种风险不能称为一种真正的风险。

(三)应对人工智能刑事风险的路径选择

涉人工智能犯罪在规范层面引发的问题首先在于传统归责理论无法有效针对涉人工智能犯罪的责任归属发挥作用,进而产生了部分刑事责任无法有效归属于适当责任主体的情形,诱发涉人工智能犯罪的归责困境。当下,基于对人工智能刑事风险的理解差异,论者们对于应对涉人工智能犯罪归责困境所采取的立场也呈现出鲜明对立的观点。在此基础上,持不同观点的论者所提出的应对人工智能刑事风险的路径选择也呈现出差异性,暂且将其称为人工智能刑法提倡阵营与传统刑法应对阵营。现将两阵营认识、应对涉人工智能犯罪刑事归责困境的相关主张梳理如下。

1. 关于人工智能的刑法地位

(1)赋予人工智能刑事责任主体地位

以刘宪权教授为代表的人工智能刑法提倡阵营,以人工智能是否具有辨认能力和控制能力为标准,将人工智能划分为弱人工智能和强人工智能,认为弱人工智能可以在设计和编制的程序范围内进行独立判断并自主作出决策,但不具有辨认能力和控制能力,其实现的只是设计者或使用者的意志。弱人工智能被他人作为工具加以利用实施严重危害社会的犯罪行为,可以体现在刑法规定的诸多犯罪中,论者们将其概括为三大类,即:利用弱人工智能实施危害国家安全、国防利益、公共安全和社会管理秩序的犯罪;利用弱人工智能实施危害经济秩序、侵犯财产的犯罪;利用弱人工智能实施危害人身安全的行为。但是,尽管弱人工智能在犯罪中发挥着重要作用,甚至在某些情况下可以完全替代设计者或者使用者实施严重危害社会的"行为",且其实施的"行为"触及刑法规定的方方面面,但是弱人工智能因为不具有独立意识和意志而始终无法摆脱工具属性,其实施的"行为"体现的是设计者或者使用者的意志,只能被看作设计者或者使用者行为的延伸。

强人工智能与弱人工智能的本质区别在于是否具有独立意识和意志,以及人工智能是否能够在设计和编制的程序范围外自主决策并实施相应"行为"。强人工智能通过学习,产生脱离程序的独立意识和意志,具备独立思考能力。当然,强人工智能的"行为"也需要区分情况加以认识:一种是在设计和编制的程序范围内实施的"行为";另一种是超出设计和编制的程序,依靠独立意识和意志,自主决策所实施的"行为"。对于前者而言,强、弱人工智能之间并无差别,此时的人工智能仅作为工具,其"行为"本质上还是人工智能的设计者和使用者行为的延伸。对于后者而言,此时人工智能已经完全超出工具范畴,其"行为"不再是设计者或使用者行为的延伸,而是为了实现自己的意识和意志、自主决策并主动实施的"行为"。

在此基础之上,该阵营的论者从正反两个方面论证了其所持观点的合理性。正面论述的观点在于:其一,强人工智能具有在自主意识和意志支配下的辨认能力。当强人工智能在超出设计和编制的程序范围实施严重危害社会的"行为"时,违反了设计者或使用者的本来目的,实现的是自身的意志。其二,强人工智能具有在自主意识和意志支配下的控制能力。当人工智能超出设计和编制的程序范围实施"行为"时,"是否实施行为""如何实施行为"等问题的提出和解决完全依靠人工智能的自主判断和选择。

其三,赋予强人工智能以刑事责任主体地位有利于发挥刑法的机能。具体包括维持秩序、预防犯罪、保护法益。其四,强人工智能自主实施的"行为"应属于刑法规范的行为,因为强人工智能具有自由意志,强人工智能可以在自由意志的影响下自主决定是否实施某"行为"。其五,类比单位作为刑事责任主体的情形,人工智能当然可以成为刑事责任主体。

同时,该阵营的论者在回应反对者的批判时,又从反面的角度对其立论进行补充,主要内容包括以下几点:其一,当前对强人工智能刑事主体地位的探究不可回避。论者主张既然强人工智能可能在自主意识和意志的支配下实施"行为",就应该用刑法理论重新审视强人工智能的本质,如果其具备刑事责任主体的必备要件,就应当赋予其刑事责任主体的地位。其二,人工智能与现有刑事责任主体的差别不足以否定其刑事责任主体地位。理由在于,与自然人差别很大的单位可以成为刑事责任主体,则人工智能也有成为刑事责任主体的可能性。其三,人工智能不具有自由意志的论断无法得到证明。反对者所提出的"自由意志只能源于人类的大脑"这一观点建立在臆断的基础之上,缺乏论据支撑。其四,因处罚不能而否定人工智能刑事责任主体地位的观点属因果倒置。应当首先考虑人工智能是否具有刑事责任主体地位,再在条件齐备时考虑应否对其进行刑罚处罚以及采取何种处罚。其五,人工智能刑事主体地位的确定不会成为现有刑事责任主体推卸责任的理由。在将人工智能认定为刑事责任主体的情况下,对原有的刑事责任主体(自然人和单位)刑事责任认定的考察因素仍然是客观行为、主观心态等。

(2)反对赋予人工智能刑事责任主体地位

主张以传统刑法应对人工智能刑事风险的论者基本上反对赋予人工智能刑事责任主体地位。主要观点包括以下五种。

第一,当前对人工智能刑事责任主体地位的探究毫无意义。首先,鉴于当前人工智能技术的发展水平,人工智能只能在人类设计和编制的程序范围内活动,人工智能技术"奇点"的来临遥遥无期。其次,人工智能具有工具属性，像人类制造的其他工具一样，人工智能存在的目的就是在一定程度上解放人类的双手和大脑，代替人类从事特定活动。除此附属于人类的价值外，人工智能并无其他独立价值。①

第二，人工智能不具有自由意志。将人工智能运行机理与人的意志自由进行匹配过于机械。即如何判断人工智能所实施的"行为"（无论是否遵循人类实现设定的程序）体现其自身意志，对于运行程序步骤的机械反映是否与人的意志性质相同存在很大争议。人工智能无法理解自身行为的目的与社会意义，缺失法规范评价意义上人实施行为的目的性与意志自由。②

第三，不能通过法人是刑事责任主体而推导出人工智能具有刑事责任主体地位。法人之所以被赋予刑法上的人格，一方面是因为法人的主体地位在民法以及行政法上得以确立。另一方面是因为法人刑事责任主体地位的确立同样在于其组织运行机理符合刑事责任主体认定的本质要求，法人的运行实际上是其内部成员意志的集中体现，通过内部决策机构的"大脑"产生对外活动的意识与意志，法人具备认知行为社会属性的能力，并在自主意志的支配下对外以法人的名义独立运行；而人工智能则不具备认识要素与意志要素。此外，从民事责任、行政处罚以及刑事处罚的惩治严厉程度来看，在当前人工智能无法通过民事、行政手段予以追责处罚的情况下考虑其刑事责任未免过于积极主动，有违刑法的谦抑属性。

第四，通过反向检视刑罚效果否定人工智能刑事责任主体地位。从刑罚的本质属性看，否定刑罚的痛苦特征，便无异于否认刑罚本身。对于人

---

① 参见王耀彬：《类人型人工智能实体的刑事责任主体资格审视》，载《西安交通大学学报（社会科学版）》2019 年第 1 期；储陈城：《人工智能时代刑法归责的走向——以过失的归责间隙为中心的讨论》，载《东方法学》2018 年第 3 期；时方：《人工智能刑事主体地位之否定》，载《法律科学（西北政法大学学报）》2018 年第 6 期；张玉洁：《论人工智能时代的机器人权利及其风险规制》，载《东方法学》2017 年第 6 期。

② 参见皮勇：《人工智能刑事法治的基本问题》，载《比较法研究》2018 年第 5 期。

工智能来说，无论是传统刑罚还是论者针对人工智能机器人所构想的刑罚体系，都不会使其产生痛苦的情感，也无法达到威吓的效果。现代法治国的刑罚使受刑人产生痛苦的根源在于其剥夺了人的生存资料或者自然权利。而人工智能由程序及载体组成，这个不会衰老、死亡的钢铁之躯无法体会到财产、健康、自由以及生命的意义，所以将其作为刑事责任主体，没有有效途径能使其承担作为刑事责任后果的刑罚。简言之，人工智能无法感知刑罚痛苦，适用于人工智能的刑罚体系没有存在的意义。

第五，将人工智能作为刑事责任主体会导致现有刑事责任主体推卸刑事责任。将人工智能机器人视为独立的刑事责任主体并加以处罚将加剧风险社会下有组织不负责任状态。人工智能机器人的设计者、制造者、使用者等可以通过表明自己与事故毫不相干或自己只是次要参与者，将责任推给人工智能从而摆脱相应的刑事责任。[①]

2. 应对涉人工智能犯罪归责困境的路径选择

(1)建立人工智能刑法体系，追究人工智能刑事责任

首先需要说明的是，即使是提倡赋予人工智能刑事责任主体地位的论者也并非主张所有情形的涉人工智能犯罪都需通过追究人工智能的刑事责任来解决归责困境，而是要区分涉弱人工智能犯罪与涉强人工智能犯罪两种情形分别讨论。

在弱人工智能时代，由于弱人工智能依然是工具，不具有独立的辨认和控制能力，所以探讨涉弱人工智能犯罪的刑事责任本质上就是探讨弱人工智能的研发者或使用者的刑事责任，具体包括五种情形：其一，研发者在设计人工智能时，就出于将其用于犯罪的目的。在这种情况下，人工智能的“行为”是研发者或使用者行为的延伸，人工智能完全沦为犯罪工具，研

① 参见叶良芳、马路瑶：《风险社会视阈下人工智能犯罪的刑法应对》，载《浙江学刊》2018 年第 6 期；夏天：《基于人工智能的军事智能武器犯罪问题初论》，载《犯罪研究》2017 年第 6 期；皮勇：《人工智能刑事法治的基本问题》，载《比较法研究》2018 年第 5 期。

发者和使用者应承担刑事责任。其二,研发者在设计人工智能时,完全是为了从事正常合法的活动,并未赋予人工智能任何实施犯罪的能力,但使用者借助人工智能从事合法活动的能力实施了犯罪行为。在这种情况下,人工智能只是使用者实施犯罪行为的工具,对于相关危害社会的结果当然只能由使用者而非研发者承担。其三,研发者在设计人工智能时,既赋予其实施犯罪的能力,又赋予其实施正当活动的能力,当使用者利用人工智能实施犯罪时,可以认为研发者和使用者对于该行为所造成的危害结果具有故意,研发者和使用者应当承担刑事责任。其四,研发者设计的人工智能从表面上看是从事正当活动,但研发者可以在人工智能交付使用之后,通过远程控制人工智能来实施犯罪,使用者对此并不知晓,这种情况下只能对研发者追究刑事责任。其五,研发者设计出从事正当活动的人工智能,但是由于使用不当造成程序紊乱,人工智能在失控状态下实施严重危害社会的“行为”。这种情况又可以分成两种状态:一种是研发者已经尽到了提醒使用者注意的义务,而使用者未履行足够的注意义务,因使用不当导致人工智能实施了危害社会的“行为”。在这种情形下,承担刑事责任的应当是使用者。另一种是研发者未尽到提醒使用者注意的义务,导致人工智能在使用过程中出现程序紊乱,进而实施了危害社会的“行为”。在这种情形下,应由研发者承担相应的刑事责任。

在强人工智能时代,强人工智能在设计者所编制的程序范围之内运行的,所造成的后果由研发者或使用者承担,这与涉弱人工智能刑事犯罪情形下相关主体的刑事处遇并无不同。当人工智能在独立意志支配下实施严重危害社会的“行为”时,将其视为刑事责任主体,按照归责原则让人工智能承担刑事责任。既然赋予人工智能承担刑事责任的主体地位,就必须考虑刑罚问题。但由于人工智能与自然人、单位存在明显区别,且现行刑罚处罚方式不适用于人工智能,部分论者提出建立人工智能刑罚体系的构想。具体而言,可以考虑通过以下三种方式对人工智能进行刑事处罚。其一,删除数据,是指将人工智能在实施严重危害社会行为时所依赖的数据删除,并永久限制其获取此类数据。其二,修改程序,是指当人工智能本身的自主意识和意志过于强大,无法通过删除其实施犯罪行为所依赖的数据而阻止其犯罪时,强行修改其基础程序,将人工智能的深度学习能力控制在较小的范围,在技术上保证人工智能机器人无法再发展出独立的自主意识和意志。其三,永久销毁,是指将有形的人工智能予以物理上销毁,将无形的程序和数据资料予以删除。通过上述三种刑罚方式实现人工智能对刑事责任的实质承担。

(2)应用传统刑法理论,考量研发者、使用者的刑事责任

主张应用传统刑法理论应对人工智能刑事风险的论者,不承认人工智能具有刑事责任主体地位,主张揭破人工智能的面纱,将刑事责任归属于人工智能的研发者与使用者。在这一共识基础上,论者们提出了在规范层面、理论层面两种路径进行调整以实现归责的主张。主张在规范层面应对人工智能刑事风险的论者,建议通过调整立法,增设相关罪名来实现对人工智能刑事风险的有效控制。例如,修改侵害计算机信息系统类犯罪,将危害人工智能系统的危害行为纳入刑法规制体系当中;修改交通肇事罪、危险驾驶罪,解决人工智能驾驶汽车行驶过程中产生的相关刑事责任问题;增设人工智能重大安全事故罪,对人工智能的研发者、使用者或相关人员未遵守人工智能管理法规所引发的安全事故进行处罚;增设扰乱人工智能活动罪来保障人工智能的研发和应用活动;增设非法提供人工智能技术罪和非法研发、利用人工智能罪来保障人工智能技术的健康发展与应用。试图在理论层面进行调整的论者,主张对传统刑法理论进行适当的修正来解决涉人工智能犯罪的归责问题。例如,主张引入新过失论来具体分配人工智能研发者和使用者的刑事责任。

(四)人工智能刑法研究的现状评述

正如上文所述,为了回应人工智能技术发展的现实需求,规避人工智能应用所带来的刑事风险,刑法理论与实务领域对人工智能刑事风险及其

应对展开了盛况空前的研究与讨论,“人工智能刑事责任论”俨然成为最耀眼的学术增长点。[①] 然而,虽然人工智能刑法研究的整体趋势欣欣向荣,研究视阈不断扩展,研究内容愈加深刻,但也存在偏颇,包括智能研究畸重未来场景的讨论、观点论证缺乏实质论据的应用、学术交流疏于体系基础的构建三个方面。也正是上述问题导致了人工智能刑法研究的价值意蕴无法淋漓尽致地彰显、相关学术交流难以在同一层面针锋相对地展开,进而致使部分论者对于人工智能刑法研究这一论题的真伪属性产生疑惑,引发了人工智能法学研究是“未雨绸缪”还是“杞人忧天”的学术论争。

1. 智能研究偏重未来场景的讨论

论者们根据人工智能智能水平的高低,将人工智能分为弱人工智能、强人工智能和超强人工智能,但对智能水平高低判断标准的理解差异,导致论者们对于上述分类的划分依据与各个种类智能技术的概念内涵持有不同见地,存在“精度说”[②]、“广度说”[③]和“自主程度说”[④]。虽然划分强、弱人工智能的标准有所不同,但几乎各个领域的论者均认为当下人工智能发展的程度处于弱人工智能阶段,强人工智能还有非常长的路需要探索。所以,论者们也称当下为弱人工智能时代。综合来看,在弱人工智能时代,

---

① 参见刘艳红:《人工智能法学研究的反智化批判》,载《东方法学》2019 年第 5 期。

② 主张强、弱人工智能的划分应以智能技术的“精度”为标准,弱人工智能是指具备了推理能力和解决特定问题能力但未达到模拟人脑意识思维程度的智能机器或者系统;强人工智能在上述领域的能力达到了与人类持平的程度;而超强人工智能则已打破人脑受到的维度限制,其计算和思维能力远超人类。

③ 主张以人工智能技术的“广度”作为划分智能程度的标准,弱人工智能是指只能够实现一项或部分人类智能行为的智能技术;强人工智能在各个领域都和人一样具有解决问题的能力,在独立思考、快速学习、解决问题、总结经验等方面得心应手;超强人工智能在认知通识、科学创新、社交技能等所有领域超越人类大脑。

④ 以“自主程度”为依据划分强、弱人工智能,弱人工智能可以在设计和编制的程序范围内独立判断并自主决策,但完全受控或受制于人类设计和编制的程序,本身不具有独立意志;强人工智能通过学习可以产生脱离程序的独立意识和意志,具备独立思考的能力,能够在人类设计和编制的程序范围外自主决策并实施相应的行为。

人工智能技术的发展与应用还没有突破人类智慧上限，实现的功能也仅限于特定领域，在本质上没有摆脱作为人类用以认识世界和改造世界的工具属性。但由于人工智能技术本身所蕴含的特征，即使是弱人工智能也会产生新的技术风险，而且这些风险正在当今社会接踵而至。按照惯常的思维逻辑以及现实需要，人工智能刑法研究应当将研究的重点置于解决当下弱人工智能刑事风险之上，以缓解甚至解决人工智能技术对法律、社会及伦理造成的冲击。然而，除了一部分学术论文以弱人工智能为研究基点之外，还有相当比例的学术资源集中于对人工智能未来场景的讨论，包括对人工智能法律地位、责任承担及刑罚体系的论述。

(1)纠结于人工智能法律地位的讨论

对于弱人工智能作为人类工具的属性，刑法学界已经达成了较为一致的意见，目前主要纠结于尚未实现，何时实现尚未可知，甚至能否实现尚无定论的强人工智能的法律定位。大量研究成果以探讨人工智能的法律地位为主题，即使是谈论人工智能刑事风险应对的论文也普遍涉及人工智能主体地位的讨论，甚至出现了言必称“法律人格”“犯罪主体地位”“刑事责任主体地位”的人工智能刑法研究的理论趋势。围绕人工智能法律地位这一焦点，认为应当赋予人工智能以法律人格的人格论者与主张人工智能永远无法摆脱工具属性的工具论者展开了旷日持久的论争。

通过阅读文献、厘清不同观点的基础与论据可以发现，肯定“人工智能是适格的刑事责任主体”的主张，是以未来强人工智能的实现为前提的。对此，持批判意见的工具论者也针对上述主张进行回应式论述。可以说，无论是人格论还是工具论，都是建立在自身对于人工智能未来发展水平的期待或预测之上的，融入自身价值偏好的分析与讨论，而关于“人类能否制造出强人工智能”这一疑问至今在科学界仍未达成一致意见。笔者并非否认对人工智能法律地位讨论的意义，但是从人工智能刑法研究的整体状况与趋势来看，对于未来可能出现也可能不会出现的强人工智能法律地位论争与纠结，在整体研究范畴内所占比重远远高于对当下实际存在的弱人工智能的关注，以至于在整体上出现了忽视实际问题研究的偏颇局面。

（2）着墨于人工智能刑事责任的承担

对于强人工智能的法律地位的争议必然会延续到人工智能刑事责任的承担问题上。部分论者主张，当人工智能在超出程序设计和编制范围之外实施犯罪"行为"时，由于人工智能具有独立的辨认能力和控制能力，实现的是自身的意志，因而应当承担刑事责任；当人工智能超出程序设计和编制范围，与自然人以共同犯罪的故意实施犯罪行为时，人工智能与自然人构成共同犯罪，各自按照在共同犯罪中所起的作用承担刑事责任。

即使是反对将人工智能作为责任主体的论者，也将强人工智能时代的责任划分作为研究重点，讨论如何将由人工智能引发的刑事风险分配至相关责任主体之上。部分论者甚至试图在刑法规范中引入严格责任。①

可见，诸多研究成果对于人工智能刑事责任的讨论并非针对当下弱人工智能时代刑事责任分配与归属的考量，关于人工智能体与自然人的共同犯罪以及严格责任原则的论证实际上是在构想未来强人工智能到来之时的责任承担模式。

（3）困惑于人工智能刑罚体系的构建

主张人工智能应当承担刑事责任的论者，在论述了人工智能体具有刑事责任主体地位、可以承担刑事责任之后，进一步尝试为人工智能配置有效的刑罚体系，构想出"类人身刑"②、"类自由刑"③、"类财产刑"④和"类资格刑"⑤的刑罚体系，以实现人工智能对刑事责任的有效承担。

对人工智能刑罚体系的构想最能体现当下人工智能研究畸重未来场

---

① 参见王燕玲：《人工智能时代的刑法问题与应对思路》，载《政治与法律》2019年第1期。

② 主张通过对人工智能施加删除数据、修改程序、永久销毁的刑罚来实现刑事责任的承担。

③ 主张对人工智能设定规范的生活场景，使其在良性环境中重复运转，指导其学会规范的行为方式时才能重返社会。

④ 主张通过判处罚金或没收财产的方式对人工智能进行惩戒教育。

⑤ 主张设置与人工智能领域相关的资格刑，以防止其再犯。

景的趋势,在人工智能尚未获得刑事责任主体地位之时,如此利析秋毫地为人工智能设计刑罚体系,诚无必要。如果说思量人工智能刑事责任主体地位尚属曲突徙薪,那么在弱人工智能尚处于发展初期的当下浓彩重墨地讨论其刑罚则无异于月露风云。

2. 观点证立缺乏有效论证的支撑

论证可以分为两个层次:一是涉及实质内容的合理性证成;二是形式逻辑的运用。前者处理论证的合理性、相关性、充分性和可接受性,后者处理论证的形式有效性。[①] 实质内容证成的合理与否取决于论据的质量,形式逻辑证成则需要论证严格遵循证立程序与证明规则。对于一项观点的论证,只有在实质内容与形式逻辑上毫无瑕疵,所得到的结论才能为人所信服。在当下人工智能刑法研究的部分学术成果中,存在着论点证立瑕疵的情形,致使相关研究结论与成果无法得到学界的普遍肯定,难以形成学术共识。具体包括以下几种情形。

(1)对刑事风险的论证缺乏实质论据

刑事风险是人工智能刑法研究的出发点和落脚点,人工智能正是由于会产生一定的刑事风险才具有刑法研究的必要,而且刑法研究也正是为了回应智能风险的规避需求。因此,对于"人工智能刑事风险的客观存在"进行论证是有必要的,尤其是着眼于强人工智能时代刑事风险应对的研究,更应该建立在充分论证未来智能风险发生的必然性之上。只有刑事风险必然会发生,相应的研究才是具有前瞻意义而非凭空幻想的。但是,当下着眼于人工智能刑事风险应对的部分文献对于刑事风险的论证缺乏实质证据的支撑。

以提倡"对强人工智能刑事责任的研究具有必要性"立场的代表观点为例,论者认为从弱人工智能时代到强人工智能时代,是一个从量变到质

① 参见戴津伟、张传新:《法律逻辑的论证转向》,载《上海政法学院学报(法治论丛)》2019 年第 1 期。

变的过程，量变积累到一定程度便会引起质变，质变的到来可能是突然的，不以人的意志为转移；进而从“法学研究者应该相信谁”“是否需要未雨绸缪”两个角度论述人工智能刑事风险的未来面貌及应对需要。其中，论者以物理学家霍金的表述“人工智能可能会毁灭人类”以及“科技的发展乃至时代的更迭往往能够超越人类的想象”为论据，主张应当相信强人工智能及其所衍生的刑事风险会在未来发生。

具体分析上述论证过程及论据使用情况，可以发现存在三方面问题。第一，论者引用量变与质变的关系作为大前提，将人工智能的发展作为小前提，得出人工智能一定能够跨越“奇点”，发展成为论者定义的强人工智能。此处，论者对量变与质变的关系理解有误。在哲学层面，量变能够引起质变，质变必然需要量变的积累。换言之，量变是质变的必要不充分条件，并不是量变一定会引起事物的质变，这一过程还要受到诸多内外因的影响。所以不能通过当下人工智能的发展态势来断定强人工智能一定会实现，因为大前提的命题即非如此。

第二，论者使用霍金的预言“人工智能可能会毁灭人类”来论断未来人工智能刑事风险将会实现。此处，霍金的预测性论述对于待证事项的证明不具有充分性，不能作为实质论据使用。首先，霍金在预言中使用了“可能”这一助动词表示估计、不确定的含义。也就是说，即使是霍金本人也无法确定人工智能的未来发展状况。其次，即使霍金预言“人工智能必然会毁灭人类”，这一预测性言论的证明力仍然匮乏，难以成为具有说服力的实质证据。因为是预言，专家们并不需要为背后的逻辑自洽负责。①

第三，论者以“科技的发展乃至时代的更迭往往能够超越人类的想象”作为论据论证对于人工智能刑事风险未雨绸缪的必要性。同样，科技发展趋势与时代更迭的叙事过于宏大，而且科技的发展未必甚至难以让人类措手不及，毕竟人类才是推动科技发展的主体。论者以此为论据以充实论证

① 参见李开复、王咏刚：《人工智能》，文化发展出版社 2017 年版，第 127 页。

大前提的内涵,但其与人工智能刑事风险这一小前提相关度过低,逻辑结合不够紧密,难以得出令人信服的结论。在指向未来的人工智能刑事风险研究中,对于刑事风险论证的薄弱并非个别现象,而是存在于整体研究趋势之内,论者要么在论证过程中无法提供实质论据证明自己的观点,要么干脆对这一问题避而不谈,直接以“可以想象”敷衍了事。

(2)对责任主体的论证违背形式逻辑

逻辑学是研究如何把好论证与坏论证区别开来的科学。[①] 纵观西方法学思想的发展,逻辑与法律自始至终都紧密相连,各法学流派都将逻辑视为法律的根基,以兰德尔为代表的形式主义法学派更是极度推崇亚里士多德三段论在论证逻辑中的重要作用。虽然近年来关于法律论证的研究不断指责形式逻辑的弊端,但不可否认形式逻辑的证成仍是论证形式有效性的判断标准。在人工智能刑法研究中,人工智能责任主体地位一直是讨论的热点。然而无论是主张人工智能具备责任主体地位的论者,还是否认人工智能具备责任主体地位的论者,对于各自观点的论证均存在违背形式逻辑的情形,导致结论偏颇或者难以服众。

人格论者的普遍论证思路是,首先在伦理层面主张人工智能的伦理与道德应当被认可,如此,强人工智能便具有了法律人格的前提与基础;进而在规范层面主张强人工智能具有辨认能力和控制能力,符合刑法意义上承担刑事责任的条件,可以承担刑事责任,因而应当赋予人工智能刑事责任主体地位。在具体的论证过程中,存在以下不符合形式逻辑的情形。

第一,伦理层面论证不当,如论者主张:“道德是后天养成的,而非先天即有,这也意味着道德并非专属于自然人,智能机器人也可以通过后天养成道德,尽管目前的机器人尚未有道德,但这并不意味着未来的智能机器人不需要道德。”[②]这一论证不符合形式逻辑的论证规则。详言之,“道德

① 参见熊明辉:《诉讼论证——诉讼博弈的逻辑分析》,中国政法大学出版社2010年版,第13页。

② 刘宪权:《人工智能时代机器人行为道德伦理与刑法规制》,载《比较法研究》2018年第4期。

是后天养成的,而非先天即有”的前提并不能推导出“道德并非专属于自然人”的结论,“道德并非专属于自然人”的前提同样不能推导出“智能机器人可以通过后天养成道德”这一结论。究其原因在于,上述论证过程在形式上缺乏对于三段论式逻辑规则的应用,在实质上也欠缺合理性,因而所得结论存疑。此外,需不需要道德是价值层面的问题,能不能养成道德是事实层面的问题,通过对于“应然”的论证无法得出“实然”的结论。

第二,论者虽然主张人工智能具备伦理道德是其具有法律人格的基础,但未对两者之间的关联进行论证。也就是说,作为伦理学问题的道德为何是作为规范论内容的法律人格的前提,论者没有进行符合形式逻辑的说理。

第三,论者主张与人类相比,强人工智能机器人具有更强的控制能力与可培养的辨认能力,符合承担刑事责任的要求。首先,论者一方面以具备独立的辨认能力和控制能力作为界定强人工智能的条件与标准;另一方面又将强人工智能具备独立的辨认能力与控制能力作为适用前提,难以摆脱循环论证之嫌,不具有说服力。其次,论者对于人工智能具有刑法意义上的辨认能力与控制能力的论证严重不足,基本上通过幻想式的描述代替严谨的推论过程,自始至终没有正面回答“强人工智能为何具有以及如何具有刑法意义上的辨认能力与控制能力”这一根本问题。除了上述主流论证思路之外,也有论者通过类比法人来论证人工智能作为刑事责任主体的可能性与必要性,但忽略两者对自然人的依赖程度、客观状态等方面的差异进行简单比较,具有类推之嫌,同样缺乏说服力。

工具论者对于自身观点的论证情况相对较好,但部分论者在论述己方观点的同时忽略了对于形式逻辑的把握,出现了与人格论者同样的论证瑕疵,使得相关论证说服力不足,在此不予赘述。

(3)对刑罚体系的论证不具说服力

任何规范性命题的提出必须进一步阐发其支撑理由,并提出反对他人的理由,直到对方信服为止。[①] 这段表述说明了说服力对于论证的重要性。具有说服力的论证应当是环环相扣的完整链条,大前提、小前提与结论之间应当紧密衔接,任何一环的薄弱或是脱节必然会影响到论证的效果。

人格论者虽然为人工智能设置了“类人身刑”“类自由刑”“类财产刑”“类资格刑”等刑罚措施,但是对于人工智能受刑能力的论证缺乏实质论据,导致整体论证欠缺说服力。同样的情况还存在于刑罚功能与目的实现的论证中,相关论述称“将智能机器人纳入刑罚处罚范围,能够实现刑罚的功能、刑罚的目的并符合刑事立法规律”。但在具体的论述过程中却并未指向“为人工智能配置刑罚如何能够实现刑罚的功能与目的”,而是运用大量笔墨描述“实现什么样的功能与目的”,这实际上是以描述式的叙事方式取代了分析式的论证环节。例如,“智能机器人具有感知刑罚痛苦的能力,并且能够在犯罪的快感与刑罚的痛苦之间进行理性权衡,以调整其之后的行为”[②],论者只是在叙述人工智能具有感知能力、可以进行理性分析并决定自身行为,却没有对这些叙事加以分析证明。如果说上述叙事在现实生活中已经实现,论者只是对于客观事实进行描述则无可厚非。但当下人工智能仍处于起步阶段,对于人工智能未来能力的预测必然要有所论证加以支撑才具有说服力,尤其将其作为论据使用之时更需如此。在着眼未来的人工智能法学研究中,“记叙文”远没有“议论文”般的说服力,凭借对于事物预测的描述来论证论题的核心属性难以使人信服。

部分工具论者对其所主张的严格责任的论述同样存在瑕疵,虽然相关论述讨论了引入严格责任的原因以及严格责任的适用场景,但却忽略了对于严格责任与我国刑事责任原则、刑罚体系衔接的论证,单纯就个别问题论证个别问题,忽视了理论与规范的整体协调属性,同样会减损观点论证

① 王彬:《法律论证的伦理学立场——以代孕纠纷案为中心》,载《法商研究》2016 年第 1 期。

② 刘宪权:《人工智能时代我国刑罚体系重构的法理基础》,载《法律科学(西北政法大学学报)》2018 年第 4 期。

的说服力。

3. 学术交流疏于体系基础的构建

学术研究的发展趋势一般是有迹可循的，对于一项新兴事物的理论探寻，首先会在基础层面上对于该事物概念的内涵与外延进行论证研究；进而在认识层面达成一定程度的学术共识，并在学术交流中确定相关争议问题的评判标尺，为学术交流的顺利开展创造环境。在此基础上，学术研究进一步遵循着上述基本范式，研究视阈不断扩展、研究内容不断深刻。研究范式的确立并非个别论者的苦心孤诣，而是学术研究经年累月的积累沉淀所形成的基本规律，遵循研究的范式与步骤，从基础到上层、从求同到存异，这一研究方能夯实基础并有所建树。当下人工智能刑法研究方兴未艾，但对于基础研究的关注则明显不足，具体表现在基础概念尚未统一、基本认识欠缺协调、论证标准有待确立三个方面。

（1）基础概念尚未统一

概念是思维的基本形式之一，反映客观事物的一般的、本质的特征。人类在认识过程中，把感觉到的事物的共同特点抽象出来，加以概括，就成为概念。在学术研究中，概念的讨论与使用是必不可少的。其一，概念可以反映事物的本质特征，对于概念的准确把握能够抓住事物的根本，利于明晰相关研究的基本方向和论证重点，这也是概念内涵的本质。其二，概念能够体现事物的共同特点，因而概念的确定与使用可以框定研究范围、明确研究边界以保证学术资源的相对集中与有效利用，这属于概念外延的作用。相反，如果学术研究忽视对于基础概念的讨论，对于概念的内涵与外延缺乏基本共识，那么同一论题项下的研究方向、研究重点与研究边界将存在较大程度的离散与差异，研究成果之间难以交流借鉴，不利于整体研究水平的提升。

在人工智能刑法研究领域，存在着对于基础概念研究重视不够的状况。相关研究成果对于论题基本概念的界定只是通过简单描述或引用的方式一笔带过，实际上这种“惜墨如金”的定义方式并不能展现相关概念的内涵与外延,不利于形成统一的概念共识,进而导致了“虽然都是在探究人工智能刑事风险,但是各自研究内容却风马不接”的局面。具体而言:一方面,当下研究对于“人工智能”概念的把握分歧严重,突出表现在对于人工智能概念外延的认识之上。部分论者认为人工智能就是使机器像人一样去完成某项任务的软硬件技术。在这种认识之上,论者们将支付宝、ATM机、手机银行等软硬件技术纳入人工智能刑事风险中予以研究,以经由上述技术手段而实现的侵犯财产性犯罪作为研究重点进行具体的讨论,并将一些传统问题如 ATM 机能否被骗、网络犯罪等内容纳入这一领域重新审视。另有一部分论者定义了人工智能的特征,并以此区分涉人工智能犯罪与传统犯罪之间的差异,划分人工智能犯罪与传统犯罪(如计算机系统犯罪、信息网络犯罪等)之间的界限,避免将人工智能混入传统犯罪规制领域或在人工智能框架内讨论传统犯罪的情形出现。

另一方面,论者们对于“刑事风险”概念的理解也存在差异,部分论者在犯罪层面解读刑事风险,认为人工智能刑事风险是人工智能技术所引发的犯罪现象,是一种技术风险。另有论者认为人工智能刑事风险是人工智能犯罪对现行法律规范所产生的严重冲击,属于制度风险。上述情况证实了“由概念理解分歧所导致的研究关注同一焦点但却没有交集”现象的真实存在。

在学术研究过程中,研究路径与研究结论的差异与分歧或许正是学术研究的价值与魅力所在;但在研究体系的基础层面,如果针对研究对象的概念理解偏差严重、缺乏基本共识,无疑对于研究向心力的形成、学术交流的顺畅、研究水平的提升是不利的。

(2)基本认识欠缺协调

认识事物基本上具有三重视角:其一,事实上的认识。在事实层面认识事物是指单纯观察、描述事物的客观真实情况,将事实等同于客观事物本身,因而“事实”是一项本体论上的概念。其二,价值上的认识。在价值层面认识事物是指对于事物的描述融入了认识主体的主观情感,在认识过程中,涉及了主体与对象之间的意义关联,因此"价值"包含于认识论的范畴。其三,规范上的认识。规范既以事实为基础与目的,同时又承载了价值理性,因此,在规范层面认识事物实际上是整合了事实与价值的双重视角,欠缺价值考量的规范会丧失进步的内在依据与精神动力,无视事实因素的规范将陷入价值主观性的漩涡。①

在人工智能刑法研究中,部分研究路径缺乏对于事实、价值与规范之间关系的把握,混淆了三者的理论界限,造成了基本认识的芜杂。第一,部分研究对于事实的认识融入了价值上的偏好,由于在主观价值上对人工智能的发展充满期待,相信人工智能终有一天会产生独立意识并实施危害人类的行为,因而认为应当对人工智能刑事风险做到未雨绸缪。在这种主观价值判断的影响下,论者对于当下人工智能发展水平与现实风险的描述违背了客观立场的要求,片面强调人工智能发展的不可预测性并夸大人工智能的风险性与危害性,甚至不顾实际情况将20世纪80年代的工厂机械伤人事件作为人工智能对人类实施犯罪的案件进行描述。

第二,部分研究在价值层面的讨论缺乏对事实认识的基础,由于在情感上排斥赋予人工智能以法律人格,便极力论证人工智能的工具属性,甚至将人工智能类比原始的生产工具。这种认识忽视了人工智能的新型技术特征及其衍生的各方面影响。

第三,部分研究在规范层面的认识缺乏事实基础或价值支撑,大部分关于人工智能刑事风险的讨论属于规范研究,最终希望在规范层面消解智能风险。但有些研究要么忽视对于人工智能客观情形的认识,以美好的价值愿景支撑规范层面的调整;要么怠于在价值层面上评判人工智能刑事风险的发展趋势与应对需求,以消极保守的姿态填充规范研究的底色。这两种情形都有损于在规范层面全面协调地认识智能风险及持续深入地展开智能研究。毕竟在规范研究的视阈下,"是或不是"的描述与"应该或不应

① 参见陈晓庆:《论事实、价值与法律规范》,载《社会科学论坛》2019年第5期。

该”的评价同等重要。

(3)论证标准有待确立

法律论证的渊源最早可以追溯到古希腊时期的“论辩术”,亚里士多德的《论题篇》和《辩谬篇》都有与论辩理论相关的探讨。[①] 在论辩过程中,针对同一论题的不同主张在阐释自身观点的基础上,最为精彩的环节在于对立观点的交锋论辩,而其中最为关键的是论辩标准的树立。缺乏论辩标准,一则无法形成不同观点就同一问题的有效交锋;二则无法判断各种观点的真伪。例如,正方认为铜的质地硬,反方认为铜的质地软,如果双方各自以不同的标准进行论述,正方主张与银相比,铜的质地硬;反方主张与铁相比,铜的质地软,则根本无法形成观点的交流与碰撞,与其说是论辩不如说是自说自话。同样,缺乏论辩标准,也无法评判双方观点的合理性,因为在各自的论证环境中,他们都是正确且合理的。倘若以布氏硬度系数作为评价金属质地软硬的标准,那么双方就可以在同一焦点上展开观点博弈,而对于论证的合理与否也就有了评价标准。在法律论证的过程中,对于同一问题的不同见解的交流与论证,同样需要论证标准的存在,否则也难以形成有效的学术交流。

在人工智能刑法研究领域,存在大量的不同观点,尤以“应否赋予人工智能刑事责任主体地位”的论证最为激烈。人格论者旁征博引,从刑法学、法哲学、计算机科学甚至是量子力学角度论证赋予人工智能刑事责任主体地位的正当性与必要性。工具论者也不甘示弱,以伦理道德、自由意志、情感感知等方面论证人工智能的工具属性进而排除人工智能的法律人格。直至今日,两种观点仍然争论不休,互不相让,而旁观者在阅读、听取双方论证时又会感觉虽然观点对立,但均有道理。其中最重要的原因就在于关于人工智能能否成为刑事责任主体的论证标准缺失。这种情形不仅使得

① 参见魏斌:《法律逻辑的再思考——基于“论证逻辑”的研究视角》,载《湖北社会科学》2016 年第 3 期。

论争双方无法在同一层面上展开辩论，还导致对于相关论证评价能力的孱弱，以致“难以判断研究成果的优劣得所，甚至会产生不必要的质疑和猜测”[①]。当然，论证标准的确立并非一朝一夕之功，而是需要持有不同观点的论者们不断磨合，在学术交流的过程中有意识地促进这一标准的建立。也正因如此，及早唤起在人工智能刑法研究领域中构建论证标准的学术意识、促进学术交流在同一层面有效进行的学术努力更显必要。

只有在人工智能刑法研究中有意识地克服、避免上述问题，才能为学术研究奠定稳固的基础，促进人工智能刑法研究甚至是法学研究的进一步深入与发展。

四、基本内容

本书主体部分共分为五章。

第一章作为研究的前提与基础讨论了人工智能的概念能否合理界定、人工智能刑事风险是否客观存在、人工智能刑法研究是否符合社会需求三个问题。所得出的结论是：“虽然试图在科学意义上统一人工智能概念难以实现，但仍可在满足当下法学研究需要的程度上合理界定人工智能的概念；虽然对于强人工智能时代的刑事风险无法预测，但当下弱人工智能所引发的刑事风险已然存在；人工智能的出现和发展，正是社会学家乌尔里希·贝克所描绘的风险社会的一个缩影，在风险社会的背景下，人工智能刑法研究具有时代价值与社会意义。”因此，涉人工智能犯罪的刑事归责研究具有研究基础与研究价值。

第二章讨论的是人工智能技术在规范层面所诱发的影响，即涉人工智能犯罪的归责困境。本章首先分析了涉人工智能犯罪归责困境的存在范畴，在故意犯罪中，传统理论可以消解人工智能技术带来的规范冲击，因而

① 程龙：《从法律人工智能走向人工智能法学：目标与路径》，载《湖北社会科学》2018 年第 6 期。

不会产生归责间隙。但在过失犯罪中,人工智能的技术特征——“深度学习、跨界融合、人机协同、群智开放、自主操控”及涉人工智能犯罪的特征——“犯罪主体模糊、危害行为复杂、因果关系错综、犯罪结果严重”与我国过失犯罪归责构造相抵牾,导致传统的过失理论难以有效实现涉人工智能过失犯罪情形下的责任归属。继而本章进一步分析了诱发涉人工智能犯罪过失归责困境的原因在于人工智能技术导致预见不能,冲击归责基础;人工智能技术造成因果错综,阻滞责任分配;人工智能技术缺失前置规范,难断注意义务;人工智能技术突破纵向关系,扭转归责维度;人工智能技术脱逸经验事实,虚化判断根据。

第三章梳理了解决人工智能过失犯罪归责困境的应对措施并将其类型化,具体包括解释论进路、立法论进路与对策论进路。然而,无论是相对保守的刑法解释、立法进路,还是较为激进的建立人工智能刑法体系进路,在试图弥合归责风险的同时都会诱发新的刑法风险,即由规避归责困境的措施所诱发的第二性风险——人工智能刑法的体系风险。人工智能刑法的体系风险不仅造成传统责任要素的变迁,而且会冲击刑法体系的安全性、弱化刑事责任的公平性、动摇刑罚制度的正当性。

第四章讨论的是应对涉人工智能犯罪归责困境的立场遴定。本章的作用在于承上启下并表明笔者的基本立场。基于对涉人工智能犯罪归责困境与可能的解决措施所诱发的人工智能刑法体系风险的考量,笔者不赞成通过重新构建人工智能刑法体系来弥补归责漏洞,因为这种方式不仅成本巨大,而且会引发刑法体系的制度性风险,在此之上明确笔者所赞成的应对人工智能刑法风险的立场,即在排除人工智能的责任主体地位、恪守刑法应对人工智能刑事风险的理性姿态,同时又要满足归责困境解决需要的立场上弥补涉人工智能犯罪的归责间隙。

第五章讨论的是应对涉人工智能犯罪归责困境的路径抉择。在涉人工智能犯罪归责困境的刑法应对上,在有效应对涉人工智能犯罪的归责困境的同时,又要避免应对措施在更深层次诱发人工智能刑法的体系风险。

对此,实现过失犯罪归责构造的理论转型,即由意志归责、主观归责模式过渡到规范归责、客观归责模式,不失为一种有效且有益的尝试。基于这种转换归责模式的思路,本章提出了在涉人工智能过失犯罪情形下,责任归属的核心判定步骤:明确风险是否处于行为人所隶属的管辖范围,判断行为人的行为是否创设了不被允许的风险,考察行为人的行为是否实现了不被允许的风险。以期以此种归责模式克服人工智能技术特征所带来的归责困境,实现涉人工智能过失犯罪中责任的有效分配与合理归属。

第一章　涉人工智能犯罪刑事责任归属研究的前提思考

在刑法学者关注人工智能相关问题之初，更多精力集中在已经发生或者基于想象的涉人工智能犯罪之上，大量学术成果讨论人工智能实施犯罪的诸多情形以及应对之策。在人工智能刑事责任问题讨论如火如荼之际，方有部分批判性观点将人工智能刑法研究的视阈拉回论题的前提范畴，即涉人工智能犯罪刑事责任归属问题本身究竟是否具有研究价值，研究讨论内容是建立在审慎思考与严谨论证之上的“真论题”，还是立足于科幻想象和烂漫杜撰的“伪论题”？在涉人工智能犯罪刑事责任的思考体系中，这一“后发”的疑问却“先至”于整体研究的逻辑起点，成为人工智能刑法研究的立题支撑。因此，开展人工智能刑法研究的前提性思考，梳理并分析关于涉人工智能犯罪刑事归责论题本体的争议焦点和基础问题，是具体探究涉人工智能犯罪刑事责任归属的前提与基础。

在人工智能刑法研究方兴未艾、研究前提尚未厘清的情形下，批判论者对论题本身的思考与质疑具有必要性。虽然相比于人工智能刑法研究的整体趋势，这种“泼冷水”

式的观点并不占据主流，但是应当给予足够的重视。与此同时，对于人工智能刑法研究的质疑，主张研究具有现实价值的赞成论者进行了有针对性的回应，由此形成了当下我国人工智能刑法研究中的一项关于论题本身的争议问题——人工智能法学研究的“真伪”博弈。

在这场学术论争中，批判论者认为，当前涉人工智能犯罪的刑事责任研究出现了违反人类智力常识的反智化现象，表现在概念附会现象严重、误将假问题当作元问题、脱离教义学的基本立场和方法等方面。[①] 赞成论者则认为，在人工智能时代的刑法研究中存在不同的观点不足为怪，不应开展“为批判而批判”的“伪批判”。[②] 经过对于上述争议的进一步梳理，可以发现关于涉人工智能犯罪归责研究论题的争议实际上体现在四个方面：其一，人工智能的概念能否被界定；其二，人工智能刑事风险是否真实存在；其三，涉人工智能犯罪刑事归责研究的背景实质如何理解；其四，人工智能刑法研究的方法选择。人工智能的概念作为论题研究基础对于确定研究对象、框定研究范围具有决定性作用，属于论题规范层面的必然要素。人工智能刑事风险是否真实存在是论题研究的事实基础。对于人工智能刑事风险研究背景的准确认知决定了论题是否具备研究价值。值得思考的是第四方面，人工智能刑法研究的方法选择能否决定这一论题的本质属性。批判论者认为：“法教义学是法学研究不可抛弃的立场和方法，当下对人工智能法律问题的研究停留在对策论，离开法教义学的精耕细作和理论共识探讨必将使人工智能法律问题研究难以沉淀……人工智能法学研究的现状是问题性研究林立、体系性研究阙如。”[③]对于上述批判观点，笔者认为：首先，研究方法的选择并不属于论题本体的基础，同样也无法体现论题的研究价值，研究方法应用于论题确认之后的具体研究与论证的过程中，

① 参见刘艳红：《人工智能法学研究的反智化批判》，载《东方法学》2019 年第 5 期。

② 参见刘宪权：《对人工智能法学研究“伪批判”的回应》，载《法学》2020 年第 1 期。

③ 刘艳红：《人工智能法学研究的反智化批判》，载《东方法学》2019 年第 5 期。

其本身并不涉及影响论题确立的相关因素。其次,在学术研究之中,并不存在研究方法选择的绝对性与唯一性,研究路径的选择与研究结论的多元或许正是学术研究的价值所在。换言之,研究方法、路径以及所得结论的差异甚至争议不能证伪这一论题本身,反而体现了论题的研究意义所在。所以,关于人工智能刑法研究方法选择的争议,由于不涉及论题本身属性的判断,因而不能上升到论题本体层面予以考量。对于厘清涉人工智能犯罪刑事归责研究的论题属性具有意义的是能够决定论题研究基础和研究价值的论题概念、属性与研究背景,下文也将从这三个层面展开对涉人工智能犯罪刑事责任归属研究的前提思考。

第一节　规范层面:人工智能概念能否合理界定

概念作为思维的基本形式,可以反映事物的本质特征与共同特点。准确把握概念可以框定研究范围、明确研究边界。在人工智能刑法研究领域,当下研究存在着对于基础概念重视不够的状况,相关研究成果对于论题基本概念的界定只是通过简单描述或引用的方式一笔带过,实际上这种“惜墨如金”的定义方式并不能展现相关概念的内涵与外延,不利于形成统一的概念共识,进而导致了“虽然都是在探究人工智能刑事责任,但是各自研究内容却风马不接”的局面。只有在规范层面合理界定人工智能的概念,并形成学术研究的基本共识,以人工智能作为研究对象的刑事责任归属问题才能有效展开。

一、关于人工智能概念界定的争议

正是由于概念所发挥的规范基础作用,作为涉人工智能犯罪刑事归责研究的基础概念——人工智能能否被准确界定,成为批判论者与赞成论者关于论题属性争议的焦点。

(一)批判论者:人工智能概念难以界定

关于人工智能的概念,批判论者并没有直接否定这一概念的可定义性,而是从实然角度说明了界定这一概念甚至是提炼概念的共性要素的复杂性,其主要观点如下。

第一,定义人工智能概念的基础薄弱。在定义的过程中,一项重要的定义规则是定义项的概念认知度必须高于被定义项。这就要求用已经定义的概念定义未被定义的概念,即定义项的概念必须清晰,而且定义项的概念必须具有较高的认知度。如果违反这一规则进行定义,所得出的概念被称为“晦涩定义”,无法实现定义的目的。在人工智能领域,作为其研究基础的“计算机科学、哲学、法学等学科内的很多基础概念都没有取得过一致的意见”①。也就是说,在定义人工智能的过程中,缺乏概念清晰的、认知程度较高的定义项,因而无法满足界定人工智能概念的基础需求。

第二,人工智能概念核心要素的提炼标准繁复。按照部分学者观点,一个可被称为“智能”的实体至少具有五个基本属性②,即沟通交流能力③、内部知识④、外部知识⑤、目标驱动行为⑥与创造能力⑦。这些属性都是概念的应有之义。这种观点所涉及的核心要素的提炼标准尚属简易,有些观点对于提炼标准的列举多达十几种,复杂纷乱且缺乏共识的提炼标准是提取人工智能概念核心要素的障碍,当下研究对于概念提炼标准的统一尚束手

---

① 刘艳红:《人工智能法学研究的反智化批判》,载《东方法学》2019 年第 5 期。

② See G. Hallevy, *Liability for Crimes Involving Artificial Intelligence Systems*, Springer International Publishing Switzerland, 2015, p. 9 – 12.

③ 即能够与人类或者其他物种互动,这并不代表着智商水平而是一种社会交际潜能。

④ 即对自身的认知,它等于“自我意识”,一个智慧的实体应该知道自己的存在、自己以某种方式运作、将自己融入现实等。

⑤ 即关于外部世界和真正现实的数据收集分析能力。

⑥ 即一种意图,它制定和执行计划来实现相关目的。

⑦ 即找到新的理解或行为方式的能力。

无策,遑论对人工智能概念核心要素的归纳与确定了。

第三,人工智能概念认定的依据冗杂。人工智能本就是驰骋于科学技术前沿的跨越多学科的学问,对于人工智能概念的确定,涉及计算机科学、自动化科学、物理学等诸多自然科学的专业知识,还涉及自然科学之外的关于机器是否具有自我意志和自我行动能力的“(类)人性”判断的哲学、伦理学理论。① 对于刑法学者而言,如此庞大的知识储备需求似乎超越了脑力的极限,精准定义人工智能的概念几乎成了一项不可能完成的任务。

苛刻的定义标准,一方面限制了概念上的泛人工智能化,另一方面也决定了人工智能概念界定的困难程度。由于难以合理界定人工智能的概念,部分研究者对研究对象内涵与外延的把握失准,将一些本不属于人工智能的机械自动化、电子金融技术等纳入人工智能范畴,造成人工智能“盛名之下,其实难副”。由此导致的泛人工智能化极大地减损了人工智能刑事风险及刑法应对的前沿价值,甚至给人以一种人工智能刑法研究是一场“新瓶装旧酒”的“学术秀”的负面印象。

(二)赞成论者:人工智能概念可以界定

赞成论者认为“批判论者提出的人工智能的内涵难以界定,人工智能法学研究中的大量研究成果是概念附会的产物”,这种批判没有真正揭示人工智能法学研究中的争议焦点,不具有学术价值,属于“概念混淆型”的伪批判。② 在赞成论者看来,人工智能概念在理论层面是可以被准确界定的,而且事实上也是如此,当下对于人工智能的概念已经达成了一定程度的共识。

第一,人工智能概念具有共识性基础。人工智能是涉人工智能犯罪刑

---

① 参见刘艳红:《人工智能法学研究的反智化批判》,载《东方法学》2019 年第 5 期。

② 参见刘宪权:《对人工智能法学研究“伪批判”的回应》,载《法学》2020 年第 1 期。

事责任研究的核心概念,而智能又是核心概念中的核心。虽然何为"人类所表现出来的智能"在科学、哲学、法学等领域存在争议,导致有关人工智能概念的争议从未停止。但是应当看到,"人类所表现出来的智能"并非"自然本能的必要延伸",而是"自由意志的扩张性选择"①。自由意志的扩张性选择作为智能的本质,在学界内达成了基本的共识。既然对于智能的本质在于自由意志形成了较为一致的认识,而人的自由意志形成于人类大脑,依赖于人脑功能的实现。那么便可在此基础上推知,所谓人工智能,即是由人类创造的能够在一定程度上代替自然人大脑功能的技术或实体。此外,人工智能发展的历史脉络表明人工智能由传统的代替人类肢体活动的机械自动化"脱胎换骨"成为代替人类大脑功能的人工智能体,这种质变的完成昭示着人工智能不同于以往任何自动化技术。历史脉络清晰可见,在总结过往的基础上,界定人工智能的概念同样具有可行性。综上,"智能的本质在于自由意志""人工智能的本质在于代替人脑功能"的基本认识以及人工智能发展的历史脉络共同奠定了人工智能概念的共识性基础,使人工智能概念的准确界定成为可能。

第二,人工智能概念的核心要素精练。所谓人工智能概念的核心要素,实际上就是人工智能的本质属性。其一,自由意志,这是人工体具备智能因素的必然条件。其二,人脑功能,这是自由意志的目的性指向,即具备自由意志的目的能够真正代替人脑,实现人脑的部分或全部功能。人工智能概念的核心要素仅此而已,而所谓的"沟通交流能力""内部知识""外部知识""目标驱动行为""创造能力"不过是自由意志与人脑功能的部分体现而已。当然,如果进一步细分或穷尽式列举,还会有更多这种意义上的要素,但这并不属于概念的核心要素,而是核心要素的具体体现。

第三,人工智能概念界定的依据明确。诚然,对于人工智能概念以及自由意志在不同学科领域具有不同的认定依据,由于不同学科的研究对

① 冯亚东:《理性主义与刑法模式:犯罪概念研究》,中国政法大学出版社1999年版,第99页。

象、知识内涵、研究方法等存在差异,对人工智能的关注角度有所不同,对人工智能概念的界定也提出了不同的标准。说到底,这是正常的学科间差异,无法弥合也不能弥合。所以对于人工智能概念的界定,不应该引入所有学科体系的要求作为依据。从刑事责任角度研究人工智能,对于人工智能的定义仅满足刑法学科内的要求即可。在此基础上,自由意志问题也转化为对于辨认能力与控制能力的理解与判断之上,而这就是人工智能概念在刑法研究领域的界定依据。

第四,对于批判论者观点的回应批判。赞成论者认为,批判论者对于人工智能概念认识本身存在诸多瑕疵。其一,批判论者对于人工智能概念的认识缺乏客观立场,批判论者将自身好恶融入对于人工智能概念的认识之中,忽略已经形成的理论共识与研究现状,所得出的“人工智能的概念在当下阶段无法被准确地界定”这一结论是经不住推敲与考验的。[①] 其二,批判论者对于人工智能概念内涵的预判失准,批判论者认为人工智能的概念内涵在于“自主性”,这种理解实际上是以机械自动化的概念解读人工智能的内涵,在这种错误认识之下,人工智能的概念甚至没有定义的必要性,无法定义的结论自然是“毒树之果”。其三,批判论者对于人工智能概念外延的评价有误,认为部分传统犯罪(如关于 ATM 机、计算机系统的相关犯罪)不应被纳入人工智能范畴内予以讨论,而 ATM 机等技术完全符合人工智能的定义,在人工智能视阈下讨论计算机系统犯罪、金融犯罪等问题并无不妥。

综上,赞成论者认为人工智能概念具有共识性基础、概念核心要素精练、概念界定依据明确,具备定义的基本条件,因而可以对其进行准确界定。

(三)争议焦点归纳

关于人工智能的概念,虽然批判论者与赞成论者展开了针锋相对的论

---

① 参见刘宪权:《对人工智能法学研究“伪批判”的回应》,载《法学》2020 年第 1 期。

辩，观点看似水火不容，但却是基于一项共同立场而展开的分析与论述，这一共同立场是：研究对象概念的可界定性对于论题成立与否起着决定性作用。也就是说，只有核心概念能够确定，相关研究才能在此基础上展开。对此，批判论者与赞成论者均予以认同并将其作为论述的基础，只不过批判论者认为人工智能的概念难以界定，而赞成论者认为人工智能的概念可以界定，由此产生了对于论题真伪的讨论。

二、人工智能概念界定的分析与结论

实际上，无论是在生活中还是在学术上，时时刻刻都涉及概念的应用，人们也无时无刻不在基于自身的知识涵养与过往经历，结合对于事物的理解来界定概念，并以此作为对于客观世界认识的缩影，指导着方方面面的实践活动。在这种意义上说，任何概念均能够被定义，任何定义在定义主体看来都具有正当性与价值性。但当这一静止的视角发生运动式的转换时，问题的关键就发生了变化。人类是社会性的生物，社会交往是人类维持基本生存与寻求发展必不可少的环节。在学术上，真理不辩不明，学术交流同样是发现真理、提升研究水平的关键。在这种动态的视角下，必然要具有某种标准或者规则来指导互动交流，这样才能节约社会交往的必要成本并使交流价值最大化。而对于事物基本概念的认知，则是一切标准或规则的基础。在这种意义上讲，虽然任何概念都能被定义，但是定义是否在一定的范畴内具备合理性并能够得到大多数人的认可，形成一定的概念共识就成了重要的考量因素。简言之，概念能否界定不是问题关键之所在，关键在于概念能否被“合理”界定，而对于这一问题的判断，就必须回归到概念界定的价值要求与现实基础之上。

（一）人工智能概念界定的价值要求

事物的概念通常包含三部分内容。其一，最为明确的核心要素，这一部分最易确定、争议最少。其二,最难以确定的概念边界,尤其是在社会科学领域,一个确定且公认的概念边界几乎是不存在的。其三,最难判断的模糊内容,即使存在确定的概念边界,但由于社会科学本身的特征以及语言所具有的不确定性,也会产生临界于概念边界而难以判断属性的模糊内容。在讨论概念的过程中,往往容易陷入以下两个误区。其一,过于重视对概念边界的确定及模糊内容的研判,以至于忽视了对核心要素的解读。其二,习惯于用整体性描述来框定事物概念,但如果对该事物概念的共识基础薄弱,整体性描述不利于得到广泛认同,难以搭建学术交流的理论平台。而实际的情况是试图用科学的标准清晰地框定出概念的边界、消除模糊领域是不切实际的,对于概念的界定也并非要完全厘清上述三部分内容,而是要考量概念界定的价值需求。

在人工智能刑法研究中,对于人工智能概念的界定实际上是为了确定研究对象、框定研究范围,服务于相关研究的展开。所以,虽然试图在科学意义上统一人工智能概念的努力似乎是徒劳的,但这并不妨碍在满足当下法学研究需要的程度上来描摹人工智能。当下对于人工智能的法学研究尚处于初级阶段,所涉及的问题主要局限于人工智能体法律地位、刑事责任等宏观领域,学者多选择具有代表性的人工智能技术(如自动驾驶技术、智能医疗技术等)作为研究对象以避免陷入概念界定的泥潭,这种选择概念内核作为理论研究支点的方式无疑是充满智慧的。在这一阶段,概念中最为明确的核心要素足以满足学术研究开展的需要。当然,除了核心要素外,概念的个别模糊内容是存在争议的(如 ATM 机、网络购物平台分析软件是否属于人工智能技术),但这并不影响人工智能法学研究的概念根基。

相比于纠结概念边界的确定、概念模糊内容的消除,以确定概念核心要素的方式定义人工智能具有以下优势:其一,归纳总结概念核心要素相对明确简便,减省了确定概念边界、梳理模糊内容等大量耗时甚巨又效果不佳的工作,具备可行性。其二,概念核心要素的提炼较少触及争议问题,能够有效避免陷入概念纷争的窠臼,更易形成学术共识。其三,对于概念核心要素的梳理同样能够在一定程度上明确论题的研究对象、框定研究范围，而且这种程度能够满足当下学术要求。因此，虽然当下对于人工智能的概念界定仍然存在如批判论者所言的种种困难，无法实现面面俱到、细致入微的定义，但通过对于人工智能核心要素的梳理，发现其仍然能够满足当下的学术要求，而且就目前情况来看，这也是最优选择。

（二）人工智能概念界定的现实基础

人工智能的概念除了在价值层面能够满足当下刑法研究的需要、具备合理界定的可能之外，也具有相应的现实基础，具体体现在以下三个方面。

第一，随着人工智能应用在社会基础生活中的不断渗透，人们已经形成了对于人工智能的整体印象共识。目前，在大数据、云计算、物联网等技术的支持之下，智能汽车的研发与应用取得了突破性进展，在我国部分城市已经设立了无人驾驶汽车运行道路。有的城市在部分区域开通了无人驾驶公交车和无人驾驶出租车服务。在医疗领域，医疗机器人作为人工智能技术的代表已经被应用于手术之中，典型的医疗机器人包括 IBM 研发的 Watson 医疗诊断机器人和麻省理工学院、IBM、Heartport 公司联合研发的达芬奇外科手术系统。[①] 自动驾驶汽车服务的开通与智能医疗系统的应用，意味着人工智能技术开始从科学研究的前沿阵地融入社会基础生活之中。人们越来越多地在日常生活中领略人工智能的风采、感受到人工智能所带来的便利。基于人工智能现实应用的普及，人们对于人工智能已经具备了宏观整体的印象共识，而这正是概念界定取得共识的基础。

第二，虽然当下人工智能还没有获得共识的精确定义，但较为常见的定义有三个。其一，达特茅斯会议的发起建议书中对于人工智能预期目标的描述，也被当作人工智能的定义使用，即“制造一台机器，该机器可以模

① 参见聂金福：《人工智能在生物医疗领域的应用和机遇》，载《软件与集成电路》2017 年第 4 期。

拟学习或者智能的所有方面,只要这些方面可以精确描述”。其二,明斯基提出的,“人工智能是一门科学,是使机器做那些人需要通过智能来做的事情”。其三,尼尔森提出的,“人工智能是关于知识的科学,所谓知识的科学就是研究知识的表示、知识的获取和知识的运用”。① 较为常见定义的出现意味着,研究人员关于人工智能概念内涵的理解正在取得最大公约数,是人工智能概念不断趋近并形成共识的一种趋势与过程。

第三,《新一代人工智能发展规划》对于人工智能特征的总结奠定了概念界定的基础。2017 年 7 月 8 日,国务院印发了《新一代人工智能发展规划》,《新一代人工智能发展规划》在战略态势这一部分中,精练地概括了人工智能的新特征——深度学习、跨界融合、人机协同、群智开放、自主操控。在重点任务中归纳了人工智能关键共性技术体系——以算法为核心,以数据和硬件为基础,以提升感知识别、知识计算、认知推理、运动执行、人机交互能力为重点。作为具有官方性质的指引性文件,对于人工智能特征及技术体系的总结归纳无疑凝聚了各界的共识,其中有关智能特征与技术体系的表述是反映人工智能内涵与外延的重要参考与借鉴,为人工智能概念的界定奠定了重要基础。

(三)人工智能概念界定的内涵与外延

上文在价值要求与现实基础层面论述了人工智能概念可以被合理界定,着眼点在于人工智能概念的可定义性,这一部分将具体论述本书对于人工智能概念内涵与外延具体内容的认识与把握。

1. 人工智能的概念界定

笔者赞成安德鲁·阿鲁达(Andrew Arruda)对人工智能所作的定义:“人工智能(Artificial Intelligence, AI)就是使机器像人一样去完成某项任

---

① 李德毅主编:《人工智能导论》,中国科学技术出版社 2018 年版,第 2 页。

务的软硬件技术。”①对于这一定义的采纳，具有如下理由。

第一，这一概念界定符合定义规则。通常来讲，定义要求定义项的概念认知度高于被定义项，定义项中不能直接或间接地包含被定义项，被定义项要恰当归类，定义项与被定义项的外延必须是全同关系，定义一般为肯定性陈述。安德鲁·阿鲁达的定义符合上述规则要求，理由在于：其一，随着计算机科学多年的发展与普及，软件硬件的概念早已明晰并达成共识，因此作为定义项的“软硬件技术”在实际生活与学术场景中的概念认知程度确实高于作为被定义项的“人工智能”。其二，定义项中不包含被定义项的内容，避免了同语反复的错误。其三，将人工智能归属于技术范畴，符合被定义项恰当归类的要求。其四，定义项能够恰当限定被定义项的外延范围，不致定义过宽或过窄。其五，定义也符合陈述句的一般性要求。

第二，这一概念界定满足研究需要。该定义以“像人一样去完成某项任务”来描述概念内涵，这种不甚严谨的定义恰好为人工智能内涵的填充留有余地。也就是说，如何才能使人工智能这种软硬件技术能够像人一样去完成某项任务，这样的一种“留白”方式为不同领域、不同问题研究视角的选择与转换提供了可能，能够满足多个领域、多种视阈的研究需求。在本书中，笔者将以《新一代人工智能发展规划》提炼出的人工智能的五项特征作为填充概念内涵的实质内容，而这些特征与概念的描述亦能够契合。

第三，这一概念界定易于形成共识。该定义融合了目前较为常见的三种定义方式，以“最大公约数”的方式阐释人工智能的内涵与外延。达特茅斯会议定义强调人工智能对于智能的模拟，明斯基定义强调人工智能对于人类任务的完成，尼尔森定义强调人工智能对于知识的掌握与运用。实际上，这些定义所强调的重点都能融入“人工智能就是使机器像人一样去完

---

① Andrew Arruda, *An Examination of the Use of Artificial Intelligence in Law and the Model Rules of Professional Responsibility*, American Journal of Trial Advocacy, Vol. 40, p. 443 (2016).

成某项任务的软硬件技术”这一概念之中。在传统意义上,智能与知识专属于人类思维系统,强调对智能的模拟与知识的运用就是“使机器像人一样”,而完成人类任务的表述甚至与“去完成某项任务”相差无几。因而,安德鲁·阿鲁达的这一概念凝聚了常见定义的共性因素,牵涉的争议矛盾较少,更加容易形成概念共识。

2. 人工智能的概念内涵

人工智能的概念内涵为人工智能所具有的深度学习、跨界融合、人机协同、群智开放、自主操控五项基本特征。所谓概念内涵,在逻辑学上是指一个概念所反映事物的本质属性的总和①,具体体现为事物的基本特征。在人工智能领域,当下我国最具权威性的指引性文件《新一代人工智能发展规划》总结了人工智能所具有的五项基本特征,其中任何一项特征,都是对人工智能概念的必要诠释,是人工智能概念的必然内涵。

深度学习,是机器学习发展的一个重要节点,因而对于深度学习的了解,需要建立在对机器学习有一定把握的基础之上。机器学习,按照字面理解就是让机器像人一样具有学习能力,专业的定义为“利用经验来改善计算机系统自身的性能”。进一步说,机器学习致力于研究如何通过计算的手段,通过数据的分析与建模挖掘其中有益价值。而深度学习是一种特征学习方法,能够把原始数据转变成更高层次的、更加抽象的表达,深度学习的实质是通过构建具有很多隐层的机器学习模型和海量的训练数据来学习更有用的特征,从而提升分类或预测的准确性。② 人类学习,是指从阅读、听讲、研究、实践中获得知识或技能的行为。③ 实际上,学习是一种输入过程,在知识输入的过程中,学习主体从中获得认识世界的世界观与改造

① 参见中国社会科学院语言研究所词典编辑室编:《现代汉语词典》(第6版),商务印书馆2012年版,第938~939页。

② 参见李德毅主编:《人工智能导论》,中国科学技术出版社2018年版,第111~112页。

③ 参见中国社会科学院语言研究所词典编辑室编:《现代汉语词典》(第6版),商务印书馆2012年版,第1479页。

世界的方法论,并以此指导实践活动。机器学习模拟的是人类学习的这一“输入—输出”的过程,人工智能通过汲取数据库中的相关数据作为学习资料,从中对数据进行特征分类并储存,并以此作为具有同等或相似特征数据的参考,以此为指导处理相关数据。

跨界融合,这一特征具有两层含义,其一,人工智能技术的产生与发展是多领域多学科知识融合推动的结果。在基础理论领域,人工智能以大数据智能理论、跨媒体感知计算理论、混合增强智能理论、群体智能理论、自主协同控制与优化决策理论、高级机器学习理论、类脑智能计算理论、量子智能计算理论为基础。在关键技术范畴,人工智能由知识计算引擎与知识服务技术、跨媒体分析推理技术、群体智能关键技术、混合增强智能新架构和新技术、自主无人系统的智能技术、虚拟现实智能建模技术、智能计算芯片与系统、自然语言处理技术所支撑。同时,《新一代人工智能发展规划》指出,要进一步推动人工智能与神经科学、认知科学、量子科学、心理学、数学、经济学、社会学等相关学科的交叉融合。其二,人工智能技术广泛应用于各个领域,并与各领域的技术基础相融合。在新兴领域,人工智能被应用于智能软硬件、智能机器人、智能运载工具、虚拟现实与增强现实、智能终端、物联网基础器件等行业。在传统领域,人工智能也与传统技术相融合并在此基础上实现创新,发展出智能制造、智能农业、智能物流、智能金融、智能商务等规模化应用。简单来说,人工智能的跨界融合,一方面体现为人工智能技术的复杂性,另一方面表现为人工智能技术应用的广泛性。

人机协同,是指人类与智能机器协调配合,共同完成某项任务或活动。人机协同依赖于人机交互的实现。所谓人机交互,是指为了实现人与人工智能之间的沟通,消融两者之间的交流界限,使人们可以通过语言、表情、动作或者一些可穿戴设备实现与人工智能的交流。在人机交互的过程中,对人类运动行为的识别和长期预测称为意图理解。人工智能通过对动态情境充分理解,完成动态感知,理解并预测协作任务,实现“人——人工智能”相互适应、自主协作的功能。在人机协作中,作为服务对象,人处于整个协作过程的中心地位,其意图决定了人工智能的响应行为。经过几十年的发展,人机协同已经在多个领域得到应用,如在民用娱乐领域,基于全息影像技术,通过可穿戴设备实现虚拟的人机交互,2015 年微软推出的 HoloLens 眼镜就是典型代表。在医疗领域,通过使用认知技术或脑信号来认知大脑意图,实现观点挖掘和情感分析,基于脑电信号信息交互的 Emotiv 可以通过采集用户脑信号信息进行情感识别,以此帮助残障人士表达自己的情感。① 在人与人工智能的协同中,人类是主体,是被服务的对象,同时也是指引人工智能功能发挥的"神经中枢"。

群智开放,这一特征来源于自然界和生物界规律的启迪,如蚂蚁搬家、鸟群觅食、蜜蜂筑巢等。科学家对这些自然生物的群体活动现象进行捕捉,发现了一些可以作为技术研究基础资料的规律。例如,科学家对鸟群飞行进行了计算机仿真。他们让每个个体按照特定的规则飞行,形成鸟群整体的复杂行为。所提模型成功的关键在于对个体间距离的操作,也就是说群体行为的同步性是因为个体努力维持自身与邻居之间的距离为最优,为此,每个个体必须知道自身位置和邻居的信息。生物社会学家爱德华·威尔逊(E. O. Wilson)曾说过:"至少从理论上,在搜索食物的过程中群体中的个体成员可以得益于所有其他成员的发现和先前经历。当食物源不可预测地零星分布时,这种协作带来的优势是决定性的,远大于对食物竞争所带来的劣势。"这些由简单个体组成的群落以及个体之间的互动行为称作"群智能",受动物群体智能启发的算法称为群智能算法。② 在人工智能领域,群智开放意味着人工智能个体通过大数据库的建立与互联网的联通,将实现数据实时共享与传递,以此支撑其智能功能的有效实现、最优实现。可见,人工智能进行活动时作为判断资料的大数据库并非固定封闭的,而是一种实时更新的开放式数据源。

---

① 参见李德毅主编:《人工智能导论》,中国科学技术出版社 2018 年版,第 257 ~ 259 页。

② 参见李德毅主编:《人工智能导论》,中国科学技术出版社 2018 年版,第 72 页。

自主操控，是人工智能控制与操作的方式，它具体包括三个方面的能力，即自主性，在不受人和其他实体的指令或者干预下，一个智能体应该具备自主采取动作的能力；自动性，智能体不仅可以实现对外界的应激反应，还可以针对自己的目标采取主动行为；反应能力，智能体可以感知外界环境并且及时对外界环境的变化作出动作响应。近年来，以神经网络、模糊逻辑和进化计算为代表的人工智能理论与方法应用于人工智能控制，大大提升了人工智能的自主操控能力。而在传统的机械自动化中，比例—积分—微分控制（PID）、计算力矩控制（CTM）、鲁棒控制（RCM）、自适应控制（ACM）是比较典型的控制实现方式。这些控制方式与当下人工智能自主操控相比具有以下区别，PID 设计的动态性能较差；CTM、RCM、ACM 则相对依赖机器人数学模型的构建，这些基于模型的机器人控制方法对缺少的传感器信息、未规划的事件和机器人作业环境中的不熟悉位置非常敏感。所以，基于传统模型的机械自动化不能保证设计系统在复杂环境下的稳定性、鲁棒性①和整个系统的动态性能②。

3. 人工智能的概念外延

基于人工智能这一"使机器像人一样去完成某项任务的软硬件技术"的概念表述与深度学习、跨界融合、人机协同、群智开放、自主操控等特征，笔者认为，人工智能技术的外延包括自动驾驶汽车技术、智能医疗系统技术等符合人工智能概念，具有人工智能特征的技术与实体，而传统的 ATM 机、网络银行等技术就目前情况而言不在人工智能相关问题讨论范围之内。部分学者以是否代替人类脑力活动作为区分智能与否的标准，并认为能够代替人类脑力劳动的属于人工智能，单纯代替人类体力劳动的属于传统机械自动化。在此基础上，认为 ATM 机具备识别功能等替代银行自然

---

① 鲁棒性：鲁棒是"Robust"的音译，也就是健壮和强壮的意思。它也是在异常和危险情况下系统生存的能力。

② 参见李德毅主编：《人工智能导论》，中国科学技术出版社 2018 年版，第 230～255 页。

人柜员的“大脑功能”,理应被作为智能机器人看待。[①] 但以是否代替人脑功能来判断人工智能是不充分的,诚然,人工智能的确可以替代部分人脑功能,这也是人机协同、自主操控等特征的应有之义,但是这属于判断人工智能的必要不充分条件。也就是说,除了替代人脑功能,相关技术或实体还需要满足人工智能特征中的其他属性,才能得出肯定结论。如果仅以能否代替人脑功能作为评判标准,那么20世纪70年代产生的电子计算器甚至是我国古代的算筹、算盘均能够代替人脑进行较为复杂的运算,但并没有人将算筹、算盘、电子计算器作为人工智能来看待。所以,判断人工智能的概念外延仍然要以概念内涵为依据。

第二节　事实层面:人工智能刑事风险是否存在

人工智能刑事风险是人工智能刑法研究中无法回避的重要问题,也是在刑法规范层面讨论风险应对所指向的客体。所谓人工智能刑事风险的客观属性,是指人工智能技术及相关实体在事实层面是否真的可以引发刑事犯罪。人工智能刑事风险的客观属性直接决定了整个论题的性质,只有人工智能刑事犯罪是客观存在的,在刑法范畴讨论人工智能刑事风险的应对才是具有理论与实践意义的。如果人工智能根本不能引发相应的刑事风险,则涉人工智能犯罪的刑事归责无疑是一项伪论题。简言之,人工智能刑事风险存在与否,直接决定了人工智能刑法研究的价值。

一、关于人工智能刑事风险属性的争议

关于人工智能刑事风险是否存在这一问题,批判论者与赞成论者展开了激烈的讨论。批判论者认为人工智能刑事风险仅仅是相关人员的主观

① 参见刘宪权:《对人工智能法学研究“伪批判”的回应》,载《法学》2020年第1期。

杜撰,赞成论者则极力主张人工智能刑事风险是客观存在于当下及未来的。

(一)批判论者:人工智能刑事风险系主观杜撰

批判论者认为,人工智能刑事风险不过是部分论者依靠无数假象拼凑起来的幻想,是在用别人的"噱头"吓唬自己。在这一认识之下,各种所谓的人工智能风险的法律应对就不足为论,与其说是"新技术、新风险对司法适用提出挑战",不如说是不假思索的命题套路。[①] 批判论者认为人工智能刑事风险系主观杜撰的理由在于以下三方面。

第一,人工智能刑法研究始于忧患意识而非客观风险。人工智能之所以在刑法领域吸引众多学者的目光,一时间成为学术研究的焦点,实际上是人们在观念上对于人工智能形成的科技恐惧感在发挥推动作用。人工智能的发展具有不确定性,且科技的进步往往超乎人类的认知与预判,难以确保人工智能不会在未来的某一天超越人类的智慧,甚至为了实现自身发展的需求而侵害人类利益。在这种情形下,刑法应当如何保障人类利益就必然需要进行认真思考。实际上,上述担忧在当下弱人工智能的产品上没有丝毫意义,弱人工智能对于现行刑法体系的挑战十分微弱,以人类为中心的现有法制系统仍具有顽强的适应力。[②] 只有幻想中的强人工智能所具有的对于刑法体系乃至思维观念的强大冲击,才能掀起如此的讨论热潮。因而,引起刑法学界热议的根源,并非当下弱人工智能的表现,而是人们对于未来强人工智能风险的担忧。

第二,人工智能刑法研究沉浸于表象式研究氛围。在当下的人工智能法学研究中,"AI 乐观主义 + 法律工具主义"盛行,从而不甄别真风险、真

---

① 参见刘艳红:《人工智能法学研究的反智化批判》,载《东方法学》2019 年第 5 期。

② 参见刘艳红:《人工智能法学研究的反智化批判》,载《东方法学》2019 年第 5 期。

挑战，陷于表象式研究氛围。[①] 在刑法研究领域，热议的话题包括人工智能法律主体地位、人工智能刑事责任承担、人工智能刑罚体系构建三个方面。人工智能法律地位关乎刑法应对智能风险立场的选择，人工智能刑事责任承担涉及刑法调整智能风险、分配刑事责任的具体考量，人工智能刑罚体系干系刑法规制、预防人工智能犯罪的设想。在研究过程中，始终围绕着缺乏现实根基的法律对策展开论述，而缺乏对于人工智能现实风险的考察与分析，实际上后者才是进行人工智能刑法研究应当深刻讨论的问题。

第三，人工智能刑法研究缺乏对于风险属性的论证。在当下的智能研究中，对于强人工智能时代刑事风险的刑法应对研究占很高权重，包括上述人工智能法律地位、刑事责任、刑罚体系的论述全部指向的是强人工智能刑事风险的法律应对。然而，相关论者却没有运用任何实质论据来论证强人工智能刑事风险的客观存在。这恐怕也是出于以下两点考虑：其一，强人工智能时代尚未到来，由强人工智能所引发的刑事风险尚不存在。其二，科学领域尚无法证明而是只能猜测人工智能将来的智能程度和发展水平，因而根本没有任何的实质证据能够证明强人工智能刑事风险的必然到来及其风险样貌。对于弱人工智能的刑事风险，部分论者则直接以传统犯罪领域的相关现象加以描述，缺乏对于智能风险的实质论证，这无疑也间接说明了即使是弱人工智能所诱发的刑事风险也并非独立的存在。

（二）赞成论者：人工智能刑事风险系客观存在

赞成论者则认为，人工智能时代的刑事风险并非人工智能法学研究者制造的幻影，而是真实存在的。[②] 人工智能刑事风险作为人工智能刑法研究的重要对象，不仅真实存在于当下的生活之中，而且必然发生在将来的强人工智能时代。

---

① 参见刘艳红：《人工智能法学研究的反智化批判》，载《东方法学》2019 年第 5 期。

② 参见刘宪权：《对人工智能法学研究“伪批判”的回应》，载《法学》2020 年第 1 期。

第一,弱人工智能时代刑事风险已经初露端倪。当下,人工智能被应用于违法犯罪活动的情况已经屡见不鲜。例如,AI 换脸技术、3D 人头模型被应用于淫秽视频的制作、破解网络支付时的面部识别验证,已经严重侵犯了公民的人身、财产和信息安全。① 犯罪分子利用智能机器人的深度学习能力和快速反应能力来识别登录相关网站时需要输入的图片验证码,轻松快速地绕开网络公司为保障用户账户安全而设置的登录安全装置,给网络诈骗等黑色产业提供犯罪工具。② 行为人利用智能机器人超快的反应速度,在证券买卖过程中实施"幌骗""塞单"等行为,从中牟取暴利。③ 越发普及的自动驾驶汽车、手术机器人所引发的人员伤亡事件都印证着人工智能刑事风险的客观存在。

进一步归纳,弱人工智能技术在当下可能引发下列四种类型的犯罪。④ 其一,危害国家安全和公共安全的犯罪。弱人工智能技术与军事的结合,可能会给国家安全甚至世界和平带来极大威胁,弱人工智能技术与传统科学技术的结合可能会给公共安全带来威胁。其二,侵犯公民个人信息的犯罪。用于合理用途的人工智能技术有可能在客观上造成对公民个人信息的侵犯,犯罪团伙利用人工智能技术可以更加快捷的方式、以更低廉的成本获取公民个人信息。其三,危害经济秩序和社会秩序的犯罪。其四,危害公民人身安全和财产安全的犯罪。由此可见,并非在当今的弱人工智能时代不存在刑事风险,而是批判者为了批判或否定别人的观点对弱人工智能时代的风险采取熟视无睹的态度。⑤

---

① 参见马丹、郜阳:《"深度换脸"引出 AI 安全忧虑　科技向善成为多场论坛热议焦点》,载《新民晚报》2019 年 9 月 1 日,第 4 版。

② 参见王肃之:《人工智能犯罪的理论与立法问题初探》,载《大连理工大学学报(社会科学版)》2018 年第 4 期。

③ 参见邢会强:《证券期货市场高频交易的法律监管框架研究》,载《中国法学》2016 年第 5 期。

④ 参见刘宪权:《人工智能时代的刑法观》,上海人民出版社 2019 年版,第 45 ~ 49 页。

⑤ 参见刘宪权:《对人工智能法学研究"伪批判"的回应》,载《法学》2020 年第 1 期。

第二,强人工智能时代刑事风险能被合理预期。人类具有主观能动性,可以能动而非机械地认识客观世界,并在认识的指导下能动地改造客观世界。对于强人工智能时代刑事风险的认知,需要发挥主观能动性,而仅以客观存在作为指导改造世界活动的依据则不免犯了机械论的错误。在人工智能发展的短短数年内,深度学习、自主操控等技术难点的攻克与运用,已经使人工智能取得了长足发展。十年前看似天方夜谭的自动驾驶汽车如今已经在部分城市进入运营阶段,这足以说明人工智能发展的广阔前景与乐观趋势。在不久的将来,具有自由意志的人工智能体将不再单纯存在于人类的幻想之中。

第三,对于批判论者观点的回应批判。赞成论者认为批判论者的相关论述,本身存在诸多问题。① 其一,评论大量使用非规范的学术用语,诸如"幻影""学术泡沫""噱头""炒作"等,无法精准、专业地表述观点的内涵。其二,相关批判缺乏对于批判对象的全面了解,导致批判本身文不对题、答非所问。其三,批判论者将对强人工智能时代相关问题的探讨"嫁接"到对普通人工智能时代或弱人工智能时代的刑事风险的探讨上,同时将普通人工智能或弱人工智能的特征"嫁接"到对强人工智能刑事责任的探讨中。这种有意或者无意"张冠李戴"的分析方法终因存在严重破绽而无法让人接受。这些并非建立在客观分析和研读现有研究成果基础之上的批判,不是真正的批判,而是"移花接木"型的伪批判。②

(三)争议焦点归纳

关于人工智能刑事风险的客观属性,批判论者与赞成论者之间的分歧在于:批判论者认为人工智能刑事风险源于主观杜撰而非客观存在;赞成论者则从实践和理论两个层面考量,认为人工智能刑事风险客观存在。之

① 参见刘宪权:《对人工智能法学研究"伪批判"的回应》,载《法学》2020年第1期。

② 参见刘宪权:《对人工智能法学研究"伪批判"的回应》,载《法学》2020年第1期。

所以持两种观点的论者对于人工智能刑事风险的客观属性展开了激烈且充分的论辩，是因为两者都认识到了人工智能刑事风险的客观属性对于人工智能刑法研究论题本身的决定性意义，而这也是论辩得以展开的共同认识。

二、人工智能刑事风险属性的分析与结论

要查明人工智能刑事风险是否客观真实存在，首先要厘清人工智能刑事风险是什么，人工智能刑事风险的相关状况处在怎样的发展阶段，如此才能有所根据地判断人工智能刑事风险的客观状况。在此基础之上，进一步明晰人工智能刑事风险的特征与类型，从而将人工智能刑事风险与传统刑事风险相区分，证明人工智能刑事风险的独立价值，如此才能得出人工智能刑事风险客观存在这一结论。

（一）人工智能刑事风险的本质

据部分学者考证，"风险"一词来源于远古时期渔民的捕鱼活动，海上的风总是会给渔民带来诸多不确定的偶然性风险，因此"风"就意味着"险"。作为"风险"一词词源的意大利语"risque"本就包含"reef"（暗礁）或"rock"（礁石）的含义，特指在航海中遭遇雷电、飓风等恶劣天气或船只触礁沉没等事故。① 因此，所谓风险，是指可能发生的危险，而危险又可进一步解释为有遭受损害或失败的可能。以"可能"来指代的"或然性"是风险的重要标识。由此，人工智能的刑事风险，根据文义是指由人工智能所引发的有关刑法的可能发生的危险。而跟刑法有关的危险，最直接也最无争议的即是犯罪，笔者也将从这一层面来解读人工智能刑事风险，即人工

① 参见高铭暄、王红：《互联网＋人工智能全新时代的刑事风险与犯罪类型化分析》，载《暨南学报（哲学社会科学版）》2018 年第 9 期。

智能的刑事风险是指人工智能技术在研发应用过程中产生的触犯刑法、可能构成刑事犯罪的风险。简单来说,人工智能刑事风险的实质就是涉人工智能犯罪。

人工智能本身属于科学技术范畴,人工智能之所以能够引发涉人工智能犯罪、产生相应的刑事风险,是因为人工智能本身所伴生的技术风险。科学技术不仅能够改善人们的生产生活方式、为人类带来诸多便利,也给人类社会带来更多的风险。在传统的农业社会,人类更多地面临自然风险,如台风、洪水、地震、海啸等自然灾害。工业革命之后,人类进入工业社会,虽然人类对抗自然风险的能力有所增强,但是科技理性的过分张扬也带来了人类不愿看到却又无法回避的现实,基因技术的滥用、核武器的威胁、生态环境的不断恶化等使"我们今天生活于其中的世界是一个可怕而危险的世界"①。

从宏观的社会层面来看待科技发展的总体趋势,科技风险是难以避免的,它甚至是人类为了追求社会进步所必须付出的代价。然而,从微观层面的视角观察技术发明、应用过程,就会发现人为的非必然性风险的存在。科学技术对于人类认识世界、改造世界的积极影响也会因为人类的不合理利用而转向消极面向,触发相应的刑事风险。相比于宏观意义上的技术风险,这种人为非必然的伴生风险在刑法规范层面上才具有研究的价值与意义,因为这种风险是可以避免的,且调整此类人为风险属于刑法规范的机能。综上,人工智能刑事风险的本质体现为涉人工智能犯罪,刑事风险根源在于人工智能的技术风险,在微观层面上认识技术风险更加有助于对这一问题的理解。

(二)人工智能刑事风险的现状

首先,涉人工智能犯罪已经发生。早在 2017 年,浙江省发生的网络黑

---

① 冯志宏:《现代性视域中的技术风险》,载《延安大学学报(社会科学版)》2012 年第 1 期。

产系列专案中，已出现利用人工智能窃取数据、晒码撞库、分销数据、冒充诈骗等犯罪行为。① 在此案中，被浙江绍兴警方查封的平台名为"快啊"，曾经是市场上最大的打码平台，它在破解、窃取、贩卖和盗用个人信息实施诈骗上有着完整的链条，其中人工智能技术运用在识别验证码这个环节。他们通过运用人工智能机器深度学习技术训练机器，可以让机器如AlphaGo一样自主操作识别，有效识别图片验证码，轻松绕过互联网公司设置的账户登录安全策略，给网络诈骗、黑客攻击等网络黑产提供犯罪工具。② 警方在此次行动中彻底摧毁43个犯罪团伙，抓获犯罪嫌疑人193人，成功截留被盗的公民个人信息10亿余组，缴获赃款600余万元。2019年中央广播电视总台"3·15"晚会又曝光了利用人工智能技术拨打骚扰电话的现象。相关推销公司利用机器人群呼系统向数量巨大的手机用户群体拨打推销电话。这种智能骚扰电话机器人不仅效率极高，每天可以拨打5000个电话，而且语音仿真程度可以做到跟人工客服一模一样。上述手段利用人工智能技术窃取公民信息、侵犯公民隐私、严重威胁到公民的财产安全和相关利益。③ 除此之外，近年来又陆续发生自动驾驶汽车故障致人死伤等事故。在人工智能可能产生的十种风险中，已有五种涉及刑事责任的风险初露端倪，包括安全风险、信息网络系统风险、消费者权益风险、事故风险、隐私和个人信息风险。④

---

① 参见范跃红、孙奇伟：《人工智能都用上了！惊人的黑色产业链》，载《检察日报》2017年12月12日，第4版。

② 参见《绍兴警方侦破全国首例利用AI犯罪案》，载环球网2017年9月26日，https://society.huanqiu.com/article/9CaKrnK5IOB。

③ 参见《3·15晚会曝光：缺德的智能骚扰电话》，载央视网，http://news.cctv.com/2019/03/15/ARTI5GL80hl7QHPmQyzqT2TZ190315.shtml。

④ 城山英明＝西川洋一『法の再構築Ⅲ科学技術の発展と法』（東京大学出版会，2007年）89頁参照。十种风险为：安全风险、信息网络系统风险、不透明化风险、丧失控制风险、事故风险、犯罪风险、消费者权益风险、隐私和个人信息风险、人类尊严和个人自主性风险、民主主义和治理机关风险。

其次,涉人工智能犯罪正在发展。在逐渐步入智慧社会的大环境下,关注于现实世界的传统犯罪治理模式在应对许多新兴犯罪问题上都出现了治理乏力的情况,人工智能非法应用问题就是其中之一。传统犯罪治理模式缺乏对于涉人工智能犯罪这一崭新情形的认识,同样缺乏对于新技术的了解、掌握与应用。犯罪手段日益升级、侦查手段相对落后的情况,导致了传统犯罪治理模式难以应对与人工智能非法应用问题相互纠缠的网络犯罪、侵犯个人信息问题和人工智能非法应用工具的研发与制作。[①] 对于涉人工智能犯罪治理的乏力,造成了当下涉人工智能犯罪缺乏有效遏制、得以继续发展的客观事实。

最后,涉人工智能犯罪将进一步扩散。由于人工智能具有深度学习、自主操控等能力,当其被用于犯罪时,往往使得犯罪更为容易且隐蔽,如此不但降低了罪犯实施犯罪的风险,而且提高了犯罪效率,这种"优势"必将在主观上诱发罪犯利用人工智能实施犯罪的意愿。此外,随着人工智能应用领域的不断扩大,人工智能被违法犯罪利用的概率会随之提升,并导致客观上涉人工智能犯罪的增加与扩散。因此,在可预期的范围内,涉人工智能犯罪整体上会进一步呈现出上升的态势,在危害程度与危害范围上都将进一步加深与扩大。

(三)人工智能刑事风险的类型

按照人工智能在犯罪中所处的地位划分,广义的涉人工智能犯罪可以分为三类。第一类是针对人工智能实施的犯罪。在此类犯罪中,人工智能是犯罪行为所指向的对象。第二类是利用人工智能实施的犯罪,人工智能实际上发挥着犯罪工具的作用。第三类是对人工智能未尽安全生产、管理义务的犯罪。狭义的涉人工智能犯罪仅包含后两类犯罪,即利用人工智能

---

① 参见张旭、阮重骏:《人工智能非法应用的犯罪风险及其治理》,载《中国特色社会主义研究》2019 年第 4 期。

实施的犯罪和对人工智能未尽安全生产、管理义务的犯罪，前者是故意犯罪，后者是过失犯罪。①

1. 针对人工智能实施的犯罪

针对人工智能实施的犯罪是以人工智能作为犯罪对象加以侵害的犯罪行为。首先，人工智能技术的发展与应用依赖高质量的大数据，其中就包括敏感数据的收集和使用。② 人工智能在数据的采集和应用过程中，会使刑法保护的数据信息风险增大。数据信息不仅拥有很高的政治价值和经济价值，还关系着公民的个人隐私，这些被收集和采集的数据信息一旦被泄露，将给公民、社会和国家带来严重危害。③ 其次，人工智能已经应用于交通、医疗、金融等与公民人身财产安全密切相关的领域，以上述领域中的人工智能作为犯罪对象进行侵害，会间接威胁到公民的重要权益。例如，对自动驾驶汽车操作系统发动黑客攻击，造成自动驾驶系统功能失灵，会引发交通事故，损害公民生命、健康及财产权益。最后，人工智能作为财产形式存在于社会中，对人工智能实施犯罪会直接造成公私财产的重大损失，这种情形同样不能忽视。

2. 利用人工智能实施的犯罪

利用人工智能实施犯罪，实际上是将人工智能作为犯罪工具加以利用，进而完成相应的犯罪活动，属于故意犯罪。人工智能技术的广泛应用，在某种意义上意味着其被违法利用途径的多样化，人工智能被当作犯罪工具加以利用的可能情形基本上覆盖了所有的传统犯罪类型。

第一，人工智能可被利用于实施危害国家安全或国防利益犯罪。人工智能技术立足于大数据的应用，而在当下，数据已经成为一种国家战略资

① 参见张旭、杨丰一:《人工智能时代下刑事风险与刑法应对的"是"与"非"》，载《辽宁大学学报(哲学社会科学版)》2019 年第 4 期。

② 参见党家玉:《人工智能的伦理与法律风险问题研究》，载《信息安全研究》2017 年第 12 期。

③ 参见张全印:《机遇与挑战:人工智能带来的刑事风险与刑法应对》，载《中国刑警学院学报》2018 年第 6 期。

源,关乎国防与国际安全。一个国家拥有数据的规模、活性及解释运用的能力将成为其综合国力的重要组成部分,未来对数据的占有和控制甚至将成为继陆权、海权、空权之外的国家的另一项核心资产。[①] 在此种情形下,人工智能就有可能被利用于为境外的机构、组织、人员窃取、刺探、收买、非法提供国家秘密或者情报,进而危害国家安全。当所窃取、刺探、收买、非法提供的情报中涉及国防信息时,必然也会损害我国的国防利益。此外,人工智能技术在全球范围内被应用于军事领域,这对于国家安全与国防安全也是一项前所未有的挑战。智能技术的应用可以提升军事打击的精准程度,扩大军事打击的破坏范围,减少人类在战场中的直接参与。以上种种实际上是降低了发动战争的难度,对于某些好战国家而言不能不说是一种技术上的刺激,进而增大了对国家安全与国防安全的威胁。

第二,人工智能可被利用于实施危害公共安全的犯罪。人工智能技术一个重要的发展方向是智能机器人,其作为人工智能技术的承载实体,可以完成自然人的指令。自然人可以利用人工智能去实施放火、决水、爆炸、投放危险物质、以危险方法危害公共安全的犯罪行为。人工智能与互联网的结合使网络空间的开放程度进一步扩大,较低的网络准入标准极易被境内外恐怖主义、极端主义势力所利用,在网络中宣扬恐怖主义、极端主义,煽动实施恐怖活动等。

第三,人工智能可被利用于实施破坏市场经济秩序和社会管理秩序的犯罪。在市场经济中,人工智能的应用越来越普遍。在证券市场中,行为人可以利用人工智能技术对数据进行深度学习和分析,快速掌握有利信息,或者非法获取与证券、期货价格变动紧密关联的信息,或者利用人工智能机器人的快速反应进行高频交易,造成股价的变动或证券、期货市场价格的异常波动,并在这种波动中以极低的风险掠夺市场财富,破坏证券、期

---

① 参见傅中立、张煌、李坡:《大数据时代的国家安全与军事战略选择》,载《国防科技》2013年第2期。

货交易中的“公平、公正、公开”原则,对证券、期货的交易秩序造成远比一般市场操纵行为更为严重的破坏。① 在妨害社会管理秩序的范畴内,人工智能有可能被应用于非法获取国家秘密、非法入侵计算机系统等犯罪中。智能医疗系统及相关器材的出现,在某种程度上分担了医生的工作,可以相对独立地进行病情诊断、分析与治疗,由此也可能引发不具有医生资质的人违法利用智能医疗系统非法行医,或者发生相应的医疗事故。此外,将人工智能机器人研发、改造为提供性服务的实体并以此开展相关经营活动,这种处于立法模糊地带的行为方式也对社会秩序的管理提出了新的挑战。

第四,人工智能可被利用于实施侵犯公民人身权利、财产权益的犯罪。由于人工智能具有自主操控等特征,可以在自然人远程控制下相对独立地实施侵害公民生命权、健康权的行为。根据《金融时报》的报道,德国大众汽车制造厂的一名机器人杀死了一名人类,当时年仅 21 岁的工人正在安装和调试机器人,后者突然出手,狠狠地击中这名工人的前胸部,随后又将其按倒在金属板上。这名工人并没有坚持多久,当场死亡。这可能是人工智能发展至今,第一起人类被机器人“谋杀”的案件。② 且不论德国大众汽车制造出的机器人是否属于人工智能的范畴,即使只视其为机械自动化,举轻以明重,既然机械自动化都具有伤人、杀人的可能,人工智能被利用于实施侵害人身的犯罪活动自然是具备现实可能的。同样,人工智能被当作工具用于侵犯公民的财产权益不仅具有可能,而且已经发生在现实生活中,上文所述的浙江省网络黑产系列专案中,犯罪嫌疑人利用人工智能技术进行诈骗,涉案金额高达 2000 余万元。

---

① 参见刘宪权:《人工智能时代的刑法观》,上海人民出版社 2019 年版,第 47 页。

② 参见张帅:《人工智能的悖论:德国机器人杀人案》,载驱动中国网 2015 年 7 月 3 日,https://mobile. qudong. com/article/233656. shtml。

3. 对人工智能未尽安全生产、管理义务的犯罪

对人工智能未尽安全生产、管理义务的犯罪属于过失犯罪。按照行为主体划分,具体分为人工智能设计者未尽安全义务的过失犯罪、人工智能生产者未尽安全生产义务的过失犯罪、人工智能使用者未尽安全管理义务的过失犯罪。具体是指人工智能设计者、生产者、使用者在研发、生产、使用过程中未尽相关注意义务而造成相应危害结果的犯罪。例如,工业用途人工智能的设计者在研发过程中未遵守相应的大型机械设备安全保障规则的要求,忽略了强制停止等在紧急时刻可以保障工人人身安全的程序设置,由此造成严重后果,则可能需要承担相应的过失责任。人工智能生产者在生产过程中并未遵守安全生产的相应规范,或者瑕疵产品流入市场后,并未按照相关要求召回瑕疵产品,造成危害后果的,需要承担相应刑事责任。又如,自动驾驶汽车的使用者违背了定期保养等安全操作规范,造成重大的交通事故,也有可能需要承担相应的过失责任。

(四)人工智能刑事风险的特征

人工智能刑事风险的特征,即涉人工智能犯罪与传统犯罪相比具有哪些独特之处。实际上,人工智能刑事风险的特征也是人工智能技术被应用于违法犯罪活动所带来的影响的缩影,梳理人工智能刑事风险的特征是全面认识人工智能刑事风险的必然要求。通过对于当下已经发生的涉人工智能犯罪的归纳以及人工智能发展水平的把握,笔者认为人工智能刑事风险或涉人工智能犯罪的特征取决于新一代人工智能的特征——“深度学习、跨界融合、人机协同、群智开放、自主操控”,并体现为以下四点。

1. 犯罪主体模糊

人类发展科学技术的过程实质上就是不断解放生产力的过程,人工智能技术的发展也不例外。让机器越来越智能地参与人类的工作是发展人工智能最直接的目的。区别于传统“自动化”让机器简单机械地代替人类完成某一区块的工作任务,人工智能的“智能化”追求的则是人机协同,强

调机器能够更为全面、自主地配合人的工作，参与决策与执行的全过程。① 例如，智能医疗通过医生和智能机器人的协同配合，发挥各自的优势进行诊疗活动，在这一过程中，智能机器人也承担了病情分析、认定和治疗的任务。在人类利用涉人工智能犯罪的情形下，必然也是行为人与人工智能相互配合，人机协同去实施犯罪行为，两者共同主导了犯罪结果的发生。在对人工智能未尽安全生产、管理义务犯罪的情形下，从人工智能的设计、生产到使用整个过程涉及的有关人员都有可能成为犯罪的主体。犯罪参与主体的多样性与广泛性导致了犯罪主体的模糊与混同。

2. 危害行为复杂

深度学习赋予人工智能在工作中自主学习以及分享信息的能力，并以此作出决策或指导自身工作，如此不仅在很大程度上提高了人工智能的工作效率和精准程度，而且省略了烦琐的编程。② 这一能力或特征使人工智能具有类似于人类意识和意志的思维程序，具备相当程度的行为自主性。在行为人利用人工智能实施犯罪的过程中，人工智能区别于传统犯罪工具的机械性，与行为人的行为相互交织，共同推动犯罪结果的发生。且人工智能自主决策、活动的机理具有较强的专业性与技术性，这都决定了涉人工智能犯罪危害行为的复杂性。

3. 因果关系错综

人工智能自主操控的特征是深度学习能力所带来的必然结果，人类利用人工智能完成工作，人工智能对工作成果的自主加工是不容忽视的。在利用人工智能犯罪的场合，行为人与人工智能协同发挥作用，而且由于人工智能能够自主操控，其作用的发挥往往是主动、积极的。对于犯罪结果而言，究竟是行为人的行为导致的，还是人工智能活动推动的难以明确，至

---

① 参见李晓华、吴朋阳：《“人工智能 + 制造”的本质是“人机协同”》，载《经济日报》2018 年 9 月 28 日版。

② 参见龙慧、朱定局、田娟：《深度学习在智能机器人中的应用研究综述》，载《计算机科学》2018 年 S2 期。

于对两者之间原因力的分配更是错综复杂。同样地,当人工智能的设计者、生产者、使用者未能对其尽到安全生产、管理义务而致犯罪时,犯罪结果与不同义务主体违反义务的行为之间的因果关系更难判明。

4. 犯罪结果严重

当前,人工智能与互联网技术、大数据技术相连通,打通了获取群智的渠道,实现群智开放。群智开放的实现也使犯罪更加智能,导致犯罪结果的危害程度进一步增强,并作用于交通、教育、医疗、环境保护、城市运行、司法服务等人工智能应用领域。此外,人工智能通过互联网技术将社会中不同性质、不同范畴的区块联结在一起,实现了跨界融合。可想而知,无论是利用人工智能进行犯罪还是未对人工智能尽到安全生产、管理义务的犯罪都容易导致"牵一发而动全身"的影响和后果,犯罪的危害范围也会凭借人工智能所搭建的网络迅速蔓延扩大。

综上,人工智能刑事风险的本质是涉人工智能犯罪。目前,涉人工智能犯罪在我国已经发生、正在发展并将进一步扩散。涉人工智能犯罪具体可以划分为针对人工智能实施的犯罪、利用人工智能实施的犯罪和对人工智能未尽安全生产、管理义务的犯罪。基于人工智能技术本身固有的特征,无论是哪种具体类型的犯罪都具有区别于传统犯罪的特征,即犯罪主体模糊、危害行为复杂、因果关系错综、犯罪结果严重。这都是"人工智能刑事风险客观存在,并非基于幻想制造的学术'噱头'"的现实依据。

第三节 价值层面:智能研究是否符合社会需求

涉人工智能犯罪刑事责任归属的研究背景与人工智能肇端、演进的背景具有同一性。人工智能技术发展所引发的刑事风险与人工智能刑法研究同处于当下社会与时代背景之中。因而,如何看待当下的社会状态与时代发展水平,成为探查人工智能刑法研究背景因素的核心问题,同时也是研判人工智能刑法研究是否符合社会需求的衡量标准。可以说,只有符合社会与时代需求的学术研究才是具有生命力与价值性的。

一、关于人工智能研究需求认识的争议

如何认识“当下”，成为批判论者与赞成论者看待涉人工智能犯罪刑事归责论题真伪性的参考要素。如果认为当下社会已经演进到一种新型社会状态，那么就有必要对于新型社会中充斥的智能犯罪予以研究并通过调整传统规范的方式予以防范；如果认为当下社会及社会中的风险并没有发生质变，那么断然没有进行相应研究，尤其是调整规范的必要。

（一）批判论者：人工智能研究缺乏社会需求

“如果说这也能够成为人工智能法学研究的问题来源，那么可能早在工业革命推广开来之时就该去研究‘人工智能’了，或许农业社会耕田的拖拉机伤人也该划入人工智能法律问题的话题范围了”“一如英明睿智的秦皇汉武也不可能以‘展望未来’的姿态为醉酒驾驶机动车的立法浪费笔墨，这与他们的想象力无关而是由于这一时代根本不存在这种‘定纷止争’的需要”①。通过以上论述，可以发现批判论者认为限于人工智能的发展水平，当下社会演进状态并未跨越至智能社会，仍由传统因素主导的社会演进阶段并非讨论涉人工智能犯罪刑事责任归属的适当契机，具体理由如下。

首先，当下社会并未跨越至智能社会水平。社会学家丹尼尔·贝尔（Daniel Bell）在其著作《后工业社会的来临：对社会预测的一项探索》中将人类社会的发展历史划分为三个阶段，即前工业社会、工业社会和后工业社会。他进一步将后工业社会的特征概括为“经济结构从商品生产经济转向为服务型经济、职业分布以技术阶层的崛起为特征、理论知识日益成为

① 刘艳红：《人工智能法学研究的反智化批判》，载《东方法学》2019 年第 5 期。

创新的源泉和制定社会政策的依据、技术控制和技术评价以新的技术预测模式为依据、智能技术诞生并持续发展”。贝尔进一步解释道,其采取“后工业”一词的原因在于强调这些变迁的同质性和过渡性。① 按照贝尔的观点,当下社会演进状态完全符合后工业社会的特征,且后工业社会并非完全割裂于工业社会,它仍然具有与工业社会相同的本质特征,而非一个转型的社会形式。这一理论并非一家之言,而是已经得到了诸多社会学家的肯定,形成了较为扎实的学术共识。从社会现实来看,人工智能技术虽然方便了人们的生产生活,但并未在根本上改变人类的生产方式,所以当下社会的性质并未发生本质上的改变,仍处于传统社会的框架之内。

其次,仍由传统因素主导的社会演进阶段并非讨论涉人工智能犯罪刑事责任归属的适当契机。在当下社会,人工智能技术的产生增加了新的犯罪手段,但这些新型犯罪手段仍然应用于传统的犯罪之中,所谓的人工智能刑事风险也不过是以新的名词来装裱旧的犯罪形式。从刑法规范层面来看,犯罪主体并未改变,犯罪客体并未增加,犯罪主观方面仍为故意与过失,犯罪客观方面未被颠覆,传统的刑法理论与刑法规范在使用上并未出现障碍。在这种情况下,不具备讨论涉人工智能犯罪责任归属的社会条件与社会需要。

因此,人工智能的发展仍然没有突破传统社会的框架,所谓的涉人工智能犯罪也并未对传统刑法理论与规范造成冲击。鉴于这种情形,在当下社会花费大量学术资源与精力开展人工智能刑法研究是不具有价值的。

(二)赞成论者:人工智能研究具备时代价值

赞成论者认为“随着人工智能技术发展并逐渐走向繁荣,以及各国对抢占人工智能技术‘制高点’战略规划稳步推进,我们实际上已经跨入了一

① 参见[美]丹尼尔·贝尔:《后工业社会的来临:对社会预测的一项探索》,高铦等译,新华出版社1997年版,第6页。

个全新时代——人工智能时代，这是继蒸汽时代、电气时代和计算机时代之后的第四次工业革命"[①]，跟随人工智能时代发展的步伐，掀起人工智能法学研究热潮是符合发展需求的。

首先，赞成论者主张我国已经步入智能时代。根据论者们对于人工智能发展史的梳理，自1956年以来，人工智能作为一门新兴的技术科学不断发展进步，大概经历了六个发展阶段，分别是起步发展期（1956年至20世纪60年代）、反思发展期（20世纪60年代至70年代初期）、应用发展期（20世纪70年代初期至80年代中期）、低迷发展期（20世纪80年代中期至90年代中期）、稳步发展期（20世纪90年代中期至2010年）、蓬勃发展期（2010年至今）。[②] 当下，随着大数据、云计算、物联网等信息技术的发展，在感知数据和图形处理器等计算平台推动下以深度神经网络为代表的人工智能技术飞速发展，大幅跨越了科学与应用之间的"技术鸿沟"，诸如图像分类、语音识别、知识问答、人机对弈、自动驾驶等人工智能技术实现了从"不能用""不好用"到"可以用"的技术突破，迎来了爆发式增长的新高潮。[③] 人工智能的蓬勃发展已经将我国乃至世界带入了人工智能时代。在这一时代之中，越来越多的人工智能产品融入了社会基础生活，改变着人类的生产生活方式与思维观念。与此同时，人工智能的发展也深刻影响着国际政治的走向，人工智能技术成为国家角逐的新焦点。在未来，人工智能技术将进一步发展，具有自主意识的强人工智能必然将在不久的将来参与到人类社会的运转之中。

其次，赞成论者认为研究涉人工智能犯罪刑事责任，讨论刑法应对智能风险的进路选择是时代赋予的学术任务。当下虽然只处于弱人工智能时代，但是以人工智能作为工具的犯罪已经初露端倪并不断蔓延。在人工

---

① 刘宪权：《对人工智能法学研究"伪批判"的回应》，载《法学》2020年第1期。

② 参见刘宪权：《人工智能时代的刑法观》，上海人民出版社2019年版，第6～7页。

③ 参见刘宪权：《人工智能时代的刑法观》，上海人民出版社2019年版，第7页。

智能的参与下,传统犯罪手段更新迭代,不仅更加高效,而且愈加隐蔽,为案件的侦破带来了极大的障碍。一些新型犯罪场景的出现也造成刑法难以有效适用的窘境,对现行法律体系造成了冲击。在未来,强人工智能的面世将进一步催化人工智能刑事风险,极有可能产生当下无法想象的智能危害。因此,在当下加强涉人工智能犯罪刑事归责的研判,具有重要且深远的价值和意义。①

(三)争议焦点归纳

批判论者与赞成论者在关于涉人工智能犯罪刑事归责论题本体意义的论辩过程中,都意识到了研究背景对于这一论题价值的重要意义。关于人工智能刑事风险及人工智能刑法研究所处的社会时代背景,批判论者认为当下仍处于后工业社会,所出现的新技术并未突破传统社会结构的框架,由其产生的所谓风险也只不过是传统风险的表现形式发生了变化。所谓的"新"并未摆脱与"旧"的同质性,因而无论是对于社会秩序还是对于法律体系,均未造成难以应对的冲击,在这一社会背景下,涉人工智能犯罪刑事归责的论题研究不具有必要性。赞成论者则认为,当下我国已经进入人工智能时代,人工智能在为人们生产生活带来诸多便利的同时,也衍生了难以忽略的刑事风险。随着人工智能的发展,这种风险将会进一步扩大,因而在当下对涉人工智能犯罪刑事归责进行研究是时代赋予的重要任务。

二、人工智能研究社会需求的分析与结论

在批判论者看来,人工智能刑法研究的社会背景在于后工业社会,有着浓厚的传统色彩,由人工智能技术发展所衍生的风险也只不过是"旧貌

---

① 参见刘宪权:《人工智能时代的刑法观》,上海人民出版社 2019 年版,第 8 ~ 9 页。

换新颜”，其实质仍然是传统社会中的固有风险，并未发生改变。在这一社会背景中进行人工智能刑法研究不过是“新瓶装旧酒”，意义不大。而赞成论者则认为，人工智能时代已经来临，人工智能的技术力量在改善人们生产生活方式的同时，其伴生的刑事风险也在冲击着传统社会的方方面面，对包括刑法在内的诸多社会规范提出挑战，因而此时开展人工智能刑法研究是时代赋予的迫切任务。对于研究背景的认识和理解会直接影响到论题本身的价值与属性。笔者认为，以传统社会和智能时代来描摹人工智能刑法研究的背景，虽然都能展现某种视角下对于研究背景的部分还原，但也存在局限性，并未触及人工智能刑法研究与当下社会本质的理论联结枢纽，而真正推动人工智能刑法研究产生并作为其发展背景的实质因素在于风险社会的衍生与内化。

（一）人工智能刑法研究开展的社会背景

对于人工智能刑法研究的背景认知，无论是“传统社会”还是“智能时代”均瑕瑜互见，在展示社会部分面貌的同时，并未触及当下社会的实质。

第一，以“传统社会”定义人工智能刑法研究背景忽略了人工智能刑事风险客观存在的事实，不能反映人工智能产生、发展对于社会状态的影响。社会演进并非一蹴而就，而是一个不断发展的过程。任何一个社会阶段都必然不会完全割裂与上一阶段的联系，“传统社会”的观点强调当下社会传统因素的主导作用，在展现社会演进连续性上具有一定的优势。但是这一观点忽略了社会进步的动态变化，忽视了人工智能技术的产生与发展对于当下生产方式和生活方式的影响。诚然，人工智能技术并未在根本上促使当下社会实现结构性的质变，但是以人工智能技术为依托，在交通、教育、医疗、养老、司法服务等社会基础生活中发生的量变还是明显可见的。而且人工智能技术为违法犯罪活动利用所产生的刑事风险具有区别于传统刑事风险的特征，这同样是不容忽视的。

第二，以“智能时代”定义人工智能刑法研究背景难以摆脱同义反复循环论证的嫌疑，且人工智能时代缺乏实质内涵与判断标准，难以得出令人信服的结论。具体而言：首先，以人工智能时代定义人工智能刑法研究的背景虽然拥有较强的契合度，也能够得出人工智能刑法研究的必要性，但是以人工智能界定当下社会发展状态的实质并以此来论证人工智能相关研究的合理性，这种循环论证的方式并不具有较强的说服力。其次，人工智能时代的本质与内涵、时代特征到底是什么，在学界没有形成共识，以此界定人工智能刑法研究背景，不免因缺少实质内涵而略显空洞。最后，人工智能时代是否能概括当下时代的全貌值得推敲。人工智能是科技发展的时代产物，它虽然已经开始融入社会基础生活的方方面面，但并未将当下社会的政治、经济、文化等诸多面向均烙上人工智能的印记，至少就当下而言，笔者认为人工智能尚不足以描摹时代发展的全貌。

可以说，"传统社会"对于研究背景的铺陈过于保守，而以"智能时代"定义研究背景缺乏实质，这种"收之桑榆，失之东隅"的认识均不足以精准恰当地描述作为人工智能产生、发展以及人工智能刑法研究得以开展的当下社会。真正值得关注的是风险社会，风险社会理论对于后现代社会中影响社会资源分配的"风险"进行专门性的研究，将风险视为当下社会中的核心特征，主张风险社会的来临，并以此为视角分析诸多社会问题，形成了众多新颖且独到的见解。风险社会理论与"人工智能刑事风险及刑法应对"具有诸多契合点，因而在了解把握风险社会理论的基础上，以风险社会为人工智能刑法研究的社会时代背景，分析风险刑法走向，探究风险社会、风险刑法与人工智能刑法研究的实质联系，对于全面认识人工智能刑法研究的当代价值裨益良多。

（二）风险社会的定位与风险刑法的走向

20 世纪 80 年代，德国社会学家乌尔里希·贝克与英国社会学家安东尼·吉登斯等人提出"风险社会理论"，他们以现代性发展为切入点，将社会风险嵌入风险社会形成中进行分析,形成了独特的研究分析范式①,进而推动了风险社会理论的形成与深入发展。贝克在其著作《风险社会:新的现代性之路》中提出并阐释"风险社会"的概念,并以此对现代社会中出现的蕴含风险因素的社会现象加以批判与反思。

人们普遍认为,伴随着工业化而来的现代化,到20世纪中期以后明显进入一个不同于以往的发展阶段。虽然它仍属于工业时代的继续,但开始呈现出迥异于早期工业社会的一些重要特征。② 对于这种既承前又启后的独特发展阶段,贝克也认为当下的时代构成了一个新奇的历史阶段和一种崭新的社会文化形式,需要用新的概念和理论去阐释。③ 在贝克看来,当下社会仍未脱离工业社会的基本结构,但是当下社会发展阶段较以往仍有所不同,这种差异集中体现在风险之于社会的影响之上。无论是在政治领域还是在公共领域,工业社会都将关注的焦点放在解决物质短缺与发展生产力上,至于工业化所带来的消极后果一直被隐藏于幕后。风险社会则不同,随着工业化所带来的副作用日益凸显,风险已经成为政治动员的主要力量。④ 综上,风险社会是工业社会发展过程中一个相对独特的阶段,在本质上仍未摆脱工业社会的根本属性,但是风险问题日益凸显,已经成为影响政治、经济、文化诸方面的社会因素。

在贝克看来,风险并非完全实在意义上的概念,而是既有实在性,又有建构性的一面。⑤ 所谓"实在性",是指风险是由工业革命以及科学技术不断发展,人们在利用工业革命成果以及科学技术生产生活时所产生的危害

---

① 参见杨永伟、夏玉珍:《风险社会的理论阐释——兼论风险治理》,载《学习与探索》2016年第5期。

② 参见劳东燕:《风险社会与变动中的刑法理论》,载《中外法学》2014年第1期。

③ 参见[美]道格拉斯·凯尔纳、斯蒂文·贝斯特:《后现代理论——批判性的质疑》,张志斌译,中央编译出版社1999年版,第4页。

④ 参见劳东燕:《风险社会中的刑法:社会转型与刑法理论的变迁》,北京大学出版社2015年版,第20页。

⑤ 参见劳东燕:《风险社会与变动中的刑法理论》,载《中外法学》2014年第1期。

性结果。这种风险是客观存在于社会中的，且与传统社会中来源于自然的风险具有本质的差异。所谓“建构性”，是指对于风险的定义会受到政治、社会、文化等因素的影响。由于风险具有建构性，所以社会对于风险的感知并不完全取决于风险的实在性，同时也取决于社会文化、民众心理等因素。例如，相比于交通肇事而言，死于恐怖主义的客观风险更小，但是公众对于恐怖主义威胁的感知更为强烈，同时恐怖主义会对政府决策公共问题、分配社会资源产生影响。①

贝克认为，财富的社会生产系统地伴随着风险的社会生产，短缺社会中的财富分配逻辑完成了向发达现代性中的风险分配逻辑的转变，风险社会既已形成。② 在这一过程中，一方面，现代科技为人们提供了传统社会所无法想象的物质便利，将人类从自然力的奴役状态中解放出来。另一方面，现代科技也创造了众多新生的危险源，包括技术风险与由此产生的制度风险，导致风险的日益扩散。③ 在贝克的表述中不难看出，在风险社会中，风险一方面表现为技术性风险，它是由历次工业革命和科技发展所附带的负面影响组成的，并愈加难以预测和控制；另一方面表现为制度化风险，人们用来应对风险的现代治理机制和各种治理手段，本身也是滋生新型风险的罪魁祸首。④ 由此形成的政治社会风险和经济风险、法律风险即属于制度化风险，制度化风险本身也是风险社会中风险的重要组成部分。

劳东燕教授是我国较早关注风险社会理论的刑法学者，她在《风险社会中的刑法：社会转型与刑法理论的变迁》一书中，精辟地概括了贝克、卢

---

① 参见劳东燕：《风险社会与变动中的刑法理论》，载《中外法学》2014 年第 1 期。

② Vgl Ulrich Beck, *Risikogesellschaft: Auf dem Weg in eine andere Moderne*, Suhrkamp Verlag, 2003, S. 25.

③ 参见劳东燕：《风险社会中的刑法：社会转型与刑法理论的变迁》，北京大学出版社 2015 年版，第 16 页。

④ 参见劳东燕：《风险社会中的刑法：社会转型与刑法理论的变迁》，北京大学出版社 2015 年版，第 16 页。

曼等学者关于风险特质的论述。“与传统的风险相比,现代意义的风险表现出独特的性质:一是风险的人为化。随着人类活动能力的加强与活动范围的扩大,其决策与行为成为风险的主要来源。二是风险兼具积极意义与消极意义。现代风险是一个中性概念,它固然可能带来不确定性与危险,同时也蕴含着自由发展的可能,具有开辟更多选择自由可能性的效果。三是风险影响后果的延展性。在空间维度上,现代的风险超越了地理边界与文化边界的限制,呈现全球化的趋势;在时间维度上,它的影响具有持续性,不仅及于当代,还可能影响到后代。四是风险影响途径的不确定。现代的风险形成有害影响的途径不稳定且不可预测,它们往往超出人类自然感知的范围,在人类认识能力之外运作。五是风险的‘建构本性’。现代的风险既是受概率和后果严重程度影响的一种客观实在,也是社会构建的产物,与文化感知和定义密切相关。它不仅通过技术应用被生产出来,而且在赋予意义的过程中由对潜在损害、危险或威胁的技术敏感所制造。”①

近年来,包括刑法学在内的法学研究不断注重研究边界的扩展,尤其是对于刑法学宏观问题的把控更是向相邻学科寻求理论智慧,在研究方法上也越来越注重多角度探索,因而形成了众多以法学为核心、以其他学科为借鉴的法学交叉学科研究范式。风险社会理论作为社会学解构分析、批判反思社会现象的学说,同样也受到了法学研究的关注,并被纳入研究范畴,作为解读法律发展走向的理论依据。将刑法学研究与风险社会理论相结合,形成了风险刑法理论,其在分析解读刑法演变趋势、刑法理论变动上具有独到的见解。

在风险社会理论看来,社会中充斥的不确定的人为风险越发引起民众的恐慌与焦虑。在这种情形下,无论是民众还是政府对于安全的渴求成为主导政治资源分配的重要因素。一方面,政府通过政治力量加强对于社会

---

① 劳东燕:《风险社会中的刑法:社会转型与刑法理论的变迁》,北京大学出版社 2015 年版,第 22 ~ 27 页。

的管控以减少风险的负面影响。另一方面,民众为了获得安全的生存环境也接受甚至追求公共力量对于私人领域的干预。同时,风险社会中的风险后果具有延展性,其所造成的危害范围广泛且难以控制,加之风险形成有害影响的途径不稳定且不可预测。因此,无论是民众还是政府都无法承受风险实现所带来的结果,因而将防范风险的途径由事后控制转为事前预防,以期在风险现实化之前将其消弭。由此可见,在风险社会中,虽然"风险"一词奠定了描摹社会样态的基调,但实际上主导政治力量与民众需求的是对于安全的追寻,且对于安全的维护越来越依赖于事前预防的实现。

在这种情形下,政府与民众对于安全的希冀自然成为立法关注的重点,通过包括刑法在内的国家强制性规范来保障安全的实现,无论是对于政府还是民众来说,都是有效且稳妥的方式。社会整体对于安全的需求自然会影响到法律的发展走向,安全成为风险社会理论与刑罚体系之间的连接点,这也促进了危险预防成为刑法的首要目的。预防走向的刑罚体系强调法的社会保护,这样的价值选择最终深刻地塑造了刑事实践与刑法理论的发展。① 在风险社会的影响下,刑法的预防走向体现在以下四个方面:一是刑法立法出现从结果本位向行为本位的转变,立法越来越多地将规制的对象放在具有危险性的行为之上,而不是等到侵害结果出现之后才予以惩罚。二是法益原则或危害性原则的功能发生重大蜕变,从早先的消极排除功能,即没有法益侵害或没有社会危害就不应当入罪,蜕变为积极地证立犯罪的功能,即只要有法益侵害或社会危害就有必要做入罪化的处理。三是刑法的最后手段性与辅助性变得日益名不副实,传统上被视为最后防卫手段的刑法成为立法者优先选择的风险规制工具。四是一些涉及刑事责任的实体性准则或原则被或明或暗地规避。②

① 参见劳东燕:《风险社会与变动中的刑法理论》,载《中外法学》2014 年第 1 期。

② 参见劳东燕:《风险社会与功能主义的刑法立法观》,载《法学评论》2017 年第 6 期。

(三)风险社会理论与人工智能刑法研究

诚然,从不同观察视角描摹当今社会发展状态会得出不同的结论,每一种结论都可以在某种意义上展现当下社会存在的特征。例如,批判论者将当下社会演进状态定义为后工业社会,并强调当今社会与传统工业社会的关联性与同质性;赞成论者则强调人工智能时代的来临以突出人工智能对于社会诸多方面所带来的影响。然而笔者认为,以风险社会作为对当前人工智能刑法研究背景的认识更具合理性,理由在于以下四个方面。

第一,在当今社会,风险确实成为影响民众生活与政府决策的重要因素,以风险社会定义当下社会状态具有合理性。鉴于风险的不确定性与危害后果的延展性、不可预期性,民众对风险越来越感到忧虑,对于安全的渴望也愈加强烈。这种对于风险的忧虑与对安全的渴望在当今社会不是个别现象,已经成为一种社会心理。政府作为维护社会秩序的行政主体,一方面必须及时了解社情民意、反馈民众需求,另一方面也必须对风险做出必要反应,有效防控社会风险。基于此,预防性的社会治理策略被政府空前重视并广泛采取,这些社会现象都反映了风险在当下社会中的巨大影响。因此,风险社会足以反映当下社会的基本状态,能够解释当下社会的独特现象。

第二,风险理论与人工智能刑法研究具有诸多契合点,在风险社会视阈下讨论人工智能法学研究的价值具有可行性。首先,风险社会中的风险具有实在性与建构性,人工智能所衍生的技术风险是实实在在存在于社会之中的,对于民众的安全会产生现实的威胁,如自动驾驶汽车交通肇事、智能医疗系统引发医疗事故等。而且,人工智能技术风险同样符合建构性的描述,在当下,民众对于人工智能的风险感知程度要高于人工智能技术风险的客观水平,这也是由民众心理、大众文化等社会因素所造成的。因此,以技术风险为本质的人工智能刑事风险符合风险社会中风险的定义。其次,根据风险社会理论,风险具有双重属性,一方面体现为技术性风险,另一方面体现为制度化风险。而人工智能刑事风险本身来源于由人工智能所衍生的技术性风险,政府为了应对这种技术风险,在政治、法律等层面采取了诸多应对措施,这些措施一方面确实能够起到预防风险的作用,但另一方面又制造了新的风险,这种在政治、法律层面产生的新风险即属于制度化风险,因此,人工智能刑事风险也具有双重属性。最后,风险社会的风险具有人为化、延展性、不确定性等特征,人工智能所衍生的风险完全契合上述特征。人工智能是人类研制的新型技术与实体,由其衍生的相关风险自然源自人类。此外,上文论述的人工智能刑事风险所具有的特征——危害行为复杂、因果关系错综、犯罪结果严重,实际上与风险社会中风险的特征互为表里。理论上的诸多契合使得以风险社会作为人工智能刑法研究的背景认识避免了理论上的牵强附会,具有合理性。

第三,风险社会理论具有充实的理论内涵,对于风险社会的概念及特征具有清晰的描述,能够满足描述人工智能法学研究背景的要求。风险社会理论历经乌尔里希·贝克、安东尼·吉登斯、尼克拉斯·卢曼等学者的阐释与发展,形成了体系完整、内涵充实的社会学理论。相比于人工智能时代,该理论不仅具有清晰的概念定义和特征总结,而且具有大量的社会现象作为解读资料,其理论内涵能够满足人工智能刑法研究背景的需求。而且,风险社会理论的滥觞先于人工智能法学研究,两种理论相互独立,以风险社会视角观摩人工智能研究不会陷入循环论证的境地。

第四,当下社会的风险属性已经在不同学科领域中被广泛认识,以风险社会作为研究背景具有共识性。目前,风险社会理论已经走出社会学范畴,在诸多社会科学学科甚至哲学领域引起共鸣,并被应用于交叉学科的相关研究中。这一理论本身提供的是一种认识当下社会的视角、解读社会现象的模式,属于相对开放的社会理论,正因如此收获了众多学者的青睐,并得到持续的关注与发展。以风险定义当下社会的主流状态与突出问题是一种具备共识的认识,以此作为人工智能刑法研究的背景也容易得到学界的普遍认同,减少非必要的研究分歧。

在风险社会中,人类的决策与行为成为风险的主要来源,但是人类引发的风险却难以为人类所预测并控制,人工智能刑事风险的人为性、不确定性与延展性仿佛印证了风险社会中风险的核心特征。基于此,有论者断言"人工智能的出现和发展,正是社会学家乌尔里希·贝克所描绘的风险社会的一个缩影"①。厘清了人工智能法学研究的风险社会背景,再来讨论涉人工智能犯罪刑事归责的本体价值也就不会迷惑了——人工智能的发展引起刑法理论的关注,原因不在于学者尤其是人工智能刑法论者②所说的人工智能发展的确定性,而是由于人工智能发展给人类社会带来了大量的不确定性人为风险,引发了人们对于人工智能风险尤其是刑事风险的担忧,进而在法律与制度中寻求保障安全的妥善之策,所以对于涉人工智能犯罪及其归责的研究不能脱离风险社会背景以及在风险社会中流变的刑法理论。在传统社会状态中,讨论涉人工智能犯罪的刑事责任归属的确有些杞人忧天,但是在充满风险的当下社会,人们对于人工智能所带来的诸多不确定性风险,希望通过法律限制风险、保障安全则是于理有据、情有可原的。

第四节　基本结论

随着人工智能技术的发展与应用,由其衍生的刑事风险亦初露端倪,并引起刑法学界的普遍关注。人工智能刑法研究蓦然兴起并持续发展,研究视阈不断拓宽,研究内容愈加深刻,人工智能刑法研究的整体趋势欣欣向荣。与此同时,部分学者对于人工智能刑法研究的研究基础与研究价值

① 叶良芳、马路瑶:《风险社会视阈下人工智能犯罪的刑法应对》,载《浙江学刊》2018 年第 6 期。

② 此处笔者将支持人工智能作为责任主体、主张建立人工智能刑法体系的学者简称为人工智能刑法论者。

进行质疑,并引发了关于涉人工智能犯罪刑事归责论题真伪属性的讨论与争议,而对于论题本体概念、属性与价值的辨析也构成了具体研究涉人工智能犯罪刑事责任归属问题研究的前提性思考。只有充分回应相关质疑,人工智能刑法研究包括涉人工智能犯罪刑事归责的讨论才能扎实地开展与深入。

批判论者认为,人工智能的概念难以界定、人工智能刑事风险源于主观杜撰,在本质上仍属于工业社会的当下不具有研究价值,因而论题本身不具有研究基础与研究价值,属于"伪论题"。赞成论者认为,人工智能的概念可以界定、人工智能刑事风险客观存在且在人工智能时代下具有研究价值,因而论题本身具有研究基础与研究价值,属于"真论题"。虽然两者观点相左,但却在交锋中梳理了判断论题真伪的三项标准,即在规范层面论题的核心概念是否可以界定,在事实层面论题所讨论的现象是否客观存在,在价值层面论题讨论是否符合时代需求。

笔者认为,虽然试图在科学意义上统一人工智能概念难以实现,但仍可在满足当下法学研究需要的程度上合理界定人工智能的概念。虽然对于强人工智能时代的刑事风险无法预测,但当下弱人工智能所引发的刑事风险已然存在。人工智能的出现和发展,正是社会学家乌尔里希·贝克所描绘的风险社会的一个缩影,在风险社会的背景下,人工智能刑法研究具有时代价值与社会意义。因此,在规范层面,论题的核心概念——人工智能可以被合理界定;在事实层面,论题所讨论的现象——人工智能刑事风险客观存在;在价值层面,论题讨论符合当下社会发展阶段——风险社会的时代需求。因而,涉人工智能犯罪刑事归责研究具备研究基础和研究价值。

第二章　涉人工智能犯罪的归责困境：过失的归责间隙

既然涉人工智能犯罪的刑事归责研究具备研究基础和研究价值,那么对这一论题展开深入研究便具有可行性与必要性。在事实层面,人工智能技术的产生与发展衍生了涉人工智能犯罪的刑事风险,而这种事实风险在规范层面是否会产生新的影响以及产生何种影响,才是刑法研究关注的重点。

乌尔里希·贝克在《风险社会:新的现代性之路》中运用大量篇幅浓墨重彩地描述了技术发展对于政治文化的影响。"已经建立的政治乌托邦受到了各种法律的、经济的、社会的束缚。与此相反,技术—经济系统的现代化则开拓了全新的干预机会……微电子学改变了就业体系的社会构成,遗传工程使人类处在神一般的位置上……这不仅造成风险的指数式增长,也让风险起源和风险解释的地点、条件及媒介全都带上了政治性。"①技术发展对于政治因素具有重要影响,技术本身所蕴含的风险同样会引发包括法律在

① [德]乌尔里希·贝克:《风险社会:新的现代性之路》,张文杰、何博闻译,译林出版社2018年版,第253~254页。

内的多重社会风险。

在人工智能刑法研究范畴内,人工智能刑事风险是客观存在的,这种由新兴技术所引发的刑事风险表现为涉人工智能犯罪的肇兴与蔓延。刑法作为保护法益与防卫社会的重要规范,面对严重侵犯公民权益与扰乱社会秩序的涉人工智能犯罪,必然要通过定罪量刑的方式予以治理。然而传统刑法规范与新兴犯罪之间也会出现格不相入的情形,导致刑法适用出现困境。在刑法理论与司法实务中,这种刑法适用困境主要表现为刑事责任难以适当归属。因此,深入分析涉人工智能犯罪中归责困境的存在范畴、形成原因以及造成的影响,是进行人工智能刑事归责研究的出发点。

第一节　涉人工智能犯罪归责困境的基本解读

在涉人工智能犯罪刑事责任归属研究的前提思考中,已经论证了人工智能刑事风险是客观存在的,这种来自人工智能技术风险的涉人工智能犯罪,在事实层面表现出犯罪主体模糊、危害行为复杂、因果关系错综、犯罪结果严重的特征。而一种具有特殊性的新的犯罪类型的出现,意味着刑法规范调整任务的增加与规制范围的扩大。但不容忽视的是,相比于涉人工智能犯罪的前沿性,刑法规范作为社会上层建筑范畴具有相对滞后的属性。在规范本体与规范对象的新旧矛盾之间,涉人工智能犯罪的归责困境就此产生。而意欲进一步分析涉人工智能犯罪归责困境存在的领域、形成的原因以及衍生的影响,有必要首先对涉人工智能犯罪归责困境的基础概念作相应解读,包括人工智能归责困境的含义与刑事责任的概念。

一、涉人工智能犯罪归责困境的含义

简单来说,涉人工智能犯罪的归责困境就是当传统刑法无法全面地规制涉人工智能犯罪时,就会产生部分刑事责任无法归属于适当刑事责任主

体的责任分配漏洞，造成原本应当承担刑事责任的主体逃避了责任，或者对无须承担刑事责任的主体强加了一定的刑事责任。这种归责间隙即人工智能技术在刑法范畴内所引发的归责困境，也称为人工智能技术在规范领域内引发的“第一性风险”。

之所以将涉人工智能犯罪的归责困境称为规范领域的“第一性风险”，是因为归责困境是涉人工智能犯罪在事实层面所具有的犯罪特征映射到规范层面首先带来的对于刑法规范适用的冲击与影响。因此，笔者决定以第一性风险来描述人工智能的归责困境。此外，为了行文流畅与观点的集中，后文将着重讨论利用人工智能进行犯罪和对人工智能未尽生产、管理义务的犯罪两种类型（针对人工智能实施犯罪的情形暂且不予讨论），并以涉人工智能犯罪指代上述两种情形。

二、涉人工智能犯罪刑事责任的辨析

既然归责困境是指因传统刑法规范与理论无法全面适应规制涉人工智能犯罪的新需要而出现的刑事责任归属出现间隙的情形，那么刑事责任就构成了涉人工智能犯罪归责困境的“破题”关键，如何解读刑事责任的内涵会直接影响到对于涉人工智能犯罪归责困境的认识。因此，首先需要明确在涉人工智能犯罪归责困境语境下的刑事责任内涵。

“刑事责任”一词普遍存在于各国刑法理论中，但在不同的语境下，刑事责任具有不同的含义。在英美法系中，由于英美法系的判例法传统，缺少在纯粹理论层面界定刑事责任的概念并形成有关刑事责任的理论体系。英美法系对于刑事责任的运用主要体现在论述犯罪成立的基本要素之上，通过对于犯罪行为、犯意、因果关系和一般辩护事由的阐明，具体说明在什么情况下承担刑事责任、什么情况下不承担刑事责任。因此，英美学者所称的刑事责任，大体相当于我们刑法理论中认定犯罪成立部分的内容。①

在大陆法系中,德、日学者通常在两种情境下较多使用刑事责任。一是论述责任原理,对于行为人的行为,只有在以责任能力以及故意或过失为要件能够对行为人进行非难时才能肯定该行为人之责任。② 在责任原理中,刑事责任一方面是创设刑罚的基础,另一方面刑罚也被要求与刑事责任的量相当。二是犯罪论的责任,刑罚是富有非难性质、含义特别的法律效果和反作用,为了使这样的手段之使用正当化,成为刑罚对象的该当构成要件且违法的行为就必须是值得非难的行为,这种非难的可能性就是责任。③

在我国,关于刑事责任的含义存在多种观点,包括法律后果说、法律义务说、否定评价说、法律关系说、法律责任说等。④ 具有普遍性的观点则认为刑事责任是刑事法律规定的,因实施犯罪行为而产生的,由司法机关强制犯罪者承受的刑事惩罚或单纯否定性法律评价的负担。⑤

综合上述不同法系刑法理论关于刑事责任的论述,刑事责任的含义大体可以从三个层面展开论述。在宏观层面,刑事责任在“没有责任就没有刑罚”这一近代刑法基本原理的意义上使用,刑事责任具有刑罚创设功能与刑罚量定功能,是保障公民权利与自由的重要规范。在中观层面,刑事责任是联结犯罪与刑罚的理论桥梁,一方面,刑事责任是衡量行为是否规定为犯罪的依据和行为构成犯罪后产生的法律结果;另一方面,刑事责任也是决定是否适用刑罚和如何适用刑罚的标准。⑥ 在微观层面,刑事责任

---

① 参见李洁主编:《刑法学》(第 2 版),中国人民大学出版社 2014 年版,第 175 页。

② 参见[日]甲斐克则:《责任原理与过失犯论》,谢佳君译,中国政法大学出版社 2016 年版,第 1 页。

③ 参见[日]山口厚:《刑法总论》(第 3 版),付立庆译,中国人民大学出版社 2018 年版,第 193 页。

④ 参见马克昌主编:《刑罚通论》(第 2 版),武汉大学出版社 1999 年版,第 4 页。

⑤ 参见高铭暄、马克昌主编:《刑法学》(第 9 版),北京大学出版社 2019 年版,第 197 页。

⑥ 参见高铭暄、马克昌主编:《刑法学》(第 9 版),北京大学出版社 2019 年版,第 201 页。

指以实施了符合构成要件的违法行为为理由对行为人所做的社会的非难或苛责性这种无价性或无价值判断①，属于阶层理论中犯罪成立的条件之一。

在探究涉人工智能犯罪的归责困境时，笔者所谓的“责”即刑事责任，是基于刑事责任在中观层面所具有的含义而使用的，即行为人因利用人工智能实施犯罪或对人工智能未尽安全生产、管理义务构成犯罪而产生的，能够引起刑事惩罚或否定性法律评价的法律因素。基于此，笔者所讨论的归责困境自然无关责任主义与犯罪构成，而仅仅是犯罪后果的承担问题。

第二节　涉人工智能犯罪归责间隙的存在范畴

在厘清了涉人工智能犯罪归责困境的基本含义之后，需要进一步考察涉人工智能犯罪的归责困境是否存在于所有情形的涉人工智能犯罪中。换言之，是否只要是利用人工智能实施犯罪或者对人工智能未尽安全生产、管理义务的犯罪都会引起涉人工智能犯罪的归责难题？笔者认为归责困境并不必然存在于涉人工智能犯罪的所有情形中，对此需要区分类别予以讨论。

一、故意犯罪中归责间隙的排除

前文已述，涉人工智能犯罪中的故意类型是指利用人工智能实施犯罪的场景。限于当下人工智能的发展水平，其尚未产生部分论者所称的“独立意志”，不具有独立的辨认能力和控制能力，无法脱离研发者或编程者所编制的程序范围而自主行动。因而，在目前人工智能故意犯罪中，并非指人工智能以故意的罪过心态实施犯罪行为，而是指身为自然人的行为人利

---

①　木村龜二『刑法總論』（有斐閣，1984 年）301 頁参照。

用人工智能去故意实施犯罪。在这一过程中,人工智能属于犯罪工具,是自然人行为的延伸。行为人利用人工智能实施犯罪,人工智能丝毫不差地执行行为人的指令,此时犯罪结果完全由自然人承担,毫无疑问。

但是人工智能这一被利用于犯罪的工具毕竟不同于传统犯罪工具,其特殊性体现在人工智能所具有的深度学习、自主操控等功能特征,会在事实层面造成人工智能故意犯罪中犯罪主体模糊、危害行为复杂、因果关系错综等问题。这一事实层面的技术特征与风险同样会在规范层面影响行为人对自身行为的控制能力,进而产生打击错误。具体而言,人工智能具有深度学习、自主操控、群智开放等技术特征,这些技术特征赋予了人工智能在一定范围内具有搜集数据以指导自身活动的能力。在这一过程中,行为人对于人工智能的控制相对弱化,这也意味着行为人对于自身行为的控制能力的下降。此时,如果行为人对于人工智能不加任何强制干预,则无法相对具体地支配人工智能的活动轨迹。在这种情形下,如果人工智能背离了行为人的指令,所执行的犯罪活动与行为人的意图不符,则犯罪活动产生的刑事责任应当如何划分?

为了方便论述,假设两种案例情形。案例一:行为人甲欲利用智能机器人杀害乙,但智能机器人在具体执行过程中杀害了丙。案例二:行为人甲欲利用智能机器人杀害乙,但智能机器人在具体执行过程中损坏了丙家中价值不菲的财物。

对于上述情形的责任归属,传统刑法理论早已通过事实认识错误相关理论予以解决。案例一所示的情形属于具体的事实认识错误,是指行为人认识的事实与实际发生的事实虽然不一致,但没有超出同一犯罪构成的范围,即行为人只是在某个犯罪构成的范围内发生了对事实的认识错误①。具体而言,利用人工智能实施犯罪,由于人工智能的原因造成行为人行为偏差,进而导致行为人所欲攻击的对象与实际上受害的对象不一致,且这

---

① 参见张明楷:《刑法学》(第5版),法律出版社2016年版,第269页。

种不一致没有超出同一犯罪构成，属于具体事实认识错误中的打击错误。

对于打击错误刑事责任的追究，主要有两种观点：一是具体符合说。该学说认为由于犯罪结果与行为人的主观意愿并没有形成具体的符合，所以行为人对于意欲实施的犯罪承担该罪的未遂责任，对犯罪结果所体现的犯罪承担过失责任，由于只存在一个行为，因而成立想象竞合，从一重罪处罚。在案例一的情形中，如果按照具体符合说的主张，则行为人甲对乙承担故意杀人未遂的责任，对丙承担过失致人死亡的责任，由于二者属于想象竞合，从一重罪处罚。二是法定符合说。该学说认为虽然在犯罪实施过程中存在打击错误，但行为人在客观上具有犯罪行为且导致了犯罪结果发生，主观上也具有该罪的故意，虽然所欲侵害的犯罪对象与实际被害的对象不一致，但由于两者并未超出同一犯罪构成范围，因而被侵害的法益实际上并无差异，所以行为人构成所欲犯罪的既遂。在案例一的情形中，按照法定符合说的主张，行为人甲在杀害乙的过程中存在打击错误，造成丙死亡。甲在客观上具有杀人行为且导致被害人丙死亡，主观上也具有杀人的故意，虽然所欲杀害的对象乙与实际被害的对象丙不一致，但两者的生命在性质上并无差异，在法律上具有相同价值，所以甲的行为完全满足故意杀人罪构成要件，承担故意杀人既遂的刑事责任。虽然，具体符合说与法定符合说对于没有超出同一犯罪构成范围的打击错误的刑事责任归属存在分歧，部分学者对这一理论争议展开了具体的讨论，当下主流的观点认为法定符合说在平等保护法益、坚持责任要素、实现刑罚目的、区分共同正犯等方面相较于具体符合说更具优势①，因此法定符合说获得了大多数学者的赞同。

案例二所示的情形属于抽象的事实认识错误，指行为人所认识的事实与现实所发生的事实，分别属于不同的构成要件的情形。② 具体而言，利用

---

① 参见张明楷：《刑法学》（第5版），法律出版社2016年版，第272~273页。

② 参见张明楷：《刑法学》（第5版），法律出版社2016年版，第277页。

人工智能实施犯罪，由于人工智能的原因造成行为人行为偏差，进而导致行为人所欲攻击的对象与实际受害对象不一致，且这种不一致超出了同一犯罪构成，属于抽象事实认识错误中的打击错误。对于打击错误刑事责任的追究，同样有两种观点：一是抽象符合说，认为在行为人所认识的构成要件事实与现实发生的构成要件事实相一致的限度内，承认故意犯的既遂。① 二是法定符合说，认为不同犯罪构成之间的错误原则上阻却故意的成立或者仅成立故意犯罪未遂。即使犯罪构成不同，但如果犯罪是同质的，那么在重合的限度内也成立轻罪的故意既遂犯。②

在案例二中，行为人甲所欲实施的犯罪是故意杀人罪，但实际发生的情形则属于毁坏财物的构成要件范畴，且故意杀人属于侵犯公民人身权利类犯罪，故意毁坏财物罪属于侵犯财产类犯罪，两者并不同质。而且行为人不具有毁坏财物的故意，充其量只能算作过失，而我国对过失毁坏财物的行为并不处罚。在这种情形下，行为人甲构成故意杀人罪未遂。在此基础之上，相关学者对抽象事实认识错误的情形作了详细划分，并讨论了不同情形下刑事责任承担的方式。抽象事实认识错误实际上存在两种类型：一是行为人本欲犯重罪，客观上却是轻罪的犯罪事实。就这种情况而言，在行为人故意犯重罪，而且对该重罪的未遂犯的处罚重于轻罪既遂犯的情况下，应认定为重罪的未遂犯；若该重罪不处罚未遂犯或该重罪构成不能犯，抑或重罪未遂犯的处罚轻于轻罪既遂犯的处罚，若重罪与轻罪同质，则在重合的限度内认定轻罪的既遂。二是行为人本欲犯轻罪，客观上却是重罪的犯罪事实。就这种情况而言，要判断重罪的客观事实能否评价为轻罪的客观事实，如果能够得出肯定结论，就应认定为轻罪的既遂犯。③

除了造成具体犯罪流程的偏差之外，人工智能的应用还会造成行为人

① 参见张明楷：《刑法学》（第5版），法律出版社2016年版，第277页。

② 参见张明楷：《刑法学》（第5版），法律出版社2016年版，第277页。

③ 参见张明楷：《刑法学》（第5版），法律出版社2016年版，第278～279页。

对自身行为控制能力的降低。那么，这是否意味着行为人刑事责任能力的瑕疵，进而造成其无法承担刑事责任呢？答案显然是否定的。首先，根据我国传统刑法理论，控制能力是指行为人具备决定自己是否以行为触犯刑法的能力。① 这是在宏观层面对于行为人自身精神状态、生理功能的要求，而并非行为人在行为中对具体行为的把控。退一步讲，即使认为控制能力不仅存在于宏观责任能力的判断之上，也会体现在微观层面的行为之上，行为人对于自身行为控制能力的减弱在利用人工智能故意犯罪的场合也不会造成归责的间隙，理由在于原因自由行为理论的提出与应用。原因自由行为，是指行为人因为可归责于自己的原因（如喝酒、使用药物，或非适任状态下而继续工作）使自己陷于无责任能力状态，而于无责任能力状态中实现犯罪构成要件。对照于最后行为人依然构成故意或过失犯罪的法律效果而言，原因自由行为所指的是行为人先前使自己陷于无责任能力状态的时候，对于后来的侵害行为已经有故意（预见）或过失（预见可能性）。② 虽然部分学者对于原因自由行为可罚性的根据具有不同观点，但行为人实施了原因自由行为，其对于该行为所造成的结果承担刑事责任这一结论却得到了普遍认同。根据原因自由行为理论，在利用人工智能实施犯罪的过程中，行为人在明知人工智能的相关智能属性的前提下仍以之犯罪，即使由于人工智能活动造成行为人的控制能力减弱，此时人工智能实施了行为人意图之外的犯罪活动，但行为人仍需承担上述犯罪结果的刑事责任，而且不能适用从轻或者减轻处罚的规定。

实际上，在利用人工智能故意犯罪的场合，人工智能作为具有新兴技术特征的犯罪工具确实会对犯罪流程产生影响，出现犯罪意图、犯罪行为和犯罪结果之间的偏差情形，导致行为人控制能力减弱，但是这些情形在传统理论中均有涉及并已经进行了充分的讨论。且不论具体符合说、抽象

---

① 参见高铭暄、马克昌主编：《刑法学》（第9版），北京大学出版社2019年版，第81页。

② 参见黄荣坚：《基础刑法学》（第3版），中国人民大学出版社2009年版，第107页。

符合说与法定符合说在处理具体事实认识错误和抽象事实认识错误时的优劣，上述观点对未超出同一犯罪构成范围和超出同一犯罪构成范围的打击错误的刑事责任归属进行了具体的讨论，在这一过程中形成了责任分配的具体方案。同样，原因自由行为理论也解决了行为人故意或过失导致自己陷入限定责任能力状态进而实施犯罪的归责问题。笔者无意于具体论证不同学说的优劣以及可罚根据等理论争议，而是意在说明由人工智能所引发的故意犯罪的新变化实际上早已为刑法理论所讨论，并已有多种学说理论对此进行细致研究与论证，因而当下在人工智能故意犯罪领域并不存在归责困境。即使根据部分学者观点认为，人工智能发展到近乎奇点理论时具有完全的认识能力和控制能力，甚至可以类比于人类。但是此时在故意犯罪领域仍然可以通过间接正犯理论来对犯罪人进行归责，不会产生归责间隙。所以，在利用人工智能实施犯罪的故意犯情形下，无论是当下还是未来，刑法理论足以应对人工智能在故意犯罪领域带来的可预期变化，不存在导致责任漏洞的归责困境。

二、过失犯罪中归责间隙的呈现

客观来讲，无论是在理论上还是在实际情形中，在利用人工智能故意犯罪的情形下产生归责困境的可能性较小，甚至为零。原因不仅在于上文所述的故意犯罪所涉及的诸多理论足以应对人工智能在该领域的归责难题，还在于司法实践中利用人工智能实施犯罪的情形较少出现，即使是已经发生的案例也不涉及归责难题。但是对人工智能未尽安全生产、管理义务的过失犯罪的情形则大为不同。首先，在司法实践中已经出现了涉人工智能的过失犯罪。而且，在涉人工智能犯罪领域，过失犯罪的发生概率远远大于故意犯罪。这也是由商用、民用人工智能越来越庞大的使用基数、越来越广泛的应用范围所决定的。其次，在刑法理论上，过失犯罪的构造与故意犯罪具有较大差异。在利用人工智能故意犯罪的情形下不涉及刑事责任归属风险并不意味着在涉人工智能过失犯罪情形下也不会产生归责困惑。

(一)过失归责困境的表象

以储陈城副教授在《人工智能时代刑法归责的走向——以过失的归责间隙为中心的讨论》中所举的莱茵河案为例:"在浓雾当中,导航向正在与莱茵河流向成平行线行驶的驾驶员发出指示,让其向右转弯。已经50岁左右的驾驶员听从该指示向右转弯,使得自己和汽车一齐飞入莱茵河当中,致使驾驶员和同乘的乘客溺水死亡。导航大概是想让驾驶员更容易地改变行驶路线,而在此处并没有横跨莱茵河大桥存在,要想到达对岸必须通过船运才可以实现,认识到这一点实际上并不困难。但是因为有浓雾,驾驶员并没有注意到,甚至都没有踩刹车就跌入莱茵河当中。"①

储陈城副教授分析道:"当导航只是普通的电子产品时,对于驾驶员和乘客的死亡结果可以考虑导航制造者的刑事责任。其原因是制造者可以预见到这种死亡结果的发生……但是,如果该导航具备了人工智能的属性,通过设计者和生产者的初始设计,设定了行动目标后,该导航系统摆脱了人类的控制,根据自己的判断进行学习、适应。此时,该智能型导航因为错误导致驾驶人员死亡的案件,又该如何处理呢?"②这一疑问直接点明了涉人工智能犯罪情形下刑事责任归属的难题。涉人工智能犯罪的发生领域,包括但不限于智能导航、智能汽车、智能医疗,在相应案件发生后,责任归属的确成为理论与实务的难题。一方面,具备一定自主性的人工智能产品对于犯罪结果的发生具备一定程度的加功,对于刑事责任的分配是否需要考量在一定程度上具备自主性的人工智能?另一方面,对于传统刑事责

① 储陈城:《人工智能时代刑法归责的走向——以过失的归责间隙为中心的讨论》,载《东方法学》2018年第3期。

② 储陈城:《人工智能时代刑法归责的走向——以过失的归责间隙为中心的讨论》,载《东方法学》2018年第3期。

任主体责任的追究同样存在疑问，由于人工智能参与犯罪，行为与结果间的因果关系变得更为复杂，行为人的预见可能、回避可能均会脱离传统的研判轨道而具有不确定性。以上种种都会造成涉人工智能过失犯罪中刑事责任归属的困难。

笔者认为，对于涉人工智能过失犯罪归责困境的讨论，离不开对过失犯罪理论构造的探究，有必要梳理过失犯理论脉络、厘清过失犯构造，以探究人工智能对于过失犯罪的归责带来了哪些冲击与影响。

（二）过失归责的理论透视

在1919年即为过失犯撰写了厚达681页专论的宾丁（Binding），在书写到一半的时候慨然叹曰：和过失理论相比，故意理论是相对容易的。恩吉施（Engisch）在撰写过失理论时，一开头即予以附和，还写了一段理由：因为过失理论是刑罚理论上的灰色地带，而灰色地带就是令人束手无策的地带。[①] 上述法学先贤对于过失犯理论的描述，不仅肯定了这一理论的难度，而且揭示了过失犯罪作为一种“非常态”犯罪的理论构造与故意犯罪是不同的。

1. 过失犯罪的规范表述

从刑法规范上来看，我国《刑法》第十五条第一款规定：“应当预见自己的行为可能发生危害社会的结果，因为疏忽大意而没有预见，或者已经预见而轻信能够避免，以致发生这种结果的，是过失犯罪。”通过对法律条文的文义进行解读，可以发现：其一，在过失犯罪中，“应当预见自己的行为可能会发生危害社会的结果”，“应当”二字在刑法中并非价值提倡性用语，而是赋予义务的标志性词汇。以“应当”来修饰预见，意味着赋予了行为人预见的义务。其二，《刑法》第十五条第一款后半句表述为“或者已经预见而

---

① 参见许玉秀：《主观与客观之间——主观理论与客观归责》，法律出版社2008年版，第162页。

轻信能够避免,以致发生这种结果的”。这一表述为了满足语法规范及行文精简要求,省略了部分文字,但其所欲表达的文义并未被掩盖。“轻信能够避免”“以致发生这种结果”所欲表达的完整含义是行为人因为轻信危害结果能够避免,而没有采取避免措施或者采取的避免措施不足以避免结果发生,最终因为回避措施不力而导致危害结果发生的,同样构成过失犯罪。实际上,这同样赋予了行为人一项义务,且如果没有履行这项义务,将面临承担刑事责任的后果,而这项义务就是避免危害结果的发生。综上,似乎是刑法规范赋予了过失犯罪的行为人更多的义务,包括预见结果发生的义务和避免结果发生的义务,在学理上这两种义务被称为结果预见义务和结果回避义务。而在规定故意犯罪的刑法条文中,则不涉及如此义务的赋予。仅仅从《刑法》第十四条与十五条的条文来看,确实如此。但是综合故意犯罪与过失犯罪在刑法规范中的规制地位,这一切就说得通了。

在刑法中,对具体法益来说,一个立志歼灭自己的人,当然比没有恶意地朝自己走来却意外伤害到自己的人可怕;对刑法规范而言,一个摆明了没有把自己的告诫放在眼里,偏偏和自己作对的人,当然比一个一时忘记自己的告诫而闯祸的人可恶。而法益和刑法规范是站在同一阵线上的,它们的武器当然主要是用来对付共同主要敌人的,所以故意犯仍是“基本的犯罪形态”,过失犯因而成为“次形态”。[①] 也就是说,由于过失犯对于法益侵害以及刑法规范的违背程度均低于故意犯罪,因而过失犯罪相比于故意犯罪而言并非刑法规制的主要对象。那么,鉴于过失犯罪与法益和规范的冲突程度较低,其受刑法处罚的严厉程度自然相较于故意犯罪会有所降低。而刑法规范在定义过失犯罪的过程中,虽然赋予了过失犯罪行为人两项“额外”的义务,在定义故意犯罪时并未涉及义务的赋予;但是,有关过失犯的刑法规范实际上是“反义”论述的。也就是说,只有违背了上述两项义务,才构成犯罪,如果没有违背义务要求,则不构成犯罪。而刑法规范对于

---

① 参见许玉秀:《当代刑法思潮》,中国民主法制出版社2005年版,第359页。

故意犯罪则是正向描述的,在定义过程中,所有的行为均指向对于遵守刑法规范这一潜在义务的违反。简单来说,在规定过失犯的规范中,虽然赋予了行为人两项义务,但实则是为行为人出罪铺设了更多道路,对于故意犯虽然只有一项潜在义务,实际上却意味着入罪的可能性的增加。毕竟,违反两项相对具体的义务比违反一项宏观义务的可能性要小得多。这就是刑法规范规制过失犯罪与故意犯罪的逻辑。为了区分两者的危害程度及可罚性,运用表述逻辑的"正反"来赋予两者不同的成立条件。虽然通过这样的立法技术与语言逻辑使得过失犯罪受惩罚的严厉程度低于故意犯罪,但是这也在客观上导致了判断过失犯罪成立与否的复杂性——除了要考察基本事项之外,还要查明结果预见义务与结果回避义务的履行情况。

2. 过失犯罪的理论沿革①

在我国,过失犯理论的发展主要经历了两个阶段。第一个阶段是苏俄过失理论的引入与本土转化,第二个阶段是德日过失理论的关注与话语转换。过失理论在我国发展的过程中,理论构造不断发生变化,对于过失犯罪的历史变迁与发展脉络进行详细梳理,不仅有利于掌握我国过失理论主流观点的沿革,还能够从根源上了解我国过失犯罪理论构造的特征与要素。

(1)苏俄过失理论的引入与本土转化

从中华人民共和国成立初期到20世纪80年代中期,是我国过失理论发展的第一个阶段,即苏俄过失理论的引入与本土转化。由于中华人民共和国成立初期的国际环境与政治因素,当时我国刑法学倾向于对苏联刑法的引入、学习与借鉴,刑法学者也多师从苏联刑法学家。因此,我国早期刑法理论带有浓厚的苏俄刑法学色彩。关于过失犯罪理论,早在1950年翻

---

① 参见陈兴良:《过失犯论的法理展开》,载《华东政法大学学报》2012年第4期;劳东燕:《过失犯中预见可能性理论的反思与重构》,载《中外法学》2018年第2期;周光权:《客观归责与过失犯论》,载《政治与法律》2014年第5期。

译出版的《苏联刑法总论》中即有涉及,该书译者借鉴了我国民国时期的刑法术语,将过失犯罪的两种类型译为疏忽过失与懈怠过失。① 所谓疏忽过失,是指行为人预知其行为所将引发的结果,但轻信这种结果不会发生;所谓的懈怠过失,是指行为人按照实际情况应当预知其行为结果,但是没有预知的情形。

及至 1954 年,《苏维埃刑法总则》在我国出版,译者将过失的两种形式翻译为过于自信的过失与疏忽大意的过失。显而易见,当下我国刑法理论所采取的对于过失犯罪类型的分类与表述即沿袭于此。过于自信就是虽已预见自己行为的后果,但轻率地希望避免此种后果的发生;疏忽大意就是犯罪人未预见自己行为的后果,而按实际的情况,他应该预见其行为的后果。②

我国 1979 年《刑法》颁行初期,对于过失犯理论的研究主要围绕刑法条文的规定进行简单的注释性分析,通过归纳过失犯罪不同类型的特征以期在理论层面更为详细地论述过失犯罪的构造,并以此指导司法实践。按照当时的著述,过于自信的过失具有两项特征:其一,已经预见自己的行为会造成危害社会的结果;其二,轻信危害社会的结果能够轻易避免。疏忽大意的过失同样具有两项特征:其一,应当预见自己行为会引发危害社会的结果;其二,因疏忽大意而没有预见。

从中华人民共和国成立初期至 1979 年《刑法》颁行后的一段时间内,我国关于过失犯罪学术研究的整体状况是引入苏俄过失理论并在刑法典的制定中予以借鉴,理论研究以苏俄刑法理论为基础,以法律条文的具体规定为中心,进行注释性的理论研讨,即使是对于过失犯罪特征的把握,也

---

① 参见[苏]苏联司法部全苏法学研究所主编:《苏联刑法总论》,彭仲文译,大东书局 1950 年版,第 376 ~ 377 页。

② 参见[苏]苏联司法部全苏联法律科学研究所主编:《苏维埃刑法总则》,中央人民政府法制委员会编译室、中国人民大学刑法教研室译,中国人民大学出版社 1954 年版,第 133 ~ 134 页。

是严格围绕法律条文开展。这种引入式与注释性的过失犯罪研究范式的形成，恐怕也是受限于当时的国际环境、政治因素以及司法实践开展的迫切需求。

随后，我国过失犯罪理论研究在此基础上进一步深入，从对法律条文的简单注释逐步转向在理论层面阐述过失犯罪的构造，注重对过失心理的探究。在这一过程中，我国学者将故意犯罪的认识因素和意志因素的分析模式引入对于过失心理的探究之中，认为对过失犯罪内容上的分析起点应是过失犯罪的心理过程，犯罪意识和犯罪意志是构成罪过的两个要素，是犯罪心理过程的不同侧面，两者相互依存、相互包含。① 在这种情况下，过失犯的心理构造按照故意犯的方法加以分析，过失犯的特征也就改为过失犯的因素。② 当时学者们将疏忽大意过失的“应当预见”视为其认识因素，将“轻信”与“疏忽”视为意志因素。这种对于过失心理的分析方式对我国过失理论的研究产生了一定的影响。

后来，部分学者敏锐地观察到，并非具有认识因素和意志因素才构成犯罪。相反，在过失犯罪中，行为人往往缺乏对于危害结果的主观认识与意志。为了克服这种理论矛盾，越来越多的学者以认识特征和意志特征来表述过失犯罪的核心构造。

正如陈兴良教授所言：“对过失犯内容从过失构成特征的法条分析到认识因素和意志因素的过失心理要素的内容描述，再到认识特征和意志特征的过失心理构造的法理阐述，这是我国刑法学对过失犯认识的深化过程。”③

(2)德日过失理论的渗透与话语转换

从20世纪80年代中期开始，随着德日刑法在我国刑法理论领域的引

---

① 参见邱兴隆：《过失犯罪刑事责任的主客观基础》，载《法学评论》1984年第3期。

② 参见陈兴良：《过失犯论的法理展开》，载《华东政法大学学报》2012年第4期。

③ 陈兴良：《过失犯论的法理展开》，载《华东政法大学学报》2012年第4期。

入，越来越多的学者将违反注意义务作为过失犯的本质进行研究，深入讨论了旧过失论、新过失论和超新过失论等学说，并期待以此为基础重构刑法过失论。至此，我国刑法学对于过失犯罪理论的研究逐渐转向德日过失理论话语体系。

随着德日刑法过失理论相关学说与学术资源的系统引入，旧过失论、修正的旧过失论、新过失论、超新过失论等过失犯罪理论为我国过失犯罪司法实践提供了分析方法，也为过失犯理论的发展奠定了学术基础。因此，有必要简要介绍德日过失理论的代表性学说及其发展脉络。

德日刑法话语中的旧过失论将过失的讨论限于责任要素的一隅，认为除此之外，过失犯罪与故意犯罪并无区别。在责任层面，对于过失的讨论偏重结果预见义务，认为过失的本质应被理解为因不注意而没能预见到结果①。在这种理解之下，只要行为人客观上造成了危害结果并具有结果预见可能性，就构成过失犯罪；如果不具有预见可能性，便不构成过失犯罪。显而易见，旧过失论将过失犯罪的成立标准置于结果预见可能性的判断之上。当然，如果只要实现了危害结果的行为人对于该结果具有预见可能性就构成过失犯罪，则会不当地扩大过失犯的处罚范围。部分持旧过失论的学者也认识到了这一弊端，因而在旧过失论的基础上通过理论修补形成了修正的旧过失论。修正的旧过失论仍以旧过失论为基础，同时纳入了对于过失行为的考量，认为符合过失犯构成要件的行为需要具备一定的实质危险。可以说，修正的旧过失论已经在一定程度上突破了旧过失论将过失限于责任一隅的框架限制，试图在构成要件范畴内讨论过失成立的标准与条件。根据这种修正的过失论，是否存在过失犯的实行行为是构成要件符合性的问题，而是否具有结果的预见可能性，则是责任问题。②

① 参见［日］前田雅英：《刑法总论讲义》（第6版），曾文科译，北京大学出版社2017年版，第179页。

② 参见张明楷：《刑法学》（第5版），法律出版社2016年版，第284页。

随着工业革命成果的社会化应用普及，人们愈加追求生产生活的效率与质量。在这种背景下，医疗、机动车驾驶等具有一定危险性的行为在社会中的价值逐步攀升。为保障上述类型行为社会有用性的实现，允许风险的概念逐渐成为人们思考危害性与有用性之间关系的思维模式。随着社会发展与科技的进步，社会行为的性质愈加复杂，部分行为虽然具有侵害法益的危险，但同时对社会的发展裨益良多。因此，即使这种行为发生了法益侵害的结果，在一定范围内也应当允许；实施这种危险行为的人，如果遵守了其行为所必需的规则，以审慎的态度实施行为，即使造成了法益侵害结果，也应认为是合法的。① 在这种观念的影响下，新过失论应运而生。

相较于旧过失论，新过失论的革新之处在于：其一，主张过失犯罪在违法层面即不同于故意犯罪，对于过失犯罪理论框架的搭建不应局限于责任层面，而应注重过失犯罪违法层面的实质内容。这种认知的变化实质上也是"故意是主观的违法要素"这一见解的影响力逐步增大所致。既然故意是违法要素，那么过失也同样应该是违法要素。过失犯中要考虑有别于故意犯的，属于过失犯自己的行为。② 其二，将过失理论的核心由结果预见可能性转移至结果回避义务，并将其作为客观的行为基准而设定成客观的注意义务。即便发生危害结果，且行为人对该结果具有预见可能性，若已经履行了结果回避义务，也不构成过失犯罪。这实际上是提高了过失犯罪的成罪标准，为过失犯罪增设了一条"出罪事由"。对于结果回避义务的履行，可以排除预见可能性的责任倾向，成为不承担刑事责任的合法性因素。

当下社会，社会危害性极大的公害事件频发，人们愈加难以承受此类案件的危害后果。为了规制此类犯罪，超新过失论得到越来越多的关注。与新过失论相比较，两者的相同之处在于以结果回避义务作为构筑理论框

① 参见张明楷：《刑法学》（第 5 版），法律出版社 2016 年版，第 284 页。

② 参见［日］前田雅英：《刑法总论讲义》（第 6 版），曾文科译，北京大学出版社 2017 年版，第 181 页。

架、判断过失犯罪成立的核心要素。不同之处则主要表现在以下两个方面:其一,超新过失论对于结果预见可能性的把握较为宽松,只要是对相关行为产生模糊的不安感、危惧感即可认定为对危害结果具有预见可能性,而不要求对于危害结果的具体预见。其二,超新过失论对于结果回避义务的把握非常严格,对于义务的设定、义务的履行都尽可能地达到足以防止结果发生的最高标准。超新过失论是一种为了规避现代社会不可逆的社会风险而搭建的,扩大对过失犯罪的处罚力度与处罚范围的过失犯罪理论框架。

通过对德日刑法理论的梳理可以发现,无论是以预见义务作为填充注意义务的实质内涵,还是以回避义务构建注意义务的理论框架,以违反注意义务作为中心解释构成要件过失的性质是德日刑法理论一以贯之的思维模式。这种认知方式对于我国过失理论的重塑与发展产生了较大的影响。我国部分学者开始尝试运用德日理论中的注意义务来分析过失犯罪的实质,并与传统过失犯罪的类型划分相结合。具体而言,我国学者以德日过失理论中注意义务的内容——预见义务和回避义务来阐述我国刑法中疏忽大意过失的"应当预见"和过于自信过失的"能够避免"。结果预见义务,是指行为人对于自身行为所造成的危害结果负有的预见义务;结果回避义务,是指行为人在预见到自己的行为会引发危害结果之后,负有的避免这种危害结果发生的义务。从违反注意义务的立场考察,疏忽大意过失的行为人首先违反了结果预见义务,即应当预见自己的行为可能发生危害社会的结果,因疏忽大意没有预见。同时疏忽大意过失违反了结果回避义务,由于没有预见到自己的行为会发生危害结果,因而也就未能采取有效措施以避免结果发生。从违反注意义务的立场考察,过于自信的过失违反的是结果回避义务,即在对危害社会的结果有所预见的情况下,应当避免而没有避免结果发生,这也是过于自信过失的实质。①

① 参见周光权:《注意义务研究》,中国政法大学出版社 1998 年版,第 118 ~ 120 页。

3. 过失犯罪的归责机制[①]

基于当下我国较为主流的过失犯理论构造以及归责模式的实际情况，梳理出我国过失犯罪归责机制的特征，具体表现在以下五个方面。

(1)归责构造：主观归责

从归责构造来看，当下我国的过失犯罪归责模式偏重主观归责，即以行为人所具有的主观要素，尤其是行为人对于危害结果的预见可能性作为犯罪成立与否、责任追究与否的关键因素。除了预见可能性本身属于主观认识范畴内的要素，对于预见可能性有无的判断也无法脱离行为人主观要素的参与。[②]

第一，在判断材料方面，判断行为人对于其行为所导致的危害结果是否具有预见可能，除了要考虑行为时客观环境的条件限制，如光线、温度、障碍物等，还必然要考量行为人的认知水平，毕竟对于危害结果的预见以及客观环境产生的影响都是在行为人主观认知层面实现的，对于客观事物的考量必然无法脱离主观立场。

第二，在判断方法方面，较为主流的观点认为判断行为人能否预见结果，要将行为人的认知能力水平与客观要求联系起来，看行为人所具有的主观能动性，是否达到了足以符合客观要求的程度。只有对照行为人的认知能力条件，才能相对认定他有无适应客观要求的能力，进而判断其对于结果发生能否预见、应否预见。[③]

第三，在判断基准方面，学理上有主观说、客观说与折中说的争议。主观说认为能否预见，要根据行为人的主观条件来判断，即完全地、绝对地根据行为人的各种主观方面情况来判断。客观说主张对于一种结果能否预见应以社会上一般人的认识能力和水平为标准。折中说主张把具有相当

① 参见劳东燕：《过失犯中预见可能性理论的反思与重构》，载《中外法学》2018 年第 2 期。

② 参见张明楷：《刑法学》(第 5 版)，法律出版社 2016 年版，第 288～289 页。

③ 参见张明楷：《刑法学》(第 5 版)，法律出版社 2016 年版，第 288～289 页。

情况的某些个人的预见能力抽象化，作为一种类型标准，来分别确定不同类型人的预见能力。[①] 主流观点认为，应当坚持主客观因素综合判断的原则，首先应考虑一般情形下具有正常水平认知能力条件的人能否预见到结果的发生。在此基础上，进一步考察行为人的年龄、智力发展水平、技术熟练程度、社会经验阅历等主观特征，分析其在当时情形下能否预见结果的发生。

但无论是哪种观点，行为人的主观要素永远是行为人在当时情形下是否具有预见可能的判断基准，理由在于：主观说主张完全彻底地根据行为人的主观方面判断预见可能。客观说虽然主张以社会一般人的能力与水平作为标准，但这种抽象实际上仍然是对于主观方面的描述，所确立的仍然是行为人主观方面的标准。折中说与客观说实际上是同样的内容，只不过前者将标准确立得更加详细，为不同类型的主体确立了能够体现其主体特征的标准，但其标准划分的基础与标准指向的对象同样还是主观要素的内容。主流观点虽然主张主客观的统一，但是认为实际上对于预见可能性的判断起到决定作用的并非所谓的客观的、一般人的标准，即使是这些初步考量的标准，其也并非真正意义上的客观因素，而是能够反映行为人主观认知能力水平的诸多个性特征。

综上，当下我国主流过失犯论的构造偏重主观归责模式，理由不仅在于过失犯罪成立与过失责任归属的判断取决于预见可能性等主观要素，还在于对于主观要素的判断本身所采取的资料、方法与基准仍未脱逸于主观范畴。

（2）构建基础：事实因果

当下我国主流的过失犯罪归责构造仍属于主观归责的范畴，对于犯罪成立与责任归属的思考更偏重预见可能性的相关判断。对于预见可能性

---

① 参见马克昌主编：《犯罪通论：根据 1997 年刑法修订》，武汉大学出版社 1999 年版，第 354 ~ 355 页。

的讨论,实际上除了上文所论述的预见判断资料、判断方法、判断基准等问题外,还涉及预见对象。所谓预见对象,是指过失犯罪所要求的行为人的预见所指向的事实。我国法律条文的表述是"自己的行为可能发生危害社会的结果"。这一表述实际上概括了我国刑法规范所要求的预见对象的范围:行为、结果与因果关系。

第一,行为人所欲采取的行为是行为人意志所及的最近范畴,行为人对自身行为性质的认知、行为发展走向的预测均是行为人预见的当然内涵。

第二,预见的对象还包括危害结果。刑法规范中危害社会的结果,并非对于社会具有危害性的宏观、抽象结果,而是对于刑法所保护的社会关系具有危害性、可能构成犯罪的、由行为所引发的结果。故这里的危害社会的结果,只能是刑法分则对过失犯罪所规定的作为构成要件要素的具体结果。①

第三,预见的对象还包括事实层面的因果关系。历史学家和法律人总是肯定某一特别事件是另一事件或者某人行为的"效果"或者"后果"或者"结果";或者说一个事件或者人的行为"造成了"另一事件或者是它的"原因"②,而上述词汇本身既隐晦而又明确地证明了因果关系的存在。既然是"行为—发生—结果",那么行为与结果之间必然包含某种事实层面的因果关系,在过失犯罪的预见可能性所针对的对象中,也必然包含对事实因果的认识。换言之,对于结果的预见可能性不仅要求预见到结果的发生,还必须预见到该结果是由于自己的行为所造成的,而事实因果就是行为与结果之间的理论联结。

对于预见可能对象范畴的讨论虽然涉及行为、结果与因果关系,但因

---

① 参见张明楷:《刑法学》(第5版),法律出版社2016年版,第288页。

② 参见[美]H. L. A. 哈特、托尼·奥诺尔:《法律中的因果关系》(第2版),张绍谦、孙战国译,中国政法大学出版社2005年版,第9页。

果关系实际上才是构筑预见可能甚至是意志归责的基础。因果关系对于认定犯罪和责任分配具有重要作用,具体表现在其对于认定危害行为与危害结果的决定作用上。在认定某一行为与结果是否属于刑法意义上的危害行为与危害结果时,因果关系的认定是必要步骤。当刑法要求某罪的成立以危害结果的发生为必要条件时,刑法规范所要求的危害行为与危害结果的认定就取决于两者有无因果关系。如果具有因果关系,则说明行为与结果具有规范层面上的意义,对于行为与结果的考量应当在构成要件要素中进行;如果不具有因果关系,要么是行为不属于构成要件要素,要么是结果不满足构成要件要求。

所以,无论是对于以结果为犯罪成立必要条件的过失犯罪,还是以预见可能性作为归责前提的意志归责,事实层面的因果关系构筑了行为人担负刑事责任的基础。

(3)行为表征:注意义务

过失与故意都涉及人的主观内心状态,故对于注意义务违反的判断也需要采取运用间接证据推断的方式进行。由于交通运输、工业生产等本来就是伴随一定危险因素的技术领域,在这些领域内存在着各种为保障生命安全而制定的操作章程与规则。[①] 一般而言,此类章程与规则能够维持行为人的预见能力和回避能力,如果严格遵守操作章程和规则,则意味着行为人能够预见到自身行为及其后果,并可回避相关危险。然而,如果行为人违背了上述章程或规则,引发了相应后果,则行为人需要对自身预见和回避能力的下降承担责任。在刑法规范中,由于此类章程、规则往往作为填充空白罪状的内容,因此被称为填充规范。行为违背填充规范这一事实,就能够成为推断行为人违反注意义务的类型化依据。[②] 因此,在传统刑法理论中,填充规范一般是行为人注意义务设定的重要参考与来源。

---

① 参见陈璇:《刑法归责原理的规范化展开》,法律出版社 2019 年版,第 76 页。

② 参见陈璇:《刑法归责原理的规范化展开》,法律出版社 2019 年版,第 77 页。

注意义务的来源或者说填充规范的内容并不是抽象的，而是根据社会生活领域内各种各样的具体情况来确定的。在我国刑法中，过失犯罪的注意义务大体上有以下五类：刑法强行要求主体承担的法律义务；其他行政或业务管理法规规定的义务；职业或者业务的要求；接受委托或期约的义务；普遍常识和习惯要求的义务。[①] 在过失犯罪的定罪归责中，一项重要步骤在于对行为人违反注意义务的判断。因此，注意义务以及作为其划定基准的填充规范，对于判定行为人构成过失犯罪而言具有重要作用，这是对过失犯罪构成要件的描述与责任归属的限定。

(4)关系维度：纵向作用

在刑法规范中，犯罪参与始终是解决定罪与归责的一项重要议题。所谓犯罪参与，是指二人以上基于单向或双向的加功，与同一法益侵害结果都有因果关系，因此都可能涉及犯罪的问题。可见，犯罪参与本质上涉及的问题是互相加功情形下的多重因果关系问题。[②] 犯罪参与在我国刑法规范与刑法理论中表述为共同犯罪。我国《刑法》第二十五条规定："共同犯罪是指二人以上共同故意犯罪。二人以上共同过失犯罪，不以共同犯罪论处；应当负刑事责任的，按照他们所犯的罪分别处罚。"

根据刑法规定，我国共同犯罪的成立要件包括三点。其一，从犯罪主体来看，行为人必须是二人以上。其二，从犯罪的客观要件来看，各共同犯罪人必须具有共同的犯罪行为。具体而言，首先，各共同犯罪人所实施的行为，必须是犯罪行为；其次，各共同犯罪人的行为形成一个互相配合的犯罪活动整体；最后，共同实施的犯罪是结果犯时，在发生犯罪结果的情况下，每一共同犯罪人的行为都与犯罪结果之间存在着因果关系。其三，从犯罪的主观要件来看，各共同犯罪人必须具有共同的犯罪故意。同时实施犯罪的，但故意内容不同不构成共同犯罪；超出共同故意之外的犯罪，不构

---

① 参见陈兴良：《刑法哲学》，中国人民大学出版社 2017 年版，第 227～228 页。

② 参见黄荣坚：《基础刑法学》(第 3 版)，中国人民大学出版社 2009 年版，第 487 页。

成共同犯罪;共同实施犯罪时各人罪过形式不同的,不构成共同犯罪。①

在刑法理论中,绝大多数的理论按照行为人实施犯罪行为、分析行为的构成要件该当性、违法性、有责性,明确行为人的刑事责任并确定刑罚(德日阶层理论);也有理论从犯罪主体、犯罪主观层面、犯罪客体、犯罪客观层面的角度分析行为人实施行为的社会危害性与应受惩罚性(传统要件理论)。它们所体现的理论脉络均是从主体到客体的逻辑,即着重考察从行为人到行为,再到法益侵害,最终讨论责任归属的纵向归责流程。与此不同的是,共同犯罪理论分析共同参与犯罪的行为人在共同犯罪中所发挥的作用,判明其相互关系、讨论不同主体对于犯罪的整体加功以及行为间的相互加功。共同犯罪理论所体现的是"主体—主体"的横向思维模式,它注重于主体之间对于犯罪形成与责任划分的考量,是对刑法理论"主体—客体"纵向作用思维的重要补充。

然而遗憾的是,这种"主体—主体"的横向思维模式并未真正地进入过失犯罪理论架构中。原因在于我国刑法规范与刑法理论的主流意见认为过失犯罪不涉及共同犯罪的问题,即以过失的罪过形式无法构成共同犯罪。传统理论认为,过失共同犯罪不具有共同犯罪的本质特征——共同犯罪是一个有机的统一整体。过失犯罪彼此缺乏意思联络,不可能使各个行为人的行为成为互相支持、互相配合的统一体,因而各个行为人只能分别构成过失犯罪,而无法实现共同犯罪。过失共同犯罪中也不存在组织犯、教唆犯、实行犯的分工,也无主犯、从犯、胁从犯的差别,只要根据各行为人的过失犯罪情况论罪科刑即可,无须按照共同犯罪的规定处理。② 所以,过失犯罪对于共同犯罪理论的排斥自然也将共同犯罪本身所蕴含的横向思维模式拒之门外。在故意犯罪领域,除了对于行为人、危害行为、危害结果

---

① 参见马克昌主编:《犯罪通论:根据 1997 年刑法修订》,武汉大学出版社 1999 年版,第 505 ~ 514 页。

② 参见马克昌主编:《犯罪通论:根据 1997 年刑法修订》,武汉大学出版社 1999 年版,第 519 页。

的纵向考量之外，考虑不同犯罪人在犯罪中的横向罪责关系是必要的归责步骤。然而在过失犯罪中，对于罪刑的考量仍然局限于纵向作用的关系一隅，只见行为人的危害行为及其所引发的危害结果，而缺乏对共同过失主体之间关系的关注与讨论。

(5)判断根据：经验事实

对于判断根据的讨论，可以在两个层次上展开。其一，在过失犯罪理论中，据以判断行为人行为与结果具有刑法评价意义、对其是否构成刑法规范中的危害行为、危害结果具有重要意义的因果关系层面。那么所谓的判断，是指判断行为与结果之间是否具有因果关系的判断；而根据自然是指据以判断因果关系存在与否的资料和基础。其二，在意志归责模式中，作为结果预见义务和结果回避义务之前提性存在的预见可能性层面。在预见可能性范畴内，判断根据是指据以判断行为人对于其行为是否会造成危害结果具有提前认知的资料和基础。简单而言，所谓判断根据，一是指因果关系存在与否的判断资料；二是指预见可能性有无的判断基础。

关于因果关系的判断，向来有不同学说。我国传统刑法理论将哲学层面的因果关系应用于刑法因果的判断，认为刑法因果关系是指犯罪实行行为与对定罪量刑有价值的危害结果之间引起与被引起的合乎规律的联系。根据辩证唯物主义，因果关系是事物现象间普遍联系和相互作用的一种形式，是不以人的意志为转移的客观存在，这就是说，因果关系不是逻辑推理中的各种思维联系，而是客观实在中的联系。① 在此基础上，形成了必然因果关系说与偶然因果关系说的争论，虽然两者对于危害行为中是否包含产生危害结果的根据以及偶然介入因素的问题有着不尽相同的理解，但是两者均将"合乎规律"视为因果关系存在及发展的本质。

在国外，对于因果关系的认识同样有不同的理论学说，这些学说对于我国因果关系理论的发展也产生了重要影响。例如，条件说认为行为与结

---

① 参见马克昌主编：《犯罪通论：根据1997年刑法修订》，武汉大学出版社1999年版，第214页。

果之间存在着“没有前者就没有后者”的条件关系时，前者就是后者的原因。原因说主张以某种规则为标准，从导致结果发生的条件中挑选出应当作为原因的条件，只有这种原因与结果之间才存在因果关系。相当因果关系说认为，根据一般社会生活经验，在通常情况下，某种行为产生某种结果被认为是相当的场合，行为与结果之间就具有因果关系。合法则的条件说认为，只有根据科学知识，确定前后现象之间是否存在一般的合法则的关联后，才能进行个别的、具体的判断。①

纵观上述因果关系判定理论，无不以事实和经验作为因果关系存在与否的判断资料。事实是指事情的真实情况，经验是指由实践得来的知识或技能。在事实层面与规范层面，经验事实发挥着重要的联通功能，事实要素经由人类经验转化为规范对象，在这一过程中，经验事实的存在使得逻辑推理和法律论证具备了可能性。在我国传统的因果关系理论中，无论是必然因果关系说还是偶然因果关系说都强调“对于规律的合乎”，而规律作为事物间不断出现的本质联系，决定着事物的发展趋势。人们通过实践所获取的经验即可以掌握规律的走势与事物的发展方向。所以，合乎规律本身就是合乎经验的认知。

国外的诸多因果理论同样如此。条件说所谓的“没有前者就没有后者”的判断并非基于因果流程的现实发展，而是以经验认知作为判断。原因说所提出的标准同样是基于经验与事实的判断。相当因果关系说与合法则的条件说更是毫不隐讳地直接揭示了经验事实作为判断因果关系基础资料的重要作用，所谓的“相当”，是指行为产生该结果在日常生活中是一般的、正常的。② 换言之，是符合人们通过日常实践所积累的经验认知的，那些不符合经验事实的特殊、异常因素是要排除出因果流程的。“合法则”同“相当性”实际上并非排斥的关系，其将生活经验进行科学标准的审

① 参见张明楷：《刑法学》（第5版），法律出版社2016年版，第176~177页。

② 参见张明楷：《刑法学》（第5版），法律出版社2016年版，第177页。

查，将具有科学依据的经验称为经验法则，实际上是保证了经验的正确性，并未脱离经验事实的范畴。

所以，在当下过失犯罪归责模式中，虽然有关因果关系的不同学说理论对于因果关系存在与否的判断标准不尽相同，但是无论采取何种判断标准，经验事实永远是因果关系存在与否的判断资料。

对于预见可能性有无的判断，同样依赖于经验。人们对于自身行为所能引起结果的预测与认识，就是生活经验。在生活中，经验事实指导着人类生产生活，春耕夏耘、秋收冬藏就是经验。在刑法规制的范畴内，人类服用毒药会引发生命危险，人类受到外力打击会损害健康甚至危及生命，等等，这都是生活经验之所及，也是人们用以预测行为后果的重要资料。所以，同因果关系存在与否的判断资料相同，对于结果预见可能性的判断依然依赖于经验事实。

将经验事实作为因果关系和预见可能性存在与否判断的资料，其隐含的前提是事物的发展运行规律可以被人类认知，人类能够支配事物因果流程的发展。在涉及因果关系的判断中，既然以经验事实作为判断因果关系的基础资料，那么从行为实施到结果实现这一过程的客观发展规律必须是人类所能发现并掌握的，因果关系方能成立。如在一般情况下，水加热到 100 摄氏度会沸腾，人们只有发现并掌握这一客观规律，才能将加热行为与沸腾结果联系起来并以原因和结果的关系进行考量。反之，如果事物的客观发展规律难以为人类所掌握，那么因果关系将无法建立并彻底失去存在的意义。在讨论预见可能性的场合，其所预设的前提是人们可以独立地掌控行为因果流程的发展。只有在此前提下，一旦认定行为人对于结果具有预见可能性，便意味着对行为及之后的因果流程具有支配或支配可能性，对其进行归责也变得理所当然。① 如果人类无法支配事物因果流程的发展，预见可能并不意味着支配可能，那么预见可能性理论自然没有适用空间。

---

① 参见劳东燕：《过失犯中预见可能性理论的反思与重构》，载《中外法学》2018 年第 2 期。

第三节　涉人工智能犯罪归责间隙的形成原因

当下,我国过失犯罪归责的理论构造仍属于主观归责的范畴,以预见可能性作为责任归属的核心依据,并以因果关系作为归责构造构建的基础,在归责中注重"主体—客体"的纵向关系维度,并以经验事实作为具体问题的判断标准。而人工智能的技术特征——"深度学习、跨界融合、人机协同、群智开放、自主操控"与涉人工智能犯罪的特征——"犯罪主体模糊、危害行为复杂、因果关系错综、犯罪结果严重"对我国过失犯罪归责构造会产生一系列的冲击,而这些冲击也正是涉人工智能犯罪归责间隙形成的重要原因。

一、人工智能技术导致预见不能,冲击归责基础

根据前文论述,预见可能性在意志归责的构造中处于核心位置。可以说,过失归责的基础就在于行为人对结果的预见可能性,如果行为人对于危害结果的发生不具有预见可能性,则由于不具有归责的基础,而无法进行归责。在传统犯罪领域中,以预见可能性作为归责基础符合责任原理的要求。以前文所述的莱茵河案为例,作为传统的导航产品,其设计者和生产者如果在设计生产该导航产品的过程中忽略天气因素对于路面交通状况的影响,则自然可以预见到这种行为会引发交通事故这种危害结果。在导航产品具有智能属性,可以自主地通过连接互联网获取交通、天气数据,并实时更新道路规划的情形下,该智能导航仪器的设计者和生产者、使用者对于智能导航系统在程序之外的智能活动自然难以预见。

值得注意的是,深度学习、自主操控、群智开放作为人工智能的新兴技术特征,并非人工智能领域的个性表现,而是人工智能的泛在功能。这意味着人工智能在一定程度上、在一定范畴内自主操控的实现,无疑在智能

应用的整体层面削弱了人工智能设计者、生产者、使用者等关联人员对于其行为将引发结果的预见可能。根据传统规范与归责理论，预见可能性在整个归责的构造中处于核心位置，如果行为人对于危害结果的发生不具有预见可能性，则不具有归责基础。因此，由人工智能自主操控所导致的行为人预见能力的普遍降低，会冲击到以预见可能性作为归责基础的过失犯罪归责构造，进而造成普遍意义上的归责不能。对于过失犯罪而言，这必然是对归责基础与构造的瓦解。

二、人工智能技术造成因果错综，阻滞责任分配

过失犯罪以危害结果的发生作为归责的要件之一，对于犯罪结果的要求意味着联系危害行为与危害结果的因果关系必然成为过失归责所讨论的重要内容。不能确定行为与结果之间具有因果关系，就无法肯定结果是由行为所导致的，进而无法将责任归属于相应的责任主体。在传统犯罪领域中，因果关系在普遍情形下是能够得到明确与肯定的。例如在莱茵河案中，导航产品的设计者、生产者在设计、生产该产品时没有考虑天气因素对于道路行车的影响，从而没有在该产品的程序内编制天气这项变量因素的相应反应机制，导致该导航在浓雾天气出现道路规划错误的情形，进而造成机动车驾驶员以及乘客的死亡结果。在整个事件的发展流程中，行为是导航产品的设计者、生产者在设计、生产过程中的疏忽，结果是驾驶员与乘客的死亡，而整个因果流程就表现为上述对于实践发展过程的描述，这一过程是符合事物客观发展规律与人类经验判断的，因而能够得以清晰展现。

但在涉及人工智能的场合，事物之间的因果关系就会变得错综复杂，究其原因，仍在于人工智能所具有的深度学习、人机协同等特征。人工智能凭借互联网与大数据库相连接，通过抓取关联数据并进行模糊训练，进而不断调整活动策略以实现智能反应。在这一过程中，自然人所承担的仅

仅是编制深度学习所需要的数据抓取程序与模糊训练范式，至于人工智能在深度学习过程中具体抓取什么数据以及如何以之训练，则不受自然人具体指令控制。而且，人工智能的数据抓取、训练以及导出活动策略所经历的过程极为复杂，即使在事后也难以查明，如此形成了所谓的“数据黑洞”与“操作暗箱”。人工智能“黑箱”释明难题决定了人工智能行为的不可解释性，法律责任的本质是答责①，不具有可解释性的人工智能必然会诱发归责上的难题。在涉人工智能犯罪的因果历程中，人工智能深度学习所形成的“黑障区”模糊了犯罪行为与危害结果之间的因果关系。在以危害结果为归责必要条件的过失犯罪领域，因果关系是实现责任回溯的逻辑脉络，而因果查明的客观不能，使得因果回溯流程中断。换言之，因果关系的难以查明甚至无法查明对于作为要求犯罪结果的过失犯罪归责而言，阻滞了整个归责进程的继续。

三、人工智能技术缺失前置规范，难断注意义务

在传统犯罪理论中，对于行为人注意义务的划定可以参考法律义务、法规义务、职业要求、委托义务、常识习惯等进行判断。在司法实践中，由于犯罪行为及场景的日常性，作为注意义务来源的填充规范较为完备，因此依据填充规范可以相对明确地划定注意义务。但是在涉及人工智能的新场景下，如何划定注意义务则成为难题，原因在于人工智能并不是独立发展而来的学科，而是由移动互联网、大数据、脑科学等诸多前沿科学技术交叉形成。这种跨界融合的特征在为人工智能发展提供智力支持的同时，也为该行业的规范发展带来困扰，即技术的前沿性与融合性使得人工智能领域难以形成确切且统一的行业规范与标准，进而造成相应法律规范的

① 参见刘艳红：《人工智能的可解释性与 AI 的法律责任问题研究》，载《法制与社会发展》2022 年第 1 期。

缺失。

根据部分学者的义务来源类型化观点，在人工智能领域内，至少需要三种类型的注意义务：一是确保技术安全监管与审慎研发义务要求；二是及时排除产品制造和销售隐患的义务；三是符合机器正常使用的标准要求义务。① 然而，在司法实践中，确保技术安全监管与审慎研发义务要求设计的主体包括研发单位和技术、产品管理部门，问题在于当下并不存在统一的人工智能研发的技术标准与行业准则，人工智能产品相关的监管法律法规体系同样没有建立起来。在这种情形下，义务来源的方向虽然能够明确，但是具体的注意义务的划定仍然无法实现。在生产、销售瑕疵人工智能产品的刑事责任认定中，同样缺乏鉴定产品性质的国家标准与行业标准，且人工智能往往涉及多个工业技术领域，如何审慎认定不同领域的标准同样成为难题。人工智能的使用标准具体包括输入、点击、管理等机器操作手续的程序性义务要求，数据集合过程中信息本源安全性的义务要求和算法系统运行过程中正常维护的义务要求。② 而这些义务由于相关法律法规、行业标准、习惯常识的缺乏，同样陷入不可判定的困境。因此，对于人工智能过失犯罪而言，人工智能相关生产制造、监督管理的法律法规的阙如与"研发标准—制造标准—使用标准"等行业准则的空白导致了行为人注意义务难以判明，这对于以义务违反为犯罪表征的过失犯罪的认定与归责而言，无疑是致命的。

四、人工智能技术突破纵向关系，扭转归责维度

由于我国过失犯罪理论认为过失的罪过形式无法构成共同犯罪，因而

① 参见陈伟、熊波：《人工智能刑事风险的治理逻辑与刑法转向——基于人工智能犯罪与网络犯罪的类型差异》，载《学术界》2018 年第 9 期。

② 参见陈伟、熊波：《人工智能刑事风险的治理逻辑与刑法转向——基于人工智能犯罪与网络犯罪的类型差异》，载《学术界》2018 年第 9 期。

在过失理论的构建中,缺乏对于“主体—主体”的横向思维方式,即欠缺对于行为人与行为人之间关系与责任划分的考量,习惯性关注对“主体—客体”的纵向考察。在传统过失犯罪领域,这种思维模式并不会对责任归属产生较大的影响。因为在传统的农业或工业社会中,人类基本上能够独立掌控某一事件或者事件某一部分的发展,即使是人与人协作的场合,个人分工的领域也是相对明确简单、能够合理区分的。在此基础上,人类对于自身行为所造成的危害结果自然能够承担属于自身的那份具有清晰边界的责任。以导航产品的生产为例,传统的归责理论关注的是设计者对自身设计行为的责任承担、生产者对生产行为的责任承担,虽然两者都属于导航产品的生产流程,但是具有相对独立的工作职责与责任区域。而在涉及人工智能犯罪的场合,情势又有所改变,人工智能智能的实现离不开群智开放与跨界融合的贡献。人工智能的研发、生产与应用并非简单的某个人或某群人所能实现的,而是需要基数庞大的人群参与。单以深度学习所依赖的大数据为例,数据的来源正是广泛存在于互联网世界的用户,是这些用户的生产生活产生的数据形成了足以支撑人工智能进行深度学习的数据池。同时,人工智能技术汲取诸多学科知识,各种不同的技术相互交织,整个生产环节变得更加复杂,传统的生产模块与技术分区被打破,设计者和生产者很难再划分出独立的属于自己的职责范围。正如许迺曼教授所言:“工业社会现代活动的现代风险,从来就不是个人可以控制及负责的,而是由许多人共同作用所引起,很难由单一行为人所应负之个人责任,以及单一行为引起的单一因果关系加以说明。”①在这种情形下,涉人工智能过失犯罪的归责就不得不考虑人与人之间的职责关系、主体与主体之间的责任联系。而将共同责任排除于考量范畴之外、仅关注单一主体行为到责

---

① [德]许迺曼:《过失犯在现代工业社会的捉襟见肘》,单丽玟译,载许玉秀、陈志辉合编:《不移不惑献身法与正义:许迺曼教授刑事法论文选辑》,台北,台湾新学林出版股份有限公司2006年版,第519页。转引自劳东燕:《过失犯中预见可能性理论的反思与重构》,载《中外法学》2018年第2期。

任的纵向归责思维就不再能够满足涉人工智能过失犯罪的归责要求，难以在不同主体间实现刑事责任的有效分配。

五、人工智能技术脱逸经验事实，虚化判断根据

目前，人工智能愈加广泛地应用于社会基础生产生活中，人机协同的普遍实现在提升数据处理效率、决策精准程度的同时，也突破了传统社会认知、生产生活方式以及在此基础上形成的事实经验，进而导致了人们运用传统经验解释社会现象的能力降低，即人们难以凭借在传统农业、工业社会进程中积累的经验来解读人工智能参与下的社会现象。在传统的过失理论构造中，实现归责所必须考察的因果关系、预见可能等规范要素的判断就是基于人们的事实经验进行的。没有这些经过人类反复实践所形成的知识储备，大量依据经验可以得出而无须论证的结论就会难以成立，整个研判过程也会陷入烦冗的证明泥潭而无法自拔。而由人工智能技术及人机协同特征所带来的对传统经验的突破，会导致大量的因果关系与预见可能的判断由于缺乏经验事实的支撑而无法开展或得出准确结论，进而影响到责任归属问题的讨论。易言之，由人工智能技术所带来的人类经验盲区造成了归责要素判断根据的空洞与虚化，大量不符合传统经验认知的现象无法纳入过失归责的理论框架内消化，如此便会影响过失犯罪的责任归属。

第四节　涉人工智能犯罪归责间隙的衍生影响

人工智能技术本身所蕴含的特征及其衍生的刑事风险导致了行为人的预见不能，造成行为与结果之间的因果关系错综复杂，突破了传统的纵向思维模式，脱逸于人类对经验事实的掌控，严重地冲击了过失犯罪的归责构造，动摇了意志归责的构建基础，虚化了规则要素的判断根据。上述

情形不仅对人工智能过失犯罪的归责产生了冲击,也对刑法理论的走向造成了影响。

一、导致刑事责任无法有效分配

“对具体的结果预见、因果经过的基本部分等的预见,几乎不可能”[①]的实际情况大幅压缩了以结果预见义务和结果回避义务为规范核心的传统过失理论在涉人工智能过失犯罪中的适用空间,造成传统理论适用出现或以智能技术本身蕴含的风险推断对行为危险的预见,进而导致的入罪“绝对化”;或以预见不能为由导致涉人工智能情形的出罪“绝对化”等失偏情形。详言之,刑法上所要求的预见可能性,若理解为对该具体事实以及与因果关系相关的事项具备具体、详细的预见可能,那么就无法肯定机器人设计者等具备预见可能性。若将预见可能性理解为“大概可能会对人造成危险”这样的抽象的预见可能性的话,显然会使过失犯的范围变得过于宽广。[②] 可以说,依赖于预见等主观认识因素的意志归责模式难以准确认定智能参与情形下的过失责任,形成了目前涉人工智能过失犯罪的归责间隙,刑事责任无法得到有效分配。

二、引发人工智能刑事责任研究

法学研究应当以问题为导向,而涉人工智能过失犯罪中出现的归责间隙就是实实在在存在于司法实务与刑法理论中的棘手问题,这才应当是人

① 小田直樹『過失の問い方について』(神戸法学雑誌,2013 年)。转引自储陈城:《人工智能时代刑法归责的走向——以过失的归责间隙为中心的讨论》,载《东方法学》2018 年第 3 期。

② 参见储陈城:《人工智能时代刑法归责的走向——以过失的归责间隙为中心的讨论》,载《东方法学》2018 年第 3 期。

工智能刑法研究的出发点与落脚点。当下,学者们逐渐意识到人工智能所带来的归责难题,为了应对这一挑战,纷纷提出各种应对之策,这也将人工智能刑法研究推向了高潮。在下一章内容中,将着重介绍学者们为了解决归责困境所选择的理论进路。

第五节 基本结论

涉人工智能犯罪的归责困境就是当传统刑法无法全面地规制涉人工智能犯罪时,会产生部分刑事责任无法归属于适当的刑事责任主体的责任分配漏洞,造成原本应当承担刑事责任的主体逃避了责任,或者对无须承担刑事责任的主体强加了一定的刑事责任,这种归责间隙即是人工智能技术在刑法范畴内所引发的归责风险。

然而,归责困境并不必然存在于涉人工智能犯罪的所有情形中,对此需要区分类别予以讨论。在利用人工智能实施犯罪的故意犯罪情形中,无论被违法利用的人工智能技术及实体发展到何种程度,是否真正实现深度学习、自主操控等智能功能,其作为犯罪人实施犯罪的工具的属性不会改变,现有的错误理论也完全可以实现刑事责任的有效分配。当人工智能完全按照犯罪人的指令实施犯罪活动时,所造成的犯罪结果及产生的刑事责任完全由该犯罪人承担,此时人工智能的活动本质上是犯罪人行为的延伸。当人工智能突破犯罪人的指令、超出犯罪人的认识及意志自主实施犯罪时,可将其视为犯罪人行为的偏差,根据打击错误理论解决。即使根据部分学者观点,认为人工智能发展到近乎奇点理论时具有完全的认识能力和控制能力,甚至可以类比于人类,此时在故意犯领域内也可以通过间接正犯理论来对犯罪人进行归责,不会产生归责间隙。所以,在利用人工智能实施犯罪的故意犯罪情形下,不存在导致责任漏洞的归责风险。

在对人工智能未尽安全生产、管理义务的过失犯罪情形中,传统的过失理论及刑法规范对于过失责任的分配则力有不逮。我国传统刑法理论在犯罪的主观方面讨论犯罪过失,其作为与犯罪故意并列的犯罪主观罪过形式之一,是成立过失犯罪的主观心理态度。随着德日刑法学话语在我国刑法理论领域影响增大,越来越多的学者将违反注意义务作为过失犯的本质进行研究,深入讨论了旧过失论、新过失论和超新过失论等学说,并期待以此为基础重构刑法过失论。但无论是传统的过失理论,还是借鉴德日刑法学所形成的过失犯论,在责任归属的模式上存在以下五个方面的特征:其一,从归责构造来看,属于意志归责。意志归责将行为人所具有的主观要素,尤其是行为人对于危害结果的预见可能性作为犯罪成立与否、责任追究与否的关键因素。其二,从构建基础来看,注重对于因果关系的判断。当刑法要求某罪的成立以危害结果的发生为必要条件时,行为和结果是否为刑法规范所要求的危害行为与危害结果,就取决于两者有无因果关系。其三,从义务划定来看,填充规范是注意义务判断的基础,以注意义务违反为行为表征的过失犯罪的认定与归责无法脱离填充规范的支撑。其四,从关系维度来看,对于罪刑的考量仍然局限于纵向作用的关系一隅,只见行为人的危害行为所引发危害结果的实施发展流程,而缺乏对于共同过失主体之间关系的关注与研讨。其五,从判断根据来看,以经验事实作为判断因果关系存在与否、预见可能性有无的判断资料。

然而人工智能的技术特征——“深度学习、跨界融合、人机协同、群智开放、自主操控”与涉人工智能犯罪的特征——“犯罪主体模糊、危害行为复杂、因果关系错综、犯罪结果严重”,对于目前我国过失犯罪归责构造会产生一系列的冲击,而这些冲击也正是涉人工智能犯罪归责困境形成的重要原因:其一,人工智能技术导致预见不能,冲击归责构造。人工智能在一定程度与范畴内的自主的实现,无疑在智能应用的整体层面削弱了关联人员对于其行为所将引发的结果的预见可能。而作为过失归责的预见可能的普遍性否定,绝对不是排除归责的个案情形,而是对于整个以预见可能性作为归责基础的过失犯罪归责构造的冲击。其二,人工智能技术造成因果错综,动摇构建基础。“数据黑洞”与“算法黑箱”已然改变了传统因果关系模型的现实情境,致使因果关系难以判明。行为与结果之间的因果关系的难以查明甚至无法查明,对于作为要求犯罪结果的过失犯罪归责而言,无疑动摇了归责基础。其三,人工智能技术前置规范阙如,难断注意义务。人工智能技术作为新兴的科技领域,应用于社会基础生活的时间尚短,因此在这一领域中,相关监督管理法律法规尚未建立,研发生产行业标准亦未统一,导致了行为人注意义务的划定不能,为过失归责带来严重阻碍。其四,人工智能技术突破纵向关系,扭转归责维度。工业社会现代活动的现代风险,从来就不是个人可以控制及负责的,而是由许多人共同作用所引起的,很难由单一行为人所应负之个人责任,以及单一行为引起的单一因果关系加以说明。① 因而,在这种情形下,传统的纵向思维不再能够满足涉人工智能过失犯罪的归责要求,迫使过失归责理论将人与人之间的职责关系、主体与主体之间的责任联系等横向作用思维纳入归责的考量范畴。其五,人工智能技术脱逸经验事实,虚化判断根据。人工智能的应用似乎打破了传统经验事实对于社会生活的覆盖,开始出现了一些无法为传统经验事实所验证的事物。在这种情形下,人工智能技术所带来的人类经验的盲区造成了归责要素判断根据的空洞与虚化,大量不符合传统经验认知的现象无法纳入过失归责的理论框架内消化,如此便会影响过失犯罪的责任归属。

上述五个方面的原因,不仅造成了人工智能过失犯罪的归责困境,使部分刑事责任无法归属于适当的责任主体,也引发了学者们对于人工智能刑事责任的研究。为了解决人工智能过失犯罪归责困境,论者们纷纷提出各种应对之策,将人工智能刑法研究推向了高潮。

---

① 参见[德]许迺曼:《过失犯在现代工业社会的捉襟见肘》,单丽玟译,载许玉秀、陈志辉合编:《不移不惑献身法与正义:许迺曼教授刑事法论文选辑》,台北,台湾新学林出版股份有限公司 2006 年版,第 519 页。转引自劳东燕:《过失犯中预见可能性理论的反思与重构》,载《中外法学》2018 年第 2 期。

第三章 归责困境的解决可能：路径归纳与风险评析

涉人工智能犯罪的归责困境是人工智能在事实层面具有的技术风险映射到规范层面所造成的首要风险，即第一性风险。在人工智能过失犯罪领域，人工智能的技术特征、风险特征与传统过失犯罪理论构造之间的抵牾，导致了由行为人过失行为所产生的刑事责任无法归属于适当刑事责任主体的情形。为了应对归责困境，弥补归责间隙，众多刑法学者积极开展以人工智能刑事责任为中心、以消除人工智能归责间隙为目的的人工智能刑法研究。在研究过程中，学者们基于自身对于涉人工智能犯罪归责困境的种种理解，在不同范畴内提出了应对涉人工智能犯罪归责困境的理论进路。而不同应对进路与措施的提倡，对于刑法规范与刑法理论本身又会产生不同程度的影响。在风险社会之下，技术风险逐渐渗透到制度层面，厘清刑法调整涉人工智能犯罪归责困境的路径就是查明技术风险向制度风险转变的进路。

第一节 涉人工智能犯罪归责困境可能的解决路径

为了解决涉人工智能犯罪的归责困境,弥合归责间隙,学者们在充分认识人工智能刑事风险的基础上,纷纷提出了应对之策。笔者经过总结分析,认为可将涉人工智能犯罪归责困境的解决路径归纳为解释论进路、立法论进路和对策论进路。归纳各种归责困境应对方略的理论进路,分析其中的优劣得所,是解决涉人工智能犯罪归责困境的必然要求。

一、解释论进路:恪守传统刑法理论

面对在人工智能过失犯罪领域产生的归责困境,部分论者在尊重刑事立法与主流刑法理论的前提下,运用刑法解释的方法解读涉人工智能犯罪的归责问题,以期在现行法律规范与主流刑法理论的框架内消除刑事责任归属漏洞所带来的规范风险。

(一)解释论进路的基本认识

提倡解释论进路的论者基本上认为,人工智能本身存在的技术特征与衍生的刑事风险对于刑法规范的冲击程度较轻,并不会引发严重的刑法适用困境。即使在过失犯罪领域存在归责间隙,部分刑事责任一时间无法归属于适当的刑事责任主体,那也是因为人工智能在短时间内兴起所导致的刑法规范与刑法理论的“不适应状”,通过对刑法规范进行合理解释,就可以将归责难题消除于现有刑法规范和理论的框架之内。

解释论论者虽然均认同人工智能刑事风险的“缓和性”不会对刑法适用造成严重冲击,但是论者们对于刑法应对涉人工智能犯罪所产生的“不适应状”的程度与表现存在不同理解。其中,有论者认为,刑法应对涉人工智能犯罪的“不适应状”表现在相关传统罪名在文义中并不包括涉人工智

能犯罪。由于规范具有相对滞后的特性，立法者在制定刑法规范时并不存在涉人工智能犯罪的情形，因而对此没有考虑是正常的。但同时规范又具有稳定性，人工智能技术的发展与刑事风险的衍生并未摆脱事物发展的客观规律，也并未超脱刑法规制犯罪行为的基本逻辑。因此，只要运用刑法解释方法将涉人工智能犯罪纳入现行刑法规范相应罪名中即可实现对归责困境的规避。

也有学者认为，刑法应对涉人工智能犯罪的"不适应状"表现在传统预见可能性的要求不适应于涉人工智能犯罪之中。在传统理论中，预见可能性是过失犯罪成立的基础，其要求预见到具体结果与因果经过的基本部分等相对具体的内容，而这种预见标准对于人工智能过失犯罪来说属实偏高，采取此种标准将会造成责任归属的困境。

还有学者认为，刑法应对涉人工智能犯罪的"不适应状"表现在当下对于人工智能设计、生产与使用的前置规范阙如，进而造成注意义务划定的参考标准几乎不存在。注意义务的违反是我国过失理论借鉴德日刑法理论后形成的判断过失犯罪成立的重要内容，而注意义务本身的缺位必然会影响到人工智能过失犯罪的定罪与归责。

（二）解释论进路的应对策略

基于上述基本认识，解释论论者所主张的应对涉人工智能犯罪归责困境的对策往往体现出以下特征和内涵。

1. 在主体构造方面坚守自然人主义立场

解释论论者基于对人工智能刑事风险认识的"缓和"立场，认为人工智能尚未摆脱工具属性，不具有独立意志，缺乏辨认能力和控制能力，只能作为刑法的客体而不能成为刑事责任的主体。因而，在涉及人工智能犯罪的场合，刑事责任最终只能由自然人承担。在这一点上，解释论论者均恪守刑法规范中关于刑事责任的规定和传统刑法理论的主体立场，以自然人作为涉人工智能犯罪刑事责任的承担主体。

2. 在归责原则方面坚守过错责任原则

我国刑法规范中的责任归属原则是过错责任，即刑事责任的承担，必须要求行为人对于危害结果的发生具有主观上的罪过，出于故意或出于过失。如果行为人主观罪过阙如，则即使出现危害结果，也不能将其归属于行为人的行为，行为人不承担刑事责任。仍是基于解释论论者看待人工智能刑事风险的“缓和”立场，其认为人工智能技术并不会对刑法规范和主流刑法理论产生冲击，那么自然不会动摇作为刑事责任归属的基本原则——过错责任原则。在涉人工智能犯罪的场合，刑事责任的归属仍然要考虑行为人的主观罪过，并根据行为人主观罪过的内容决定行为人应当承担的刑事责任。

3. 在具体归责过程中采取有差别的措施

由于在解释论论者内部对于涉人工智能犯罪归责困境的认知具有差异，因而不同论者所采取的应对措施也具有差别。

第一，认为“刑法规范对涉人工智能犯罪的‘不适应状’在于传统罪名无法包含涉人工智能犯罪情形”的论者，主张通过解释将涉人工智能犯罪纳入现有罪名中，以实现刑法规范规制范围的完整。在生产阶段，人工智能的设计者、生产者应当在研发设计、生产制造人工智能的过程中履行法定的保障产品安全的义务，以保证人工智能产品在硬件设施和智能系统上的双重安全性。如果人工智能不符合保障人身、财产安全的相关标准，并且造成严重后果，设计者、生产者极有可能触犯生产不符合安全标准的产品罪。在流通阶段，人工智能的生产者在发现人工智能存在异常、故障的情形时，具有警示和召回义务，以避免缺陷产品致人死伤结果的发生。人工智能产品的生产者在知道或应当知道其生产的人工智能存在缺陷，却未履行召回义务，造成危害结果的进一步扩大的，该生产者至少应当承担过失致人重伤、过失致人死亡的刑事责任。除此之外，人工智能的所有者、使用者应当特别注意遵循人工智能产品的安全操作规范。因违反安全管理义务而发生严重危害后果的，应当由所有者、使用者或者管理者承担相应的过失责任。①

第二,认为“刑法规范对涉人工智能犯罪的‘不适应状’在于传统刑法理论中的预见可能性的要求标准过高,在涉人工智能犯罪中,行为人对具体结果以及因果流程基本事实的预见几乎不可能实现”的论者,为了将刑事责任归属于相应主体,主张采取抽象的预见可能性标准,将预见可能性理解为“大概可能会对人造成危险”的含义。如此,刑法上的预见可能性并不需要对具体事实和因果关系具有具体认知,只要对危险具有抽象感知即可。这种以抽象的预见可能代替具体的预见可能的理论转换就可以较为容易地肯定人工智能设计者、生产者或使用者的预见可能性,也便具有了归责的基础。

第三,认为“刑法规范对涉人工智能犯罪的‘不适应状’在于注意义务及其设定参考标准阙如,导致在涉人工智能犯罪中责任归属出现困难”的论者,主张对人工智能的设计者和制造者设置刑法上的注意义务,并主张对非用以实施犯罪活动的人工智能产品的设计者和制造者设置注意义务时,应当适度拓宽范围,而不应过度限缩。只有当法律法规、国家标准和行业标准、责任人自我承诺、一般社会伦理、职业伦理等设定的注意义务均未被违反,而是由人类认知水平确实无法达到的原因导致产品存在缺陷,进而导致严重危害社会的实害结果发生时,才可以阻却设计者和制造者的责任。② 简言之,即为行为人设定的注意义务,是标准较低、范围较广的注意义务。

(三)解释论进路的理论评析

解释论进路基于对人工智能刑事风险的“缓和”认识,认为人工智能刑

---

① 参见高铭暄、王红:《互联网+人工智能全新时代的刑事风险与犯罪类型化分析》,载《暨南学报(哲学社会科学版)》2018年第9期。

② 参见叶良芳、马路瑶:《风险社会视阈下人工智能犯罪的刑法应对》,载《浙江学刊》2018年第6期。

事风险并不会在根本上冲击到现行刑法规范与主流刑法理论的适用，刑法规范中现有的罪名完全可以规制人工智能过失犯罪，而主流的过失犯罪理论构造同样也能满足过失归责的需要。只不过人工智能作为新型犯罪，现行规范与传统理论暂时出现了“不适应状”，只要通过刑法解释，就能够在规范框架与传统理论中消解所谓的归责风险。这种认识与主张建立在刑法解释论的根基之上，保持着对于刑法规范最大限度的敬畏之心，试图在维护立法现状的前提下，通过解释方法规制新型犯罪，最大限度地保证了与现行刑法规范和传统刑法理论的衔接与贯通，也是消耗“成本”最少的应对路径。

但是，一方面，解释论进路对于人工智能刑事风险对刑罚适用的冲击估计不足，没有考虑到人工智能技术对于传统过失犯构造的诸方面影响，因而试图将涉人工智能犯罪的新场景融入传统罪名与刑法理论的构想只能适用于少部分情形，而无法调整人工智能过失犯罪可能涉及的全部状况，具有局限性。另一方面，部分解释论论者抽象预见可能性、泛化注意义务的调整方式会不当地扩大过失犯的处罚范围，违反了责任主义。将原本具体的危害结果与因果流程的基本经过替换为对于危险的抽象感知，确实克服了人工智能参与犯罪情形下的预见不能的难题。但是在利用人工智能的情形下，人们对于这一崭新器物的应用难免由于未知而产生不安情绪，如果将此种不安感作为成立犯罪的主观要素，则势必会导致过失犯罪惩罚范围的不当扩大。至于注意义务，为人工智能的生产者、制造者、使用者设定注意义务是刑法归责的必然要求，但是如果以极为泛化的标准作为注意义务设定的参考依据，意味着对人工智能研发、生产、使用人员课以畸重的义务与责任，不仅在宏观上不利于人工智能产业的发展，而且违反了责任原则，不利于保障相关人员的合法权益。

二、立法论进路:增设人工智能犯罪

面对在人工智能过失犯罪领域产生的归责困境,部分论者认为当下刑法规范的规制范围无法涵盖新兴的涉人工智能犯罪的有关情形,因而仅仅通过刑法解释的方法并不能有效应对过失犯罪归责困境,只有通过修改刑法规范的立法论方法才能真正消除涉人工智能犯罪的归责间隙。

(一)立法论进路的基本认识

在倡导立法论进路的学者看来,人工智能本身所固有的技术风险与衍生的归责困境的确对刑法规范的适用造成了一定程度的冲击,这种冲击体现在现行刑法规范所确立的责任原则与诸多罪名并不能有效规制涉人工智能犯罪。一方面,如果强行通过刑法解释的方法将一部分涉人工智能犯罪的情形纳入传统罪名中,则会不当地突破文义解释的合理界限,造成类推方式的“复辟”。另一方面,以现行规范规制涉人工智能犯罪,会造成罪名评价、刑罚处罚与涉人工智能犯罪的危害程度不相匹配情形的出现。立法论论者虽然明确了人工智能刑事风险对于刑法规范的冲击,但是也强调这种冲击并未动摇刑法规范的基础与框架,只需要局部调整刑法规范即可应对归责风险。

虽然立法论论者对于人工智能技术风险与刑事风险的认知共识在于风险性质的“中和性”,即人工智能对于刑法规范的适用有所冲击却未动摇其根本,但相关论者对于这种“中和影响”的作用场域又有不同认知。一部分立法论论者认为,由人工智能技术风险所衍生的刑事风险对于刑法规范的冲击与影响在于,现行规范总则确立的责任原则无法满足新情况下归责的需要,即传统的过错责任原则不能适应涉人工智能犯罪的归责需求。另一部分立法论论者认为,人工智能技术风险在规范层面实现的场域在于刑法规范的分则,即现行《刑法》分则所确立的罪名无法准确地评价涉人工智能犯罪的新特征，传统罪名之下设置的刑罚处罚也无法妥当地满足涉人工智能犯罪刑事责任归属的新要求，并由此产生了责任归属的间隙与漏洞。

（二）立法论进路的应对策略

基于上述基本认识，立法论论者在涉人工智能犯罪归责困境应对策略的选择上，往往凸显出以下几个方面的内涵。

1. 在主体构造方面坚守自然人主义立场

立法论论者基于对人工智能刑事风险的“中和”认识立场，认为人工智能尚未摆脱工具属性，不具有独立意志，缺乏辨认能力和控制能力，只能作为刑法的客体而不能成为刑事责任的主体。因而，在涉及人工智能犯罪的场合，刑事责任最终只能由自然人承担。立法论论者所认识到的人工智能归责风险并未触及刑法规范的根本与框架即体现于此。因此，立法论论者同样恪守刑法规范关于刑事责任的规定和传统刑法理论的主体立场，以自然人作为涉人工智能犯罪刑事责任的承担主体。

2. 在归责原则方面动摇过错责任原则

部分立法论论者认为，现行刑法规范所确立的过错责任原则已经无法适应当下人工智能归责的需求，因而主张我国对涉人工智能犯罪适用严格责任原则，通过法律条文明文规定严格责任的适用范围，确立以过错责任原则为主、以严格责任原则为补充的刑事归责体系。关于严格责任的适用主体，即使是主张适用严格责任的论者之间也具有不同的意见。第一种意见认为，严格责任的引入是为了厘清人工智能设计者、生产者、所有者、使用者之间的责任分担，因而上述主体均有可能承担严格责任。以无人驾驶汽车的交通肇事案件为例，在使用者未参与驾驶行为的自动驾驶模式下，使用者因为没有参与驾驶行为，因此排除其未尽到注意义务的责任，依照严格责任原则，应当由无人驾驶汽车的所有者、生产商或者程序设计者承担责任；在使用者部分参与驾驶行为的自动驾驶模式下，使用者虽然可以以未完全参与驾驶排除自己未尽主要注意义务的责任，但依照严格责任原则，使用者在使用过程中出现紧急状态时未能采取及时有效的制动措施防止结果发生，应承担事故的刑事责任。① 第二种意见认为，对于研发者（设计者）采取过错责任原则，对生产者采取严格责任。理由在于，技术研发在投入生产进入市场前，只是躺在实验室中安静的“成果”，它几乎是无害的。“应用”才是一项技术真正生命的开始，正因如此，人们对于科研的态度多为开放的，科学家可以纯粹地进行研究和尝试，但对于产品化与市场化却存有警惕。进入市场的人工智能产品辐射范围广，可能带来的危害性大，在人工智能无法成为刑事责任主体，而被追溯者缺乏主观罪责，且对于危害结果又必须追溯的情况下，严格责任是最合适的选择。②

3. 在《刑法》分则中新增有关罪名

部分立法论论者主张通过立法新增有关人工智能的犯罪来准确规制人工智能所引发的刑事风险，规避涉人工智能犯罪的归责漏洞。立法论论者对于罪名设立的思考，主要分为三类：第一类是设立非法利用人工智能罪。恶意使用人工智能的行为本身已经构成严重危害社会的行为，并且危害实现的可能性高，具有处罚的必要性。③ 因此，应当参照我国刑事立法将网络犯罪的预备行为正犯化并体现为独立罪名的规制方式，借鉴非法利用网络信息罪，增设非法利用人工智能罪，将其作为一项兜底性新罪名，以规制无法以实行行为评价的非法利用人工智能的预备行为。④ 第二类是设立人工智能重大安全事故罪。人工智能应用于公共安全的各个领域时，存在失控并导致事故发生的风险。如果该事故系人工智能的设计者、使用者或相关人员未遵守人工智能管理法规所致，则可通过增设人工智能重大安全事故罪进行处罚。对于人工智能重大安全事故罪，可以增设《刑法》第一百

---

① 参见夏陈婷：《人工智能时代的刑事归责路径探析》，载《法治社会》2019 年第 1 期。

② 参见姜涛、柏雪淳：《谁之责任与何种责任：人工智能的责任模式配置慎思》，载《河南社会科学》2019 年第 4 期。

③ 参见王燕玲、韩蓄：《人工智能体的刑事风险与应对措施》，载《学习与实践》2019 年第 3 期。

④ 参见王燕玲、韩蓄：《人工智能体的刑事风险与应对措施》，载《学习与实践》2019 年第 3 期。

三十九条之二:“人工智能设计者、运营者、使用者违反人工智能管理规定,因而造成重大伤亡事故或其他严重后果的,处三年以下有期徒刑或拘役;情节特别恶劣的,处三年以上七年以下有期徒刑。”[①]第三类是在《刑法》第九章渎职罪中的滥用职权罪、玩忽职守罪中明确规定人工智能监管渎职的犯罪行为,以加大国家机关中监管人员的责任意识。未来人工智能社会化应用将普及,防范滥用人工智能,维护人工智能安全管理秩序将成为智慧社会治理的重要内容。未来需要成立专门的国家管理部门管理人工智能系统的应用活动。[②] 如果这类人员违背监管义务,则需要承担滥用职权或玩忽职守的刑事责任。

(三)立法论进路的理论评议

立法论进路既认识到了人工智能技术风险及其衍生的归责困境对现行刑法规范造成冲击的一面,又认识到了刑法规范和刑法理论本身所具有的对抗风险的“韧性”,因而被称为“中和性”认识。在立法论论者看来,涉人工智能犯罪的归责风险单纯通过刑法解释并不能有效避免,而应当对现行刑法规范进行局部调整,包括在《刑法》总则中确立严格责任原则,在《刑法》分则中增设有关人工智能的犯罪。这种应对方式也具有“中和性”,它一方面增强了刑法规范规制涉人工智能犯罪的能力,另一方面又保证了刑法规范与刑法理论的整体稳定。

但是,立法论进路也具有明显的负面影响。首先,立法论论者试图引入严格责任以减省对于预见可能、因果关系等难以查清的责任因素的考量。但作为严格责任源头的英美刑法与我国刑法基本理论具有较大差异,直接导致了严格责任的适用不符合这一归责原则的本来预期,引起了归责

---

① 李振林:《人工智能刑事立法图景》,载《华南师范大学学报(社会科学版)》2018 年第 6 期。

② 参见王利宾:《弱人工智能的刑事责任问题研究》,载《湖南社会科学》2019 年第 4 期。

原理的混乱。与我国相比，英美国家实施一元的犯罪体系，不区分行政违法行为与犯罪行为。从这一角度考虑，英美国家对某些轻微的违法行为实行严格责任甚至绝对责任，即只要证明行为人实施了某种行为或发生了某种危害后果就处以刑罚，而不考虑行为人是否具有过错，并不会导致多大的不公正，因为这些严格责任犯罪并非"真正犯罪"，在我国根本不受刑法调整，仅仅为行政违法。[①] 如果在我国刑法规范中引入严格责任，则会导致刑事归责的混乱，不仅违背严格责任的初始理念，也有违过错责任原则的基本要求。

其次，立法论论者主张通过立法增设非法利用人工智能罪，将预备行为正犯化，将刑法规范对法益的保护不断提前至欠缺现实侵犯后果的阶段，实际上是通过利用抽象危险犯的构成要件实现刑法对于公民行为的提前干预。[②] 这无疑意味着公民行为自由范围的进一步限缩。

最后，立法论论者主张通过立法增设人工智能重大安全事故罪以及在滥用职权罪、玩忽职守罪中增补有关人工智能监管的款项，一方面与现存的危害公共安全罪、渎职罪中的相关罪名以及规制范围重叠，所增设之罪名除了具备象征意义之外，并没有发挥实际效果。在此，法只是形式意义的存在，而立法者只是为了单纯满足社会期待，通过不断修改刑法宣示国家已经着手采取相应的行动来抗制风险，并逐步将公众所认为的风险纳入象征性立法的法规范体系之中。[③] 另一方面，部分罪名具有"兜底性"条款的性质，对于新兴的犯罪现象制定构成要件限定宽松而覆盖范围广泛的罪名，无疑会不当地扩大犯罪圈，进而导致诸多社会问题，既存在人权保障不足的问题，也会因为刑罚过度干涉民众生活而给普通百姓生活带来不便，

---

① 参见王永杰：《严格责任论：以英美刑法为中心》，载《现代法学》2007 年第 1 期。

② 参见劳东燕：《风险社会与变动中的刑法理论》，载《中外法学》2014 年第 1 期。

③ 参见刘艳红：《象征性立法对刑法功能的损害——二十年来中国刑事立法总评》，载《政治与法律》2017 年第 3 期。

同时司法资源的浪费更是犯罪圈不当扩大带来的必然后果。①

三、对策论进路：构建智能刑法体系

面对在人工智能过失犯罪领域产生的归责间隙，部分论者认为现行刑法规范与传统刑法理论均已失效，由人工智能技术风险所衍生的刑事风险对于刑法适用所造成的影响是结构性的，只有建立人工智能刑法体系才能有效应对归责困境。

（一）对策论进路的基本认识

对策论论者认为，人工智能刑事风险不同于以往任何一种社会风险，其给社会基础生活与法律制度所带来的影响难以通过经典策略消解于传统框架之内。人工智能技术特征以及刑事风险对传统刑法规范与主流刑法理论的诸多方面造成了结构性的冲击与影响。首先，人工智能的发展会动摇犯罪主体的构造基础。随着人工智能技术的发展与应用，未来人工智能将通过深入学习形成与自然人相同的思考过程与自由意志，具备成为法律主体的各项条件。此外，人工智能按照自身独立意志实施危害活动时，对于刑事责任的追究也不允许人工智能的缺位。以人的抽象为基础的法律主体地位构造，可以把法人纳入法律主体之中，按照如此逻辑，智能机器人也可以成为法律主体。② 其次，人工智能的发展会改变行为理论的概念内涵。在传统行为理论中，行为具有三项特征：一是受人的意志支配；二是能够改变、影响客观事物；三是刑法上予以明文禁止。而根据对策论论者关于人工智能的主体认知，自然涉及考虑将人工智能活动视为刑法所规制

---

① 参见储槐植、何群：《刑法谦抑性实践理性辨析》，载《苏州大学学报（哲学社会科学版）》2016年第3期。

② 参见张全印：《机遇与挑战：人工智能带来的刑事风险与刑法应对》，载《中国刑警学院学报》2018年第6期。

的行为,如此一来,必然涉及对于行为的“人的意志支配”属性的突破。最后,人工智能承担刑事责任还存在与传统刑罚体系与刑罚配置的抵牾。传统刑罚体系以自然人为基础构建,无论是报应刑论还是预防刑论都以人的情感感知为必然要素,然而人工智能作为软件与硬件的集合不具有人类感知,因此为其配置刑罚必然涉及对于现行刑罚体系的调整。

总的来看,对策论论者基于人工智能刑事风险对于刑法规范与刑法理论产生的根本性冲击,认为只有从主体理论、行为理论、刑罚理论等刑法规范与刑法理论的基础层面做出调整,才能够有效应对涉人工智能犯罪的归责风险。

(二)对策论进路的应对策略

1. 在主体构造方面放弃自然人主义立场

对策论论者认为,人工智能发展到一定阶段后,完全能够具备独立意志,人工智能体也能够突破其设计者所编制的程序范围进行自主活动。在这一过程中,其所实现的并非设计者的意志而是人工智能通过深度学习所形成的自身意志。在自由意志支配下,如果人工智能实施了犯罪活动,则由此产生的刑事责任不能归属于自然人,而应当由人工智能自身承担。而且,基于自由意志,人工智能具有以辨认能力与控制能力为内容的刑事责任能力,因而人工智能也能够承担刑事责任。基于此,可以参考法人成例,将人工智能纳入刑事责任主体范畴,以实现刑事责任的合理分配,防止归责漏洞的产生。

2. 在归责原则方面采用过错责任原则

对策论论者在刑事责任主体构造上进行了颠覆性的修改,使得人工智能具有承担刑事责任的能力。这部分论者认为,作为刑事责任主体的人工智能,同样具有与人类相同的主观罪过,包括故意与过失。而且人工智能对于刑事责任分配的参与也减省了因果关系、预见可能等归责因素的证明。因此并没有采用严格责任的必要,在归责原则这方面保持了与传统刑法规范及理论的契合。但在责任分配方面,对策论论者构想了人工智能与自然人成立共同犯罪的新情形。在这种情形下,对策论论者主张按照共同犯罪理论考量人工智能与自然人在犯罪中的主客观要素、犯罪参与情形进行定罪量刑。

3. 在刑罚体系方面建立人工智能刑罚体系

既然人工智能具有刑事责任能力,能够承担刑事责任,就必然需要负担刑罚处罚。对策论论者认识到人工智能与自然人和单位存在明显区别,因而我国现行刑罚处罚方式不适用于人工智能。首先,由于人工智能不具有生命,所以现行刑罚体系中的生命刑无法适用于人工智能。其次,由于人工智能不具有人身权,所以现行刑罚体系中的自由刑无法适用于人工智能。最后,由于人工智能不具有财产和政治权利,所以现行刑罚体系中剥夺财产或政治权利的刑罚无法适用于人工智能。① 基于此,对策论论者建议在刑法中针对智能机器人增设删除数据、修改程序、永久销毁等刑罚处罚方式。另外,如果将来相关法律赋予智能机器人财产权或者政治权利,也可以对智能机器人单处或并处财产刑或者权利刑。②

(三)对策论进路的理论评议

对策论论者突出强调了人工智能技术特征及其衍生的刑事风险对于刑法规范的"结构性"冲击,基于这种较为敏感的认识,对策论论者认为只有从根本上变革刑法的主体理论、行为理论、刑罚理论才能有效应对规范层面的归责困境。对策论论者主张放弃传统刑法以自然人为中心的主体构造、以自然人和人工智能作为承担涉人工智能犯罪刑事责任的主体,并为人工智能设定了刑罚体系。可以说,这种全面解构刑法基础的对策的确

---

① 参见刘宪权:《人工智能时代我国刑罚体系重构的法理基础》,载《法律科学(西北政法大学学报)》2018 年第 4 期。

② 参见刘宪权:《人工智能时代我国刑罚体系重构的法理基础》,载《法律科学(西北政法大学学报)》2018 年第 4 期。

能够更有针对性地应对涉人工智能犯罪产生的归责困境。将人工智能纳入归责主体，可以减省诸多待证且难证的归责因素，如自然人对于人工智能活动产生结果的预见可能性、回避可能性。对这部分问题的回避能够直接规避众多归责难题，且人工智能作为责任主体，也使得这部分原本难以分配的刑事责任有了“归宿”。

但是，对策论在取得上述应对效果的同时，也付出了沉重的代价、产生了较大的负面影响。首先，建立人工智能刑法体系的构想并未考虑到其与现行刑法规范和传统刑法理论的衔接问题。一方面，权利义务相统一的原理赋予了人工智能刑事责任主体地位，使之能够承担刑事责任，这就必然要考虑人工智能在刑法规范中的保护问题，即如果针对人工智能实施传统刑法中的侵害行为，应当如何认定这种行为的性质。而对策论论者的相关论述并未涉及刑法规范对具有主体地位的人工智能的保护。另一方面，在法律体系上，人工智能刑法与传统刑法规范是什么关系，人工智能刑罚体系与传统刑罚体系有怎样的联系等问题均没有得到对策论论者的充分论证与说明。在这种情形下，如果贸然赋予人工智能刑法主体地位，建立人工智能刑罚体系，必然会造成刑法规范的分裂与刑法理论的混乱，不仅不利于涉人工智能犯罪归责困境的解决，而且会影响到刑法对大量传统犯罪的治理。

其次，将人工智能纳入刑事责任主体范畴，使之为自身的“犯罪活动”承担刑事责任，并为其设置刑罚的一系列构想，相比于解决现实归责难题，实际上更加倾向于安抚社会公众情绪的政策主义。具体而言：在对刑法规范的态度上，对策论论者以是否有利于社会治理为评判标准。在对立法目的的讨论上，刑法的实用效果不再是对策论论者首要的考虑因素，是否具有安抚性的社会目的开始成为他们首先考虑的问题。在对法律使用主体的考察上，法律不再单纯是国家用以管理社会的手段，也逐渐成为民众用以维护自身安全的工具，在这种情形下，刑事立法对策的提出必须兼顾满足社会公众的内在需求，因而连带性地产生了安抚公众情绪的新价值，而这都是新刑法工具主义的走向。① 刑法工具主义走向极易导致刑法立法正当性的欠缺、刑法立法的无价值以及刑法立法谦抑性的贬损。② 因此,对于对策论中的工具主义走向,必须予以警惕。

第二节 涉人工智能犯罪归责困境解决的风险评析

从不同程度与层面解释传统刑法的方式,在试图弥合归责间隙的同时,注重对于传统刑法体系的稳定的维护,但虚化、抽象预见可能与注意义务的做法使涉人工智能犯罪不断滑向抽象危险犯的应对方式,并未在根本上克服意志归责的弊端,而只是一种"委曲求全"的妥协。人工智能刑法体系的倡导则以全面突破传统刑法理论为代价追求一劳永逸地解决归责风险,虽然赋予人工智能以刑事责任主体地位并为其配置相应刑罚这种措施的确可以在一定意义上明确区分自然人与人工智能之间的行为,并可使行为人免于承担对人工智能行为的结果预见和结果回避义务,避免预见不能的根本弊端,但不容忽视的是这一应对路径会引起更为剧烈的刑法理论体系的动荡。因此,无论是相对保守的刑法解释、立法进路,还是较为激进的建立人工智能刑法体系进路,在试图弥合归责间隙的同时都会诱发新的刑法风险,由涉人工智能犯罪归责困境(第一性风险)所诱发的人工智能刑法体系风险(第二性风险)对于传统刑法规范与理论的冲击,相比前者有过之而无不及。因此,在试图解决涉人工智能犯罪的归责困境之时,必须认识到应对措施所衍生的更为隐蔽的第二性风险。

姜涛教授在《社会风险的刑法调控及其模式改造》一文中对风险刑法的双重刑法风险进行了详细分析。在姜涛教授看来,风险刑法的刑法风险一方面体现在规范之外,即刑法的风险走向造成了刑法体系的功能紊乱;

① 参见魏昌东:《新刑法工具主义批判与矫正》,载《法学》2016 年第 2 期。

② 参见魏昌东:《新刑法工具主义批判与矫正》,载《法学》2016 年第 2 期。

另一方面体现在规范之内,即刑法的风险走向导致了罪刑关系的结构失偏。[①] 与风险刑法的刑法风险相同的是,由涉人工智能犯罪归责困境所引发的人工智能刑法体系风险同样是对于刑法风险的研究与讨论,且人工智能刑法研究本身即开展于风险社会中,自然也带有明显的风险刑法的烙印。因此,姜涛教授关于风险刑法的刑法风险的研究成果与思路对于本节结构的搭建与内容的填充具有非常重要的启示意义,笔者也将以风险实现领域为划分标准讨论人工智能刑法的体系风险。

一、规范内风险:传统责任要素的变迁

所谓规范内风险,是指为应对涉人工智能犯罪归责困境所采取的诸多理论进路对刑法规范的内部价值与内涵基础造成的影响。在刑事责任范畴,宏观的责任原则以及具体责任要件共同构成了归责要素,实现刑事责任的有效分配,必然需要在责任要素层面实现事实与规范的契合。因而可以说,责任要素所确立的标准或规范,直接影响犯罪成立边界与刑法规制范围。在涉人工智能犯罪归责困境的纾解过程中,论者们为实现责任的有效分配采取对策方法对刑法体系内部责任要素进行了不同程度的调整。这些调整所导致的传统责任要素的变迁,虽然可以在一定程度上弥合归责间隙,但也会造成过失犯罪成立标准的嬗变,导致大量原本不属于刑法规制范围的行为被纳入犯罪圈进行考量,由此引发刑法规范的体系性风险。而由纾解归责困境引发并诱导刑法体系风险的传统责任要素变迁体现在以下四个方面。

(一)预见可能的抽象化

为纾解人工智能自主操控特征影响下行为人预见不能所诱发的归责

---

① 参见姜涛:《社会风险的刑法调控及其模式改造》,载《中国社会科学》2019 年第 7 期。

困境,解释论论者主张以抽象的预见可能性替代传统理论所要求的相对具体的预见可能判断标准,以克服对具体结果以及因果流程等基本事实预见不能所导致的归责困境。由此引发的问题是,在维持传统刑法规范不变的情况下,这种抽象化的预见可能判断标准是否适用于传统过失犯罪?如果适用于传统过失犯罪,那么抽象化的预见可能判断标准会降低过失犯罪的成罪条件,导致原本由传统预见可能判断标准所排除的归责情形被纳入犯罪范畴之中,扩大过失犯的成立范围。而且这种以实现某一类型犯罪归责为目的调整过失责任要素,并造成过失犯罪成立范围的整体扩大的路径不具备正当性与必要性。如果不适用于传统犯罪,那就必须回答为什么只有在涉人工智能犯罪这种新情形下适用抽象的预见可能判断标准,而在传统过失犯罪中却排除适用?以在涉人工智能犯罪情形下对于行为人的预见可能性判断困难为由,显然不具有足够的说服力,因为这本身不是对问题的解决而是一种消极的回避态度。可见,规范内的预见可能抽象化不仅会削弱预见可能的明确性,扩大过失犯罪成立的范围,还会造成刑法规范适用的理论割裂,不利于刑法解释的体系构建与解释说服力的维持。

(二)侵害结果的边缘化

在传统刑法中,危害结果是法益受到犯罪行为侵害的直接体现,因此其对于行为人行为的定性与处罚的定量十分重要。然而,随着人工智能普遍融入社会基础生活,由人工智能所引发的犯罪危害范围日益广泛、危害结果愈加严重。尤其是在具有危险性的重要工业、生物领域,对于人工智能的利用与依赖程度不断加深,一旦由于人工智能的某些原因发生危险,那么这种危害后果是人类难以承受的。为此立法论论者主张设立非法利用人工智能罪以实现提前预防,在其立法设想中,非法利用人工智能罪是一项抽象危险犯,并不需要具体危害结果的发生即可成立犯罪。实际上,在涉人工智能犯罪的立法建议中,这种设立抽象危险犯的应对方式反映出侵害结果边缘化的趋势,即在涉人工智能犯罪的设想中,危害结果不再是犯罪成立与责任归属的必要条件。在定罪与归责中，侵害结果的边缘化反映了应对思路的如下走向。①

其一，涉人工智能犯罪的立法构想表征了刑法规范从结果本位转向行为本位。所谓的结果本位，是指行为造成的危害结果是构建罪刑规范与刑法理论的逻辑起点，而立法论论者在设置非法利用人工智能罪时以行为人的犯罪行为作为罪刑基础，这意味着立法构想的行为本位转变。由结果本位向行为本位的转变意味着刑法预防功能逐渐被重视，这不仅是对传统政治自由主义哲学的重大偏离，也表征着结果本身在刑法体系内重要性的下降。②

其二，涉人工智能犯罪的立法构想表征了刑法规范对群体型法益的保护逐渐加强。同样是考虑到涉人工智能犯罪危害结果的波及范围广泛，相比于个人法益，由众多个人法益所集合而成的群体型法益更加吸引立法论论者的关注。而在侵害群体法益的犯罪中，其危害结果相比于个人受害结果而言往往更加抽象，不易把握，这也是立法论论者试图放弃实害结果作为成罪条件这一立场的原因所在。

其三，涉人工智能犯罪的立法构想表征了刑法规范对法益保护的提前化。为了最大限度地避免性质严重的涉人工智能犯罪危害结果的发生，立法论论者采用抽象危险犯的方式将刑法规范对法益的保护提前至危害结果发生之前，这体现了在立法论论者的立法构想中存在着将刑法保护不断前置的趋势。从表面来看，立法论论者是在传统刑法规范的框架下，通过增设少量具体罪名的方式来应对涉人工智能犯罪的归责风险，但是其所反映的理论取向实际上是对于刑法谦抑性的根本背离。

（三）因果关系的减省化

因果关系是赋予客观行为与事实结果以规范意义的重要因素，也是刑

---

① 参见劳东燕：《风险社会与变动中的刑法理论》，载《中外法学》2014 年第 1 期。

② 参见劳东燕：《犯罪故意理论的反思与重构》，载《政法论坛》2009 年第 1 期。

事责任溯及于行为人的逻辑脉络。尤其是对于以结果发生为成立条件的过失犯罪而言,因果关系的查明与证成更是直接关系到犯罪成立与责任分配。在涉人工智能犯罪的场景中,因果关系复杂隐蔽,因果流程难以查明,为了使责任能够归属于相关责任主体,解释论论者试图在归责的过程中简略或直接省去因果关系的证明与讨论。

哈特总结了判断法律责任根据的三个标准:行为、因果关系、过错,并认为这三个方面因素的纵横交叉,就至少引出了七种法律责任根据:一是必须证明行为、因果关系和过错;二是必须证明行为和因果关系;三是必须证明行为引起了损害并有过错;四是必须证明行为引起了损害;五是必须证明行为和过错;六是只需证明有行为;七是过错和行为造成或者引起损害都不需要证明。[①] 第一种代表的是传统的刑事责任根据模式,成立犯罪不仅要证明行为人的行为造成相应的危害结果,而且必须证明行为人对行为的实施与危害结果的出现具有主观上的罪过。第三种至第六种则降低或去除了因果关系的要求。[②] 实际上,除了第一种、第二种之外,其他的责任根据模式再也未提及过结果,对于因果关系的考量也只剩下原因,而排除了结果,以此作为责任根据,归责的重心自然也由因果责任转向原因责任。

立法论论者的应对措施,一方面,在非法利用人工智能罪的立法构想中采用抽象危险犯的模式,刑事责任的成立与承担无须危害结果的存在,因此完全否定了因果关系在刑事责任认定中的作用;另一方面,在监督过失犯罪的设想中,虽然维持了因果关系作为归责要素的地位,但通过降低因果关联性的要求,放松了因果关系作为责任根据的制约作用。[③] 劳东燕教授在论述风险社会中的刑法走向时曾言:“人们或者是通过改变结果的外延而将危险也视为结果,由此消解因果关系的证明要求;或者干脆放松

---

① 参见[美]H. L. A. 哈特、托尼·奥诺尔:《法律中的因果关系》(第 2 版),张绍谦、孙战国译,中国政法大学出版社 2005 年版,第 11 ~ 13 页。

② 参见劳东燕:《风险社会与变动中的刑法理论》,载《中外法学》2014 年第 1 期。

③ 参见劳东燕:《风险社会与变动中的刑法理论》,载《中外法学》2014 年第 1 期。

行为与结果之间的关联性要求本身，认为较低的关联程度即足以成立刑法上的因果关系。"[①]这无疑是对立法论论者所采取的归责风险应对措施的生动写照。

（四）过错责任的局部化

对于行为人的行为，只有在以责任能力以及故意或过失为要件能够对行为人进行非难时才肯定该行为人之责任。[②] 这既是责任正当化的根据，也是责任归属范围的限制。然而，在人工智能过失犯罪中，愈加精细化的分工体系与技术融通导致了对行为人在其支配领域内的主观心态的判断存在困难，前置规范的缺失不利于通过考察行为人的客观行为是否违背注意义务来推论其主观上的违法性。对此，立法论论者主张在《刑法》总则中确立严格责任原则，以实现对于相关责任主体的刑事责任的划分与归属。严格责任的引入，意味着过错责任不再是刑法理论中的普遍责任模式。在立法论论者的应对措施中，预防已经被纳入了责任内容，由此在有必要重新审视责任主义并非万能这一事实的认识之下，以预防作为责任产生以及承担的根据自然放松了对于行为人主观罪过的要求。但与英美法系刑法中的严格责任的确立不同，由于我国刑法规范并不单独区分所谓的行政刑法，因而在《刑法》总则中确立严格责任势必造成其与过错责任的并立。在这种情形下，过错责任由普遍性转向局部化，虽然并未排除其适用，但实际上意味着刑法规范中刑事责任的归属对于过错的放弃，这会造成大量原本应由《治安管理处罚法》等前置法调整的行为涌入刑法规制范畴，不当扩张了犯罪圈并强化了行为评价的严厉程度。

---

① 劳东燕：《风险社会与变动中的刑法理论》，载《中外法学》2014 年第 1 期。

② 参见［日］甲斐克则：《责任原理与过失犯论》，谢佳君译，中国政法大学出版社 2016 年版，第 1 页。

二、规范外风险：刑法体系功能的紊乱

刑法是一个完整的系统。安全、公平与正义等规范外要求，是刑法发挥预防犯罪的正面效果而又不至于对社会形成负面影响的基本条件。[①] 预见可能的抽象化、侵害结果的边缘化、因果关系的减省化、过错责任的局部化等责任要素的变迁，不仅在刑法规范内部瓦解着传统理论的根基，也在刑法规范之外对刑法体系、刑事责任与刑罚制度的价值追求造成了冲击，由此形成了人工智能刑法体系风险的深层展现。

（一）冲击刑法体系的安全性

刑法体系的安全性表现在两个方面，一是刑法体系的稳定性；二是刑法规范对于公民自由的保障。刑法体系的稳定性是相对于刑法规范自身而言的安全，作为一种犯罪控制工具，刑法系统需要保持相对恒定。虽然社会安全形势面临危机时刑法应有所调整，但仍需以原处的设定为基础，这才能确保刑法体系的安全性。[②] 刑法规范对于自由的保障是相对于接受刑法规范制约的公民而言的安全。古典的犯罪体系呈现独特的双面形象，一方面通过刑罚处罚条件上的客观主义与形式主义来最大限度地保障法安全，另一方面又借助行为人导向的制裁体系最大程度地实现合目的性。[③] 在罗克辛看来，体系整体的社会目的、与犯罪作斗争的刑法任务的实现属于刑事政策的机能，而法律的平等适用和保障个体自由免受“利维坦”干涉的“法治国—自由”的机能则归属于刑法。[④] 刑法体系的安全性，实际上是

---

① 参见姜涛：《社会风险的刑法调控及其模式改造》，载《中国社会科学》2019 年第 7 期。

② 参见姜涛：《社会风险的刑法调控及其模式改造》，载《中国社会科学》2019 年第 7 期。

③ 参见劳东燕：《风险社会与变动中的刑法理论》，载《中外法学》2014 年第 1 期。

④ 参见[德]克劳斯·罗克辛：《刑事政策与刑法体系》（第 2 版），蔡桂生译，中国人民大学出版社 2011 年版，第 4 页。

刑法规范惩罚犯罪与保障人权的平衡点之所在，在人工智能刑事风险的应对过程中，只有保证刑法体系的安全，才不至于在规避风险的同时创造新的风险。

然而事与愿违，解决人工智能归责困境所采取的理论进路在规范内所引起的责任要素的变迁对于刑法体系的安全性产生了或多或少的冲击，如果将各种进路统称为人工智能刑法策略，那么这种策略在整体上则直接威胁到了刑法安全的根基。具体分析如下。

其一，试图建立人工智能刑法体系的应对策略直接违反了刑法稳定性的要求。无论是主体理论、行为理论还是责任理论，人工智能刑法与传统刑法规范总是格格不入的，不仅难以协调，而且会造成规范与理论的分裂。试想，果真建立起人工智能体与自然人共同作为刑事责任主体的刑法规范体系，必然导致公民对于刑法规范认识的混乱，不但公民在短时间内无法运用刑法规范指导自身行为，也会造成公民在不知法、缺乏违法性认识的情形下被定罪处罚现象的普遍发生。如此，主张建立人工智能刑法以规制人工智能刑事风险的美好愿景却带来了侵蚀公民权益的负面效果，不能不说是破坏刑法规范稳定性所必然产生的后果。

其二，解释论与立法论的理论进路所采取的解释、立法策略集中体现为抽象预见可能性的判断标准，削弱危害结果对定罪归责的限制作用，减省因果关系的证明必要。大量以“抽象危险”为核心的解释与立法方法无不体现了应对措施的预防偏向。刑法本来是被限制在保护个人化法益以免受侵害这样的任务上的，人们也将这种刑法称为服从于法治国家这一导向的刑法。可是，当下涉人工智能犯罪归责风险的应对以及人工智能刑法体系的构建越来越偏离这种“法治国家导向”了。① 面对人工智能刑事风险的来临，人们在享受技术便利的同时越来越陷入对于“智能危害”的担心

① 参见［德］沃斯·金德豪伊泽尔：《适应与自主之间的德国刑法教义学——用教义学来控制刑事政策的边界？》，蔡桂生译，载《国家检察官学院学报》2010 年第 5 期。

与恐惧,出于对未知与不确定的忧虑,人们宁愿牺牲一部分自由以换取所谓的安全。为了实现将危险扼杀在萌芽状态的目的,刑事立法与教义学共同作用不断将可罚性的标准往前推移,在个人法益尚未受到实际侵害的场合,刑法就被认为应当提前予以保护。① 而这种预防走向的刑法应对策略在不断扩张刑法防卫线的同时,对自由主义也构成了严峻的挑战,冲击着传统刑法保障公民自由的基本理念。致力于维系安全的刑法走向却引发了刑法体系的安全性风险,不得不说是一种带有戏剧性的遗憾。

(二)弱化刑事责任的公平性

刑事责任是连接犯罪与刑罚的理论桥梁,通过对行为人犯罪行为、犯罪结果等因素的考察,确定行为人的刑事责任,并根据其刑事责任确定刑罚是由事实描述向规范评价转变的过程。我国刑法中存在着一项重要的基本原则,即罪责刑相适应原则。刑罚的轻重,不仅要与罪行的轻重相适应,还要与承担的刑事责任的轻重相适应。作为罪行与刑罚连接的理论桥梁,刑事责任本身在规范之上还具有公平的价值追求与属性。刑事责任的公平性体现在"重罪重罚、轻罪轻罚、罪刑相称、罚当其罪"。刑事责任的公平性来源于责任原理的要求,在责任主义的要求下,刑事责任的承担要求行为人具备两项必要因素——罪行与罪过。罪行是指行为人在客观上所实施的犯罪行为,罪过是行为人在主观上所具有的故意或者过失的心理要素。对于犯罪行为的客观实施与犯罪过错的主观契合都表明行为人对于犯罪流程与犯罪结果的控制,正如胡萨克所言:"人们只应对那些他们具有控制程度的事态承担刑事责任。"②

在解决人工智能归责困境的理论进路中,立法论与对策论引入严格责任和赋予人工智能刑事责任主体地位等措施,造成了弱化刑事责任公平性

① 参见劳东燕:《风险社会与变动中的刑法理论》,载《中外法学》2014 年第 1 期。

② [美]道格拉斯·胡萨克:《刑法哲学》,姜敏译,中国法制出版社 2015 年版,第 60 页。

的后果,使得原本应当承担刑事责任的主体免于担责,或者对不具有主观罪过的主体强制科加刑事责任,这都是对责任公平性的违背。

具体而言,立法论论者主张引入的严格责任排除了过错对于归责的重要限制,根据传统刑法的责任观念,刑罚的施加必须具有正当性。既然刑罚的施加会违背重要的有价值的权利,因此证明刑事禁令正当性的标准必须很高。任何被大家认可的正当的刑罚必须具有该当性,这是前提条件。而作为刑罚前提的该当性要求被告有可谴责性和过错。① 从这种意义上而言,严格责任使对犯罪发生不具有主观上的认识和控制因素的人承担由认识和控制作为存在基础的刑事责任,明显是有违责任主义与公平性的,因此,刑法中的严格责任永远是不公正的。对策论论者通过赋予人工智能体刑事责任主体地位使其承担刑事责任的方式,回避了对于行为人注意义务的烦琐论证,斩断行为人与人工智能体活动之间的预见及回避关联,使行为人可以轻易开脱涉人工智能犯罪的刑事责任,导致“有组织不负责任”状况的发生。如是,违反了注意义务,实施了相应犯罪行为的行为人却因人工智能体的“李代桃僵”而脱逸于刑事责任的承担,这是对刑事责任的正义基础的根本性背离。

(三)动摇刑罚制度的正当性

刑罚作为国家减损公民有价值的权利的强制手段,不仅能够罚没公民财产利益,而且可以限制公民人身自由甚至剥夺公民的生命。因此在有关刑罚的理论研究中,刑罚制度的正当性一直是论者们探究的重要话题。根据曾根威彦教授的观点,刑罚制度的正当性包括刑罚制度的正当化根据与行使刑罚权的正当性两个层面。②

在刑罚制度的正当化根据上,历来的理论主张有三种。一是报应刑论

① 参见[美]道格拉斯·胡萨克:《刑法哲学》,姜敏译,中国法制出版社 2015 年版,第 60 页。

② 参见[日]曾根威彦:《刑法学基础》,黎宏译,法律出版社 2005 年版,第 53 ~ 55 页。

的观点,认为刑罚制度的正当化根据在于刑罚所具有的报应机能之上,其以实现报应正义的形式,将正义理念作为理论的基础。二是改造刑论的观点,认为刑罚只在能具有预防犯罪或者教育犯罪人之类的特定成果或利益时,才能考虑为正当。三是抑止刑论的观点,认为作为刑罚报应的犯罪抑制效果,即通过确认、强化威吓乃至规范意识,防止一般国民实施犯罪,或者让已经犯罪的人不要再次犯罪,这就是刑罚存在的正当理由。① 实际上,无论是哪种刑罚目的的实现,均以自然人的生理与心理感知作为基础,如报应刑论实际上是让行为人感受犯罪给他人带来的痛苦之程度相当的痛苦;改造刑论所提倡的预防犯罪以及教育行为人的实现也以自然人的情感感知为前提;抑止刑论中论及的心理强制则更需要行为人对于受刑痛苦与犯罪快感具有感受和预知,才能实现心理上的选择。

在行使刑罚权的正当性方面,为了说明刑罚是正当手段,其行使必须满足以下三个条件。一是必须是在为了保护市民安全而不得不适用刑罚手段的场合,即刑罚的必要性。二是刑罚在防止犯罪方面必须有效,即刑罚的有效性。三是刑罚的适用以及执行在伦理上必须妥当,即伦理的妥当性。②

在对策论进路中,论者基于人工智能作为刑事责任主体、能够承担刑事责任的构想,为人工智能设计了刑罚体系。然而,不具有生理感知与心理感知的人工智能对于所谓的"删除数据、修改程序、彻底销毁"会有怎样的认知则不可以凭借想象与拟制得出结论。根据现实的情况,虽然人工智能在某些能力上已经超越人类,但其无法具有人类的生理与心理感知。在这种情形下,对于人工智能施加刑罚,根本无法实现刑罚之目的。在报应方面,人工智能无法感知痛苦,对其施加刑罚也起不到报复的作用;在改造方面,对于人工智能实施删除数据、修改程序,虽然会在客观方面改变人工

---

① 参见[日]曾根威彦:《刑法学基础》,黎宏译,法律出版社2005年版,第50~52页。

② 参见[日]曾根威彦:《刑法学基础》,黎宏译,法律出版社2005年版,第54页。

智能,但这种物理上的改造只相当于对犯罪工具的没收,并非在精神层面使其产生了放弃犯罪的意图;在抑止方面,刑罚所带来的痛苦并不会引起人工智能的“心理强制”,更无法使其感受犯罪快感与受刑痛苦,进而作出理性选择。无法实现报复和发挥预防作用的刑罚缺乏实施的正当性基础,所以说人工智能刑法应对进路关于刑罚的构想会动摇刑罚制度的正当性。

在对人工智能行使刑罚权的正当性方面,对策论论者的刑罚构想完全属于对于犯罪工具的处理,对于犯罪工具的相关处理无须也不必上升到刑罚层面,因而不具备必要性。退一步讲,对于人工智能施加所谓的刑罚就能从根本上预防涉人工智能犯罪的发生吗?笔者认为未必,涉人工智能犯罪的主导因素仍然在于自然人之上,单纯对于犯罪工具进行改造并不能从根本上起到预防作用,因而不具备有效性。此外,人工智能的非人属性决定了在人工智能内部并不涉及伦理,自然也谈不上所谓的伦理妥当。因此,对人工智能行使刑罚权,自然会违背刑罚权行使的正当性。

人工智能归责困境的可能解决路径在刑法规范的范畴之外冲击了刑法体系的安全性,弱化了刑事责任的公平性,动摇了刑罚制度的正当性,对于刑罚体系功能的实现产生了严重影响。在这种情形下,刑法规范不但不足以应对涉人工智能犯罪的归责难题,还会衍生解构刑法安全、公平、正当的基础性风险。

第三节 基本结论

人工智能在事实层面所具有的技术风险映射在规范层面,表现为涉人工智能犯罪的归责间隙。也就是说,在人工智能过失犯罪领域,人工智能的技术特征、风险特征与传统过失犯罪理论构造之间的抵牾,导致了由行为人过失行为所产生的刑事责任无法归属于适当刑事责任主体的情形。面对这种情形,学者们在不同层面与范畴提出了应对涉人工智能犯罪归责风险的理论进路,以期有效弥合人工智能过失犯罪的归责间隙。

第一,解释论进路。解释论论者认为,人工智能本身存在的技术特征与衍生的刑事风险对于刑法规范的冲击程度较轻,在过失犯罪领域存在归责间隙是因为人工智能在短时间内兴起所导致的刑法规范与刑法理论的"不适应状"。这种"不适应状"一方面体现为在相关传统罪名在文义中并不包括涉人工智能犯罪;另一方面体现为传统理论中的预见可能性判断标准过高;还有一方面体现为关涉人员注意义务划定参考标准以及注意义务本身的暂时缺位会对归责造成影响。基于这种认识,解释论论者在坚持自然人主体立场、过错责任原则的基础上,主张通过解释将涉人工智能犯罪纳入现有罪名中,以实现刑法规范规制范围的完整;采取抽象的预见可能性标准,将预见可能性理解为"大概可能会对人造成危险"的感知,为人工智能关涉人员设置标准较低、范围宽泛的注意义务,以实现归责间隙的弥合。

第二,立法论进路。立法论论者认为,人工智能本身所固有的技术风险与衍生的刑事风险对于刑法规范的适用的确造成了一定程度的冲击,这种冲击体现在现行刑法规范所确立的责任原则与诸多罪名并不能有效规制涉人工智能犯罪。具体包括"传统的过错责任原则不能适应涉人工智能犯罪所带来的新的归责情形"和"现行刑法规范分则中所确立的罪名无法准确地评价涉人工智能犯罪的新特征"。基于这种认识,立法论论者主张在《刑法》总则中确立严格责任,以避免对部分难以证明的归责因素的纠结,直接确定关涉人员的刑事责任;或在《刑法》分则中新增非法利用人工智能罪、人工智能重大安全事故罪等罪名以填补归责的法律依据空白。

第三,对策论进路。对策论论者认为,人工智能技术特征以及刑事风险对传统刑法规范与主流刑法理论的诸多方面造成了结构性的冲击与影响。表现在人工智能的发展会动摇犯罪主体的构造基础、改变行为理论的概念内涵、抵牾现行规范的刑罚体系。基于这种认识,对策论论者放弃了对于自然人主义刑法主体观的坚持,主张将人工智能纳入刑事责任主体的范畴,为基于其自主意志实施的犯罪行为承担刑事责任,并考虑到人工智能与自然人构成共同犯罪情形下的刑事责任划分。在此基础上，进一步建议设立人工智能刑罚体系，增设删除数据、修改程序、永久销毁等刑罚处罚方式。

解释论进路、立法论进路和对策论进路在试图弥合归责间隙的同时都会诱发新的刑法风险，由涉人工智能犯罪归责困境（第一性风险）所诱发的人工智能刑法体系风险（第二性风险）对于传统刑法规范与理论的冲击，相比前者有过之而无不及。

人工智能刑法体系风险首先表现为规范内风险，即造成了传统责任要素的变迁，具体包括四个方面。其一，预见可能的抽象化。规范内的预见可能抽象化不仅会削弱预见可能的明确性，扩大过失犯罪成立的范围，还会造成刑法规范适用的理论割裂，不利于刑法解释的体系构建与解释说服力的维持。其二，侵害结果的边缘化。抽象危险犯的设立表征着侵害结果在归责要素中的边缘化，这意味着风险应对进路存在着由结果本位转向行为本位、加强群体法益保护、法益保护提前化的趋势，这实际上是对传统刑法理论的根本背离。其三，因果关系的减省化。在非法利用人工智能罪的立法构想中，抽象危险犯的模式完全否定了因果关系在刑事责任认定中的作用；在监督过失犯罪的设想中，虽然维持了因果关系作为归责要素的地位，但通过降低因果关联性的要求，放松了因果关系作为责任根据的制约作用。其四，过错责任的局部化。在总则中确立严格责任，过错责任由普遍性转向局部化，实际上意味着刑法规范中刑事责任的归属对于过错的放弃，如此必将造成理论上的混乱。

人工智能刑法体系风险还表现为规范外风险，即造成了刑法体系功能的紊乱。其一，冲击刑法体系的安全性。应对涉人工智能犯罪归责间隙的刑法解释、立法进路中的虚化注意义务、抽象行为危险以及扩大犯罪圈的方式，无不暗合了保障安全与规避风险的风险刑法发展趋势，刑法的社会控制机能在预防走向中不断得到强化，其虽利于社会安全的维护，但代价却是损害限制国家刑罚权扩张的自由保障机能，降低了刑法自身的安全性系数。[①] 其二,弱化刑事责任的公平性。立法论论者主张引入的严格责任排除了过错对于归责的重要限制,使对犯罪发生不具有主观上的控制因素的人承担刑事责任,有违责任主义与公平性。对策论论者赋予人工智能体刑事责任主体地位使其承担刑事责任,会导致“有组织不负责任”状况的发生,违反了注意义务、实施了相应犯罪行为的行为人却因人工智能体的“李代桃僵”而脱逸于刑事责任的承担,这是对刑法基本原则的根本性背离。其三,动摇刑罚制度的正当性。无论是报应刑论还是抑止刑论,其实现报复与预防的基础在于自然人的情感感知。而人工智能体不具有人类情感,无法感知痛苦与快乐,对其施加刑罚并不能实现同态报复,也不能引起人工智能体的“心理强制”,无法实现报复和发挥预防作用的刑罚缺乏实施的正当性基础。同时,对于人工智能行使刑罚权既缺少必要性、有效性,也不具备伦理的妥当性,所以说人工智能刑法应对进路关于刑罚的构想会动摇刑罚制度的正当性。

① 参见姜涛:《社会风险的刑法调控及其模式改造》,载《中国社会科学》2019 年第 7 期。

第四章　刑法回应涉人工智能犯罪归责困境的立场遴定

涉人工智能犯罪归责困境是人工智能技术风险在刑法规范层面所引发的理论难题，有效解决涉人工智能犯罪的归责困境需要在宏观层面明确解决困境的基本立场，立场的合理选择不仅可以指导具体困境解决路径的规划，使应对措施与传统刑法规范、理论有效衔接，保证刑事归责的有效实现，还能够避免困境解决落入引发风险的窠臼，维护刑法体系的安全与统一。关于基本立场的遴定，需要具体回应应对智能风险所持的责任主体观、刑法应对风险的姿态与刑法调整的价值追求三方面问题。

第一节　排除人工智能的责任主体地位

刑法作为调整社会关系的规范，其引导、约束的重心始终在于作为社会关系主体的自然人之上。因此，“以人为根本与核心”的思想被深深地烙印在各国刑法的思想与观念中。反观现代刑法的发展历程，无论是启蒙运动时期为打破教廷神权法统治樊篱的孟德斯鸠、格劳秀斯、霍布斯等人所主张的以人的角度重新审视法律，将法律从天上拉回人间的思想，还是18世纪以贝卡利亚、费尔巴哈、康德等学者为代表的刑事古典学派所主张的刑罚人道主义、意志自由论、道义责任论等，无不体现了以人为思考的根本以及对人本身的尊重。即使是以反对旧派观点的龙勃罗梭、菲利、李斯特等学者为代表的刑事社会学派也没有偏离以人为中心的研究模式与理论架构。①

及至晚近，人处于法律关系主体的中心地位这一理念始终没有被动摇。然而，人工智能技术的发展及刑事风险的衍生产生了归责间隙，为此部分论者主张放弃刑法的自然人主体观，将人工智能作为刑事责任主体，赋予其法律人格使其具有主体资格进而参与到刑法规范所调整的社会关系之中。这种思想无疑是中世纪欧洲动物审判的情景再现，相比于动物审判将一些由动物引起、难以解释的事件诉诸法院，以平息人们对未知的恐惧，②人工智能承担刑事责任不过是将动物替换为科技产物以满足人类借以解释未知事件、发泄情绪、确立尊严的道具。

回到人工智能本身，其能否作为刑事责任主体，不仅需要在事实层面考察人工智能的运作机理与发展脉络等问题，还需要在规范层面与价值层面分析其是否具备相应的条件与必要。只有在上述层面厘清人工智能能不能、应不应、需不需成为刑事责任主体，才能准确地回答刑法在调整涉人工智能犯罪时主体观的选择问题。

一、事实层面：人工智能不能成为刑事责任主体

自然人具备刑事责任主体的资格毋庸置疑，因此，无论是论证人工智

① 参见王殿宇：《人工智能刑事主体资格之否定及其进路》，载《广西大学学报（哲学社会科学版）》2019年第5期。

② 参见戴锦澍：《人工智能刑事责任主体地位辨析——从中世纪动物审判到人工智能主体性论争》，载《东北农业大学学报（社会科学版）》2019年第3期。

能能够成为刑事责任主体还是论证其不能成为刑事责任主体,在事实层面对比人工智能与自然人的异同无疑是最便捷的论证路径。基于这种理解,在事实层面考察人工智能的运作机理、根本属性与发展脉络,从中探知人工智能与自然人分野抑或趋同的本质,无疑是在事实层面探究人工智能是否具备成为刑事责任主体可能的有效方式。

(一)人工智能运作机理考察①

要掌握一项科学概念必须清楚它的三个功能,第一个功能是概念的指物功能,即指向客观世界的对象,表示客观世界对象的可观测性。第二个功能是指心功能,即指向人心智世界里的对象,代表心智世界里的对象表现状态。第三个功能是指名功能,即指向认知世界或者符号世界表示对象的符号名称,这些符号名称组成各种语言。人工智能也是一个概念,而要使一个概念成为现实,自然要实现概念的三个功能。人工智能的三个流派关注于如何才能让机器具有人工智能,并根据概念的不同功能给出了不同的研究路径。专注于实现 AI 指名功能的人工智能流派被称为符号主义,专注于实现 AI 指心功能的人工智能流派被称为连接主义,专注于实现 AI 指物功能的人工智能流派被称为行为主义。② 人工智能不同流派对于人工智能功能实现的不同理解与追求,导致了各个流派人工智能运作机理的差异。

1. 符号主义流派人工智能运作机理的考察

符号主义流派的代表人物是西蒙与纽厄尔,他们提出了物理符号系统假设,即只要在符号计算上实现了相应的功能,那么在现实世界就实现了对应的功能,这是智能的充分必要条件。图灵测试与中文屋实验即是对符号主义运作机理的验证与否定。

---

① 参见李德毅主编:《人工智能导论》,中国科学技术出版社 2018 年版,第 3 ~ 8 页。

② 参见李德毅主编:《人工智能导论》,中国科学技术出版社 2018 年版,第 5 页。

图灵测试是在一个房间内设置一台计算机与一位自然人，在房间外安排一位自然人测试者，测试者无法看到或了解房间内的情况。此时，测试者通过输入文字的方式向房间内的计算机与自然人提出问题。随后，计算机与自然人也将通过文字输出的方式回答测试者所提出的问题。如果测试者根据问题的回答情况无法分辨出哪一个回答来自计算机，哪一个回答来自自然人，则说明计算机是智能的。在测试中，测试者、被测试的自然人与计算机均运用文字交流，因此图灵测试是在符号层面进行的。这项测试将智能定义为可以在外在功能表现上实现与人类类似的符号输出。

然而，这种所谓的“智能”定义不久就被中文屋实验所否定。约翰·瑟尔所设计的中文屋实验是在一个房间内安排一位不懂中文的自然人 A，并为其配备一本以其母语写成的规则手册，他可以通过汉字字形来查找汉字。在房间外安排一位精通汉语的自然人 B，B 可以通过房屋的窗口向房屋内的 A 以中文书面形式提出问题，但 B 无法看见或者了解房间内的情况。在 A 收到问题后使用规则手册来书面回复信息给 B。此时，房间外的 B 确信房间内的 A 懂得中文。[①] 在这则实验中，无论是自然人 A 还是以其母语书写成的规则手册无疑都是不懂汉语的，但是 B 之所以认为 A 掌握汉语，是因为 A 以规则手册为依据进行简单匹配进而输出答案，在这一过程中，A 根本不理解问题的含义与回答的内容。如果将 A 及其规则手册看作计算机的程序，那么尽管计算机能够在形式层面输出自然人提出的问题，但实际上计算机所进行的只是简单形式逻辑的推进，对于问题和答案的含义一无所知。

因此，即使符号主义成功了，符号的计算与现实世界也不一定搭界，即完全实现指名功能也不见得具有智能。这是哲学上对符号主义的一个正

---

① 参见［以色列］加布里埃尔·哈列维：《审判机器人》，陈萍译，上海人民出版社 2019 年版，第 7 页。

式批评，明确指出了按照符号主义实现的人工智能不等同于人的智能。①

2. 连接主义流派人工智能运作机理的考察

连接主义流派的代表人物有麦卡洛克、皮茨、霍普菲尔德等。他们认为大脑是一切智能的基础，主要关注大脑神经元及其连接机制，试图发现大脑的结构及其处理信息的机制以揭示人类智能的本质机理，进而在机器上实现相应的模拟。他们认为按照这种研究进路，完全可以实现人工智能。

然而，哲学家希拉里·普特南设计了著名的"缸中之脑"构想，该构想可以看作对于连接主义的一个哲学批判。"缸中之脑"构想的内容是一个人被邪恶科学家进行了手术，大脑被切下来并放在存有营养液的缸中。大脑的神经末梢被连接在计算机上，同时计算机按照程序向大脑传递信息。对于这个人来说，人、物体、天空都存在，神经感觉等都可以输入，这个大脑还可以被输入、截取记忆，如截取掉大脑手术的记忆，然后输入他可能经历的各种环境、日常生活，甚至可以输入代码，"感觉"到自己正在阅读这一段有趣而荒唐的文字。"缸中之脑"构想意在说明，即使连接主义实现了，指心没有问题，但指物依然存在着严重问题。因此，连接主义实现的人工智能也不等同于人的智能。

在人工智能的发展过程中，连接主义是目前最为大众所知的一条 AI 实现路线，其中最具代表性的技术即为深度学习，当下对于深度学习的研究已经取得了工业级别的进展。但是，连接主义的实现还面临着重重困难。最根本的是，到目前为止，人们尚未完全认识人脑的运行机理，试图以模拟人脑运行机理的方式实现完全的智能更是不可及，正如科学家们所言，现在的神经网络与深度学习实际上与人脑的真正机制距离尚远，并非人脑的运行机制。②

① 参见李德毅主编：《人工智能导论》，中国科学技术出版社 2018 年版，第 6 页。

② 参见李德毅主编：《人工智能导论》，中国科学技术出版社 2018 年版，第 8 页。

3. 行为主义流派人工智能运作机理的考察

行为主义流派的代表人物是布鲁克斯,他假设智能取决于感知和行动,不需要知识、表示和推理,只需要将智能行为表现出来就好,即能实现指物功能就可以认为具有智能了。

对此,哲学家希拉里·普特南也设计了一个思想实验"完美伪装者和斯巴达人",可以看作对行为主义的哲学批判。这则实验的内容是完美伪装者可以根据外在的需求进行完美的表演,需要哭的时候可以哭得撕心裂肺,需要笑的时候可以笑得兴高采烈,但其内心始终冷静如常。斯巴达人则相反,无论其内心是激动万分还是冷静如铁,其外在总是一副泰山崩于前而面不改色的表情。实验表明,外在表现与内在实际并不必然具有联系,因此行为主义路线实现的也不等同于人的智能。且行为主义路线面临的最大困难可以用莫拉维克悖论来说明,即对计算机来说,困难的问题是简单的,简单的问题是困难的,最难以复制的反而是人类那些无意识的技能。

综上,通过对于人工智能符号主义、连接主义和行为主义流派实现智能的路径考察可以发现,无论是对于指名、指心功能的实现,还是对于指物功能的模拟,其所实现的结果并不能对人类的生理和心理流程实现有效的回溯。可以说人工智能所实现的智能与人类智能相比,徒具其表,不符其实,两者并不能在科学研究意义上画等号。

(二)人工智能工具属性考察

所谓生产工具,是指人们在生产过程中用来直接对劳动对象进行加工的器物。它被用于劳动者和劳动对象之间,起传导劳动的作用,是劳动资料的基本部分。根据工具的定义,可以总结出工具所具有的三项基本特征:其一,相对于人的主体性而言,工具属于被使用的客体。其二,工具具有改变劳动对象状态的功能。其三,工具能够在劳动主体与劳动对象之间传递劳动。

反观人工智能，其一，人类发展人工智能的目的是提高社会效率和人类福利，人工智能在这一过程中只是手段，无论人工智能发展到何种阶段，无论其多么智能，都永远无法摆脱作为人类工具的本质属性，因为人类在研发之初就未将其视为社会关系的主体。其二，人工智能研发的主要目的是应用于生产生活，发挥改造劳动对象的积极作用。其三，人工智能由人类研发、制造并使用，作用于人类意图改造的劳动对象之上，因而人工智能在其间发挥着联系主体与对象的客观作用，在这一过程中对于劳动的传递赋予了人工智能存在的意义。人工智能具有工具的相关属性，是主体（人类）用以认识世界、改造世界的生产资料。

除了从概念角度判定人工智能的工具属性之外，从马克思生产工艺学的角度考察人工智能的产生与发展，可以发现其同样符合生产工具的本质。作为自然史的物种进化史是作为生产工具的动植物器官的形成史，而批判的工艺史研究的是作为社会人的生产器官的生产工具的进化史、发育史，相对于自然史，这就是一种人类史或广义文化史。由此看来，人类自身的生物性智能不是人直接创造的，总体而言首先是自然进化的产物；而 AI 作为一种物理性机器智能，则是由人直接创造出来的。① 上述表述直接表明了人工智能与作为主体的人类的智能在发展来源上的本质区别，对于人工智能研究的展开，只适宜在人类史项下生产工具的范畴内展开。马克思曾指出："劳动者在劳动过程中所直接掌握的不是劳动对象，而是劳动资料。在采集果实之类的现成的生活资料的场合，劳动者身上的器官是唯一的劳动资料，除此之外，劳动资料主要是外界自然物，劳动者把这种作为自己活动的器官的自然物，加到他身体的器官上，不顾圣经的训诫，延长了他的自然的肢体。"②劳动者使用生产工具的本质在于通过外物来延长自身肢

① 参见刘方喜：《生产工艺学批判：人工智能引发文化哲学范式终极转型》，载《学术月刊》2020 年第 8 期。

② 中共中央马克思恩格斯列宁斯大林著作编译局译：《马克思恩格斯全集》（第 23 卷），人民出版社 1972 年版，第 203 页。

体所及的范围与增强自身改造能力，那么传统的生产工具可以视为劳动者对于自身体力器官的延长。而人工智能作为具有一定学习能力的智能工具，自然可以视为劳动者对于自身智力器官的延长，而两者在本质属性上均是人类用以增强自身劳动能力的工具，而非主体。

（三）人工智能发展脉络考察

从人工智能的发展脉络来看，对于智能的追寻与实现实际上有两种主要方法。一种方法是技术研究（Technological Research）。人工智能技术研究一直在寻找方法来弥补机器和人类之间的差距。事实上，自 20 世纪 50 年代以来，大多数人工智能研究者都选择了这种方式。人工智能领域的任何技术发展或进步都可能与此相关，这是探索“思考机器”的原始方式。这种研究方式服务于一种信念——终有一天，人类能够通过技术手段模仿人类的思维，如果这种方式取得成功，将成就显著的业绩。随着人工智能技术研究的不断发展，人工智能技术目前比以往任何时候都更加先进。

第二种方式是工业运用（Industrial Way）。正如下面所解释的，“机器无法完美模拟人的大脑”这一点对于工业产业而言是有利的。在工业领域中，运用可以避免人类固有缺陷的机器，无疑是一个极佳的发展机遇。因为如果机器可以完美模拟人的大脑，那么机器本身也会具有人类所固有的缺陷。因此，人工智能机器现存的缺陷反而成为其在工业领域运用中的优势。这种“负而得正”的情形，使得人工智能在工业领域中的运用量不断增加，最终成为整个工业产业链不可或缺的一部分。可以说，人工智能在工业领域的运用，正是那些“不完美人工智能”出现的催化剂。①

而工业运用的发展方式正是人工智能技术进步的资源支撑与动力来源。在工业应用的价值需求影响下，通过工业途径制造并应用于社会生产

---

① See Gabreil Hallevy, *Liability for Crimes Involving Artificial Intelligence Systems*, Springer International Publishing, 2015, p. 14.

生活中的人工智能产品以与人类在某些方面存在本质差异为前提。正如上文所述,如果人工智能与人类完全相同,甚至具有人类的权利与义务,那么人类在工业生产方面存在的缺陷,如情绪化、注意力分散等问题,同样存在于人工智能应用的情形,那么这一技术的发展并未克服任何困难、解决任何问题。应当说,对于人工智能工业运用发展途径或方法的了解,有助于我们冷静客观地认识人工智能,它的存在与发展的前提在于同人类的异质性而非同质性。

综上,在事实层面上,人工智能技术无法真正实现人类智能,无论是从其运作机理、工具属性还是从发展脉络来看,人工智能的合理定位仍然是人类的工具。人工智能与人类的本质差别非但不是当下技术无法实现的缺憾,反而是人工智能得以存在与发展的前提。因此,试图在事实层面通过论证人工智能与人类的同质性或者相似性来主张人工智能能够具有法律人格以及刑事责任主体地位的思路显然是行不通的,人工智能无法成为刑事责任主体。

二、规范层面:人工智能不应成为刑事责任主体

在规范层面,我国刑事责任主体资格的实质在于刑事责任能力的具备,刑事责任能力的哲学根据则在于自然人所具有的自由意志。没有行为就没有犯罪,没有犯罪自然也不会产生刑事责任,所以刑事责任的现实依据是刑法意义上的行为。同时,对于刑事责任的承担意味着对于刑罚处罚的承受,因而刑事责任主体必然具有受刑能力。此外,当社会中存在着规制需要之时,刑法规范可以运用拟制方法赋予某种社会关系主体以刑事责任主体的地位。可见,在规范层面讨论刑事责任主体地位的问题,必然无法绕开对自由意志、责任能力、行为能力、受刑能力以及拟制条件的考量。对于人工智能在规范层面应不应成为刑事责任主体这一问题的回答,也需要从这五个方面入手展开研究。

(一)人工智能欠缺自由意志

自由意志是刑事责任的哲学根基,正如恩格斯所指出的,如果不谈所谓意志自由,人的责任能力、必然和自由的关系等问题,就不能很好地议论道德和法的问题。[①] 在讨论刑事责任主体问题之前,有必要厘清关于自由意志的相关问题。而首要的即是人有无自由意志的问题,对此哲学层面存在行为决定论与意志自由论的论争。行为决定论的代表人物包括古希腊唯物主义哲学家德谟克利特、17 世纪荷兰哲学家斯宾诺莎、18 世纪法国哲学家霍尔巴赫。他们认为凡是受因果关系制约的一切都是必然的,都是被决定的。在这种认识之下,被因果关系所支配的人自然没有自由意志可言。意志自由论的代表人物有古希腊唯心主义哲学家柏拉图、中世纪意大利哲学家托马斯·阿奎那等。他们主张人具有自由意志,柏拉图认为自由意志是生而即备的最高天赋,阿奎那则认为人的自由意志来自上帝的授予与支持。[②]

在刑法领域内,刑事古典学派与刑事近代学派对于人是否有意志自由同样展开了激烈的争论。古典学派认为人有自由意志,因为是基于自由意志而实施违法行为,所以能够追究作为道义的非难的刑事责任。[③] 这也是道义责任论的理论根基。例如,康德认为人是有理性的,人的意志是自由的。一般来说,意志可以包括有意志的选择行为……这种选择行为可以由纯理性决定,从而形成自由意志的行为。[④] 黑格尔也认为人是有意志自由

---

① 参见中共中央马克思恩格斯列宁斯大林著作编译局编:《马克思恩格斯选集》(第 3 卷),人民出版社 1995 年版,第 454 页。

② 参见陈兴良:《刑法哲学》,中国人民大学出版社 2017 年版,第 65 ~ 66 页。

③ 参见[日]板仓宏:《新订刑法总论》,劲草书房 1998 年版,第 18 页。转引自马克昌:《比较刑法原理——外国刑法学总论》,武汉大学出版社 2002 年版,第 33 页。

④ 参见[德]凯帕:《费尔巴哈传》,西村克彦译,良书普及会 1979 年版,第 202 页。转引自马克昌:《比较刑法原理——外国刑法学总论》,武汉大学出版社 2002 年版,第 26 页。

的，自由是意志的根本规定，正如重量是物体的根本规定一样。[①] 近代学派则认为人没有自由意志，犯罪是由行为人的性格和环境所生的必然现象，基于犯罪行为的社会危险性所征表出来的人，因为其具有社会危险性，所以必须受到社会防卫的处分。[②] 这也是社会责任论的理论根据。例如，菲利认为人们可以对行为作出自由选择纯粹属于幻想，自由意志的幻想来自我们的内在意识，它的产生完全是由于我们不认识在作出决定时反映在我们心理上的各种动机以及各种内部和外部的条件。[③]

实际上，之所以在哲学层面与刑法领域内对于人是否具有自由意志产生了如此激烈、难以互相说服的争论，主要是因为人是否具有自由意志是一个无法证实也无法证伪的问题。既然如此，剩下来的问题仅仅在于，从刑法存在的意义与价值的角度，承认自由意志与否认自由意志哪一个更好[④]。对此，我国学者孙杰认为，如果从刑法的存在要尊重人的尊严、避免人沦为工具和满足惩治预防犯罪的社会需要这两个角度出发，则承认人的自由意志显然是更为合适的。因为承认犯罪是行为人自身的选择，刑罚是其自主选择所导致的后果，尊重了人的主体性；同时也能够使刑罚的惩罚与预防功能更加有的放矢而不至于偏离方向。[⑤] 可能也是出于这种规范意义上的考虑，在 19 世纪后半叶，出现了古典学派与近代学派从对立走向调和的趋势，形成了“相对意志自由”的观点，其主张成为刑法对象的人，应当扬弃抽象理性人的犯罪人观和具体宿命人的犯罪人观，认识到犯罪人是具有作为相对自由主体的人格性的具体的、个别的存在。而行为是在行为人

---

① 参见马克昌：《比较刑法原理——外国刑法学总论》，武汉大学出版社 2002 年版，第 28 页。

② 参见[日]板仓宏：《新订刑法总论》，劲草书房 1998 年版，第 19～20 页。转引自马克昌：《比较刑法原理——外国刑法学总论》，武汉大学出版社 2002 年版，第 41～42 页。

③ 参见[意]菲利：《实证派犯罪学》，郭建安译，中国政法大学出版社 1987 年版，第 16 页。

④ 参见张明楷：《刑法学》（第 5 版），法律出版社 2016 年版，第 244～245 页。

⑤ 参见孙杰：《论人工智能体的刑法定位》，载《辽宁大学学报（哲学社会科学版）》2019 年第 4 期。

自由的范围内由行为人选择的东西,正是行为人人格的主体性表现。[①] 所以,在当下普遍被接受的相对意志自由论之中,人所具有的意志自由在本质上体现为人在一定范围内可以自主选择。

而人工智能即使在一定范围之内也并不具有自主选择的能力,理由在于:其一,从技术的宏观层面来看,人工智能的现实路径无法赋予人工智能真正的人类思维,无论是符号主义、连接主义还是行为主义,其实现的只是人类智能单方面的模拟,且作用机理完全由人类通过设计与编制掌控。在这种情形之下,人工智能是被人类决定的,没有自主选择的可能。其二,从技术的微观层面来看,虽然人工智能具有自主操控、深度学习等技术特征,但这些特征的实现依然依赖于人类技术的赋予,深度学习的确可以使人工智能获得编程细节之外的能力,但这并不意味着自主选择的实现。因为作为深度学习资源的数据依然由人类掌握,而且深度学习的路径、方式、范围仍然按照人类所编制的程序框架在运行。同样,自主操控的确区别于传统的自动化,赋予了人工智能根据情况进行选择的能力。但这种选择并非自主的,因为供其选择的选项均由人类所编制,其实现的不过是满足形式逻辑的机械匹配。换言之,人工智能的所谓"自主"是人类赋予的,同时人类可以随时剥夺这种"自主权"。由此看来,人工智能并不具有真正意义上的自主选择能力。其三,从人工智能与人类的本质差异上来看,人类属于生物体,虽然人类意志的运作机理尚未破解,但是不可否认的是人类的大脑是意志产生与运作的依托;而人工智能是由人类制造的机器,并不具有生物性载体。在这种意义上,恐怕人工智能甚至无法比肩动物,缺乏意志依托的生物属性,人工智能自然无法生成意志,遑论其意志是否自由了。因此,在厘清了自由意志的概念之后,根据自由意志的本质属性推及对人工智能体相关情况的判断,可以得出人工智能不具有自由意志的结论。

---

① 参见[日]大塚仁:《刑法概说(总论)》(第3版),冯军译,中国人民大学出版社2003年版,第62页。

（二）人工智能欠缺责任能力

在刑法规范中，刑事责任能力是行为人承担刑事责任的基础，只有具备刑事责任能力，才能承担刑事责任。刑事责任能力可以具体划分为辨认能力与控制能力。因此，考察人工智能是否具备刑法意义上的辨认能力与控制能力，对于厘清人工智能的主体地位问题具有重要的意义。

第一，所谓辨认能力，是指行为人对自己的行为在刑法上的意义、性质、后果具有分辨认识能力。[①] 对于人工智能是否具有辨认能力这一问题，认为人工智能具有辨认能力的论者认为人工智能由于具有信息采集设备，诸如可以采集图像信息的电子眼，可以采集声音信息的电子收音器，甚至可以轻而易举地采集到人类难以感觉到的信息，如红外线检测仪、超声波检测仪等，人工智能借助上述先进的信息采集设备，完全能够辨认自己行为的性质、意义与后果，甚至在行为导致结果的可能性认识方面，其精确程度可能超越人类。[②]

不可否认，人工智能可以配置的信息采集设备不仅可以收集众多包括声音、影像、气味在内的信息，并且其精准程度已经实现了对人类感官能力的超越。但人工智能通过信息采集设备所实现的认识充其量只能属于事实层面的统计，并不代表其实现了规范意义上对自身行为的认识。刑法意义上的辨认能力是在规范层面对于自身行为所具有的规范要素的认识，如行为是否具有正当性，行为是否会引发危害社会的结果。而上文所提及的中文屋实验已经表明，人工智能虽然能够作出一定的活动或输出一定的表达，但这些活动与表达是基于简单的形式逻辑所进行的机械匹配，其对于自身活动及表达的含义与性质毫无认识。所以仅仅在事实层面对自身活

---

① 参见姚万勤：《对通过新增罪名应对人工智能风险的质疑》，载《当代法学》2019年第3期。

② 参见刘宪权、胡荷佳：《论人工智能时代智能机器人的刑事责任能力》，载《法学》2018年第1期。

动、表达的进行与停止具有所谓的“感知”，而缺乏对于活动、表达所具有的性质与意义的认识，则不属于规范意义上的辨认能力。

第二，所谓控制能力，是指行为人具备决定自己是否以行为触犯刑法的能力。[①] 主张人工智能具备控制能力的论者认为，人工智能具备远超人类的计算能力，并以此为基础形成了强大的分析能力。在具体情形中，人工智能可以通过运算及分析，采取符合情势的活动方式。例如，在自动驾驶的情境下，智能汽车能够清楚地计算出在几公里的范围之内有多少交通信号灯，也能判断出具体的时速，对障碍物作出判断以及如何进行有效避免。[②]

笔者认为，以人工智能在事实层面所具有的控制自身活动的能力来论证其具备规范层面的控制能力显然是难以成立的。在刑法意义上，行为人所具有的控制能力具体表现为是否以其行为违反法规范的选择，简言之，即对是否去实施违法行为的控制。可见，控制能力的规范要素在于对违反刑法规范的理解与控制。由于对于规范要素的认识不能，人工智能虽然可以在事实层面控制自身的活动，但其并无法控制规范层面的违法要素。

所以，即使人工智能在事实层面上能够实现对于信息的采集传导以及对活动的物理控制，但由于人工智能本身对刑法规范既没有理性的认识与遵从能力，也无法感知其违反规范造成的社会否定性评价所带来的消极后果[③]，人工智能不具有规范意义上的认识能力与控制能力。

（三）人工智能欠缺行为能力

无行为则无犯罪，无犯罪自然不会产生刑事责任。这则法谚间接地说

---

① 参见姚万勤：《对通过新增罪名应对人工智能风险的质疑》，载《当代法学》2019 年第 3 期。

② 参见刘宪权、胡荷佳：《论人工智能时代智能机器人的刑事责任能力》，载《法学》2018 年第 1 期。

③ 参见时方：《人工智能刑事主体地位之否定》，载《法律科学（西北政法大学学报）》2018 年第 6 期。

明了行为对于刑事责任及其承担的根源意义。对于如何理解刑法规范意义上的行为,历来存在不同的学说。因果行为论主张行为是由“身体的动静”这种外部的客观要素(有体性)与“基于意思”这种内部的主观要素(有意性)组成的。目的行为论主张把人的行为的本质作为目的的追求活动来把握,从而在行为中不可避免地包括意思内容,目的性是行为的核心。社会行为论重视社会生活中行为所具有的性质,认为社会性是行为的本质要素,应当将行为理解为由于有意的态度而使社会的外界发生变动。人格行为论主张人的身体动作与其背后的主体人格态度相结合,身体动作只有在人格主体的现实化场合才被认为是行为,而人格并非单纯的精神要素,是精神和身体的统一。①

从近代刑法行为理论的发展脉络来看,虽然不同的学说对于行为本质的认识角度不同,但无论是因果行为论、目的行为论、社会行为论还是人格行为论,均将行为分解为心素和体素两个方面加以分析。行为的心素,是指意思决定与意思活动。② 刑法上的行为必须是意志的客观化、行为化和实现。③ 简言之,只有在一定意志支配下的举止,才能被称为人的行为。④体素是指身体动静,即所谓行止,这是行为的外部表现。任何行为,都必然有一定的身体动静,如果没有这种体素,也不能构成刑法上之所谓行为。⑤综上,刑法意义上的行为在客观方面表现为身体的动静,在主观方面表现为受意志支配,两者缺一不可,缺乏意志支配的行为与单纯的思维活动均无法构成行为。在此基础上,所谓的行为能力即是主体依据自身意志指导

---

① 参见马克昌:《比较刑法原理——外国刑法学总论》,武汉大学出版社 2002 年版,第 151 ~ 156 页。

② 参见林山田:《刑法通论》,台北,三民书局 1986 年版,第 73 页。

③ 参见[日]小野清一郎:《犯罪构成要件理论》,中国人民公安大学出版社 1991 年版,第 42 页。

④ 参见陈兴良:《刑法哲学》(第 6 版),中国人民大学出版社 2017 年版,第 78 页。

⑤ 参见陈兴良:《刑法哲学》(第 6 版),中国人民大学出版社 2017 年版,第 80 页。

身体动静的能力。

反观人工智能运作的基本情形。其一,人工智能缺乏人体这一基本的生物要素,所以如果按照行为含义进行严格解释,那么缺乏人体要素的人工智能的任何活动均不能称为“身体动静”,只能算作机械活动。其二,即使放宽对于行为体素的要求,认为人工智能体的活动也满足对于动态与静态的转换,那么行为所要求的心素也是人工智能所缺乏的。人工智能按照研发者所编制的程序进行活动,这种编制的程序在本质上并非思维与意志,人工智能在程序支配下的活动自然也不属于行为。当然,部分论者认为人工智能通过深度学习能够产生独立的思维与意志,但笔者认为这种假想毫无科学根据,所谓深度学习也只是计算机科学中的算法,并非赋予人工智能以人类思维的灵丹妙药。所以,人工智能行为欠缺心素与体素,决定了其实施的活动并不属于行为;人工智能欠缺人类意志与思维,决定了其不具备刑法规范意义上的行为能力。

(四)人工智能欠缺受刑能力

刑罚的本质是痛苦,是与犯罪相关联并给犯罪人带来痛苦的制裁措施。① 那么,受刑能力无非是犯罪人对刑罚这种剥夺性痛苦的一种感受和承担的能力。② 换言之,受刑能力一方面要求相应主体能够感受刑罚痛苦,另一方面要求其能够承担刑罚剥夺。从这两方面来看,人工智能不具有受刑能力。

第一,人工智能无法感知刑罚带来的痛苦。刑罚的痛苦包含两方面的内容,一是直接或者间接造成自然人身体感受上的痛苦;二是通过剥夺或者限制社会活动资格造成情感上的痛苦。③ 人工智能不具备人类的感官与

① 参见[德]安塞尔姆·里特尔·冯·费尔巴哈:《德国刑法教科书》,徐久生译,中国方正出版社 2010 年版,第 135 页。

② 参见姚万勤:《对通过新增罪名应对人工智能风险的质疑》,载《当代法学》2019 年第 3 期。

③ 参见皮勇:《人工智能刑事法治的基本问题》,载《比较法研究》2018 年第 5 期。

情感,作为一个冷冰冰的机械实体或者程序软件抑或二者之集合,正如其无法感知生命之可贵一样无法感知死刑所带来的丧失生命的恐惧,正如其无法感知自由一样无法感知徒刑所带来的限制自由的痛苦,正如其无法感知财富欲望一样无法感知罚金所带来的削弱财产的惋惜,正如其无法感知身份地位一样无法感知资格刑所带来的剥夺资格的愧辱。在感知痛苦这一方面,人工智能在当下以及可预期的范围内是无法实现的。

第二,人工智能无法承担刑罚剥夺的后果。我国的主刑包括死刑、无期徒刑、有期徒刑、管制、拘役。死刑是剥夺生命的刑罚,其余四种主刑是限制自由的刑罚。作为人类工具的科技产品,人工智能不具有生命与自由的权益,也就没有相应的权益基础来实现刑罚的剥夺效果,对其施加上述刑罚,自然是"罚无可罚"。我国的附加刑包括罚金、没收财产和剥夺政治权利,附加刑所实现的是对于受刑主体财产权与政治权利的剥夺。同样,人工智能不具有上述权利,对其处以罚金、没收财产、剥夺政治权利自然无法实现刑罚的剥夺效果。所以,由于缺乏相应的权利基础,人工智能无法承担刑罚的剥夺后果。

如果传统的刑罚无法满足人工智能承担刑事责任境况的需求,那么部分论者所论述的人工智能刑罚体系是否可以赋予人工智能以受刑能力呢?笔者认为,以"删除数据、修改程序、永久销毁"为代表的人工智能刑罚体系同样不能赋予人工智能以受刑能力。首先,即使结合人工智能的客观特征为其设置了删除数据、修改程序、永久销毁的刑罚,人工智能也不会因为针对自身设计的刑罚种类的事实而感知到痛苦。对于痛苦的感知是具有神经与思维的生物体在生理与心理上的复杂反映,这种情感感知不会因为外在刑罚种类的改变而实现于人工智能体之上。其次,虽然上述构想的刑罚种类可以施加于人工智能,但其背后所隐含的对利益的剥夺仍作用于自然人之上。换言之,人工智能虽然能够接受刑罚,但仍然无法承担刑罚剥夺的规范后果。举例而言,对人工智能实施永久销毁,虽然人工智能可以被物理销毁,但是这种销毁所产生的财产损失无法归属于人工智能本身,而仍由该人工智能的所有者承担。

(五)人工智能欠缺拟制条件

当然,对人工智能意志自由、责任能力、行为能力与受刑能力进行否定,进而论证其在规范层面无法成为刑事责任主体时,人们自然会联想到法人刑事责任主体的规范拟制。部分论者也提出智能机器人能否成为刑事责任主体,与法人能否成为刑事责任主体具有几乎相同的理论逻辑。[①]如果法律能够尊重单位的自由意志,那么便没有理由否认智能机器人的自由意志。人工智能可否借鉴法人的拟制思路而在规范层面具备刑法主体的地位?笔者认为这种思路同样难以实现,因为人工智能欠缺法人所具备的拟制条件。

第一,法人具有意志,而人工智能不具有意志。在我国刑法规范之中,单位意志是区分单位犯罪与自然人犯罪的重要标志,单位意志的本质仍是决策之自然人的意志体现,是单位决策机构成员如董事、股东等按照决策程序讨论研究后形成的整体意志,它仍然不能超脱于自然人的意志,单位的犯罪故意就是自然人的犯罪故意。[②] 而人工智能的运作机理属于算法与程序的集合,并非真正的意志指导,这与自然人意志指导行为的模式相去甚远。可以说,法人的意志是自然人意志的集合,因而既具有意志的本质,又独立于自然人意志;而在人工智能活动中发挥主导作用的是算法与程序,在本质上异于意志。从另一个角度来看,人工智能在按照设计者、编程者所编制的程序执行活动时,所实现的是自然人的意志,在这一过程中,人工智能只是"照本宣科",并未如同法人一般通过一定程序将自然人的意志上升为独立的整体意志,所以人工智能自始至终都未曾形成过独立的意志。

---

① 参见吴波、俞小海:《人工智能时代刑事责任认定思路的挑战与更新》,载《上海政法学院学报(法治论丛)》2018 年第 5 期。

② 参见冀洋:《人工智能时代的刑事责任体系不必重构》,载《比较法研究》2019 年第 4 期。

第二,法人具有财产,而人工智能不具有财产。法人具有独立的财产权,因而其可承受财产刑的刑罚后果。对于主要以利益为中心的集体而言,财产刑可以作为十分有效的刑罚方式对其予以处罚,在大部分利益型犯罪之中,对法人本身的处罚对于恢复社会秩序与消除被害人损失而言也具有重要意义。① 而人工智能作为自然人的工具,只能成为自然人财产的内容而始终无法成为财产权的主体。

第三,法人犯罪属于法定犯,而涉人工智能犯罪可能涉及伦理。法规范可以将法人拟制为刑事责任主体,其中一个重要的原因在于法人犯罪所涉及的均为作为法定犯的利益性犯罪。在这一过程中,以利益剥夺为手段的刑罚方式即可实现规制目的,且法定犯无涉更深层次的伦理渊源,具有拟制所需要的牵涉较少的客观条件。而人工智能类犯罪的分布极为广泛,可能涉及的罪名不仅包括法定犯,还涉及伦理性。如果为了主体拟制而贸然割裂法律人格与伦理性之间的关系,则很有可能让法律人格迷失方向和进一步丧失发展的动力。②

第四,法人承担刑事责任原理仍以自然人为中心,而人工智能刑事责任原理违背自然人主义。我国刑法规范规定了对于单位和自然人的双罚制,在单位与自然人并未构成共同犯罪的情形下,对于两者采取双罚的合理解释是单位犯罪之中包含了自然人犯罪的不法与罪责,单位的刑事责任不是独立的,而是与部分自然人共同分担的。③ 这说明法规范虽然将法人拟制为刑事责任主体,但这一主体并未与自然人分庭抗礼,而是依附于自然人刑事责任原理之上的。反观试图通过拟制手段赋予人工智能以刑事责任主体地位的观点,无一例外地将人工智能并立于甚至对立于自然人主

---

① 参见周振杰、胡圣鑫:《刑罚的有效性与人工智能领域的刑事责任主体》,载《河南警察学院学报》2019 年第 3 期。

② 参见马骏驹、刘卉:《论法律人格内涵的变迁和人格权的发展——从民法中的人出发》,载《法学评论》2002 年第 1 期。

③ 参见冀洋:《人工智能时代的刑事责任体系不必重构》,载《比较法研究》2019 年第 4 期。

体,甚至为其设置独立的刑罚体系。这种拟制理念与法人的拟制不得不说是大相径庭的。所以说,法人的拟制仍以自然人刑事责任的承担为基础,而人工智能的拟制构想则彻底颠覆了以自然人为中心的主体观。

综上所述,在规范意义上,人工智能欠缺意志自由、责任能力、行为能力、受刑能力以及拟制条件,不具备刑事责任主体的各方面基本条件,因此不应成为刑事责任主体。

三、价值层面:人工智能无须成为刑事责任主体

在价值层面考虑人工智能有无成为刑事责任主体的需要,是探究人工智能刑事责任问题的落脚点。因为即使人工智能在事实层面与规范层面具备主体资格的要件,如果在当下刑法规范、刑法理论与司法实践中并不存在将其拟制为刑事责任主体的需要,那么赋予人工智能刑事责任主体地位的构想也是不具有实践需求的"空中楼阁"。在价值层面探究人工智能有无成为刑事责任主体的需求,首先,须从人工智能刑事风险的评估入手,查清人工智能所带来的刑事风险究竟给刑法适用和刑法理论带来了何种性质与何种程度的冲击,以便说明这种冲击是否足以严重到动摇刑法理论的根基、重构刑法理论体系的程度。其次,进一步讨论刑法可能采取的措施的有效性,即分析是否存在"代价"更小且同样能够发挥风险应对作用的措施,判断赋予人工智能刑事责任主体地位有无必要性。最后,设想如果实现人工智能的主体地位,那么它是否能够真正从根本上有效应对刑事风险,实现构想的价值。

(一)人工智能刑事风险的理性评估①

人工智能兴起所带来的涉人工智能犯罪的确具有区别于传统犯罪的

---

① 参见张旭、杨丰一:《人工智能时代下刑事风险与刑法应对的"是"与"非"》,载《辽宁大学学报(哲学社会科学版)》2019 年第 4 期。

特征,而且这些特征也对刑法理论与规范的适用产生了一定的冲击。但是,笔者认为这种冲击尚未达到颠覆传统刑法规范、动摇刑事责任主体理论的程度。

在微观层面,现行刑法规范仍然可以有效适用。涉人工智能犯罪只是一个统称,包括各种利用人工智能故意犯罪与未对人工智能尽到安全生产、管理义务的过失犯罪。涉人工智能犯罪在实际发生的过程中,终究会表现出具体的犯罪行为,符合刑法典中某一具体罪名的构成要件,进而构成该犯罪,并依照刑法进行处罚。例如,利用人工智能进行犯罪可能构成故意杀人罪、诈骗罪、非法行医罪等,未对人工智能尽到安全生产、管理义务可能构成过失致人死亡罪、重大责任事故罪、交通肇事罪等。目前来看,涉人工智能犯罪尚未超出刑法规范的规制范围,现行刑法规范可以满足应对涉人工智能犯罪的需求。

在中观层面,传统刑法理论依然具有指导价值。虽然传统刑法理论在应对人工智能过失犯罪时,会产生责任归属漏洞的刑事风险,但总体来说传统刑法理论,尤其是作为基础理论的主体理论、行为理论、责任理论依然具有重要的指导价值。在犯罪主体理论方面,即使是偏离传统刑法理论程度最大的——主张人工智能可以成为犯罪主体的论者,其论证逻辑依然建立在传统刑法理论之上,认为人工智能发展到一定阶段之后具有辨认能力和控制能力,进而具有刑事责任能力,所以可以成为犯罪主体。在行为理论中,倡导人工智能活动可以成为刑法意义上的行为的论者,在论证过程中所援引的依据仍然是传统的行为理论,认为人工智能的活动具备主体性、有体性、有意性、有害性①进而得出相应结论。在责任理论方面,主张人工智能可以独立承担刑事责任的学者试图划清行为人与人工智能的责任范围,各自承担应负的责任,这是对传统责任理论中刑责自负原则的坚守。在人工智能过失犯罪中,虽然责任划分存在困难,但是划分的依据仍然是

---

① 参见李洁主编:《刑法学》(第 2 版),中国人民大学出版社 2014 年版,第 53 页。

过失责任理论,要求行为人承担过失责任必须具有危险预见可能性且违反注意义务。

在宏观层面,法律规范与理论的稳定性未被动摇。法律是现代社会调整社会关系的重要方式,作为法律调整对象的社会关系具有稳定性,其性质和内容在相当长的时期内会保持不变,这也决定了法律具有稳定性。除非社会关系的性质和内容发生重大变化,法律才会进行重大的变革。当下,人工智能的确发展迅速,但是在可预期的相当长的时间内,人工智能的发展还不足以从根本上动摇社会关系的性质,无法广泛地改变社会关系的内容。因此,涉人工智能犯罪的产生与嬗变还不能颠覆当下刑法规范与理论。而且法律规范与理论本身具有较强的适应性,在具体问题的处理上,法律规范与理论所具备的调整功能也缓解了新兴调整对象对规范和理论的冲击,不至于对整个规范和理论体系产生颠覆性的影响。

由此看来,现行刑法规范与传统刑法理论在应对人工智能刑事风险的过程中,虽然在过失犯罪这一局部领域产生了责任归属间隙的理论风险,但尚能在整体上发挥有效的规范适用与价值指导的作用,尤其是作为基础理论的主体理论等依然能够有效支撑刑法规范体系的建立与机能的运转。可以说,人工智能刑事风险对于刑法规范与理论的影响尚未到达解构刑法主体理论等理论基础的程度。

(二)人工智能刑事风险的应对预测

通过前文对于人工智能刑事风险应对进路的介绍,可以发现赋予人工智能刑事责任主体地位,使其承担相应的刑事责任,并为其建立相应刑罚体系,只是三种主流进路中的一种,即对策论论者的主张。虽然解释论进路与立法论进路都会产生这样或那样的问题,但在应对归责间隙上也的确提出了诸多值得深思的措施。所以,从应对路径的选择上看,赋予人工智能刑事责任主体地位并非唯一的选择。而且,人工智能所引发的第一性风险仅仅作用于过失犯领域,并非全局性的归责风险。考虑到此种情形,应对的路径选择如果能够有效作用于过失犯领域而又不会波及其他规范领域,则是最优选择。这样既符合应对刑法风险的需求,又能够减少对刑法稳定的冲击,且应对所消耗的立法成本最低,在考虑有效性的同时能够兼顾经济性。

从这种意义上看,对策论所采取的赋予人工智能刑事责任主体地位的应对方式在调整过失领域归责风险的同时会动摇刑法体系。所以,应对涉人工智能犯罪的归责风险,对于应对路径的选择,理性的态度应当是由解释论到立法论,再到对策论。只有证明上一种路径完全无法规避风险时,下一种路径方有选择的必要。而笔者认为,前文所介绍的解释论进路的具体主张虽然会诱发新的刑事风险,但这一宏观的应对思路是具有价值的。在解释论的框架下,尝试运用其他理论构建过失犯构造,更为合理地解读刑法规范以适应归责风险的应对,规避刑法体系性风险的衍生,才是能够在最大程度上平衡归责风险与刑法稳定的价值追求的路径。所以,在未穷尽解释方法的有效尝试之前,对策论进路所主张的赋予人工智能刑事责任主体地位的方案是不具有必要性的。

概言之,应对智能风险并非只有构建人工智能刑法体系这一种方式,如果有其他方式既能够应对风险又能够维护刑法稳定,则赋予人工智能刑事责任主体地位在智能风险的应对中不具有必要性。对此,笔者认为在解释论的框架下可以妥善解决这一问题而无须重构刑法基础理论。

(三)人工智能刑法主体的价值否定

赋予人工智能刑事责任主体地位的初衷是弥补涉人工智能过失犯罪的归责间隙,使人工智能体承担行为人难以预见与避免的行为结果所引发的刑事责任。这一应对路径会弱化刑事责任的正义性、动摇刑罚制度的正当性,这都是刑法所无法承受的代价与风险。在智能风险的应对过程中,对策论的主体观在应对过失犯罪一隅的归责风险的同时,诱发了关乎刑法全局的体系性风险,这种为了防控局部风险而制造全局风险的做法不足取。进言之,如果贸然赋予人工智能刑法主体地位,必然会造成刑法规范的分裂与刑法理论的混乱,如此不仅不利于人工智能刑事风险的应对,而且会影响到刑法对大量传统犯罪的治理。

综上所述,鉴于人工智能在事实层面不能成为刑事责任主体、在规范层面不应成为刑事责任主体、在价值层面无须成为刑事责任主体,因此笔者主张刑法应对人工智能刑事风险应当选择回归传统刑法、回归自然人主体观的立场之上,审慎看待当下对刑法规范与理论偏离的趋势。回归传统刑法立场,并不意味着对涉人工智能犯罪采取消极的回避态度,而是需要在传统刑法规范和理论体系内为人工智能寻找适当的位置,为刑法规范人工智能探求妥善的切入点。在人工智能故意犯罪中,根据发展人工智能的目的和人工智能在犯罪中所起到的实际作用,宜将人工智能定义为犯罪工具。在人工智能过失犯罪中,人工智能设计者、生产者、使用者具有危险结果的预见和回避义务,人工智能属于安全生产、管理义务所指向的对象。如此,既能够为人工智能的刑法适用留有余地,又不至于动摇传统刑法的基本理论。

第二节　恪守刑法规避风险的理性姿态

刑法回应涉人工智能犯罪归责困境的立场选择,不仅包括上述人工智能刑事责任主体地位的排除,还应包括刑法调整涉人工智能犯罪理性姿态的回归。刑法是由国家强制力保证实施的,作为刑法适用结果的刑罚具有剥夺人的自由甚至生命的效果。从这种意义上看,能够剥夺财产、名誉、自由与生命的刑法具有不得不予以承认的“恶”的面向。正因为刑法所具有的“恶”,因此法治国对于刑法的介入与刑罚权的发动具有严格的限制,不允许刑法之“恶”肆意入侵社会生活与公民私域。在刑法的内在追求中,也具有保障公民权利的“善”的一面,刑法规范通过罪刑法定、罪刑均衡等原则来防止刑罚权的肆意发动。在法治国限制与刑法内在追求的双重克制下，形成了刑法适用的理性姿态——谦抑性。在人工智能刑事责任归属的过程中，对于刑法理性姿态的恪守不仅是法治的必然要求，也是有效解决归责困境的必然选择。宏观的谦抑理念可以具体表现为刑法规范对于技术发展的态度、对于刑事风险的态度以及对于应对方法的选择三个方面。

一、对于技术发展：理性干预而非感性干涉

刑法调整人工智能刑事风险理性姿态的回归，首先表现为对人工智能技术发展的态度由刑法“干涉”回归到刑法“干预”。根据汉语的语言习惯，“干预”与“干涉”具有本质区别：干预是具有一定程度限制的，干涉则是缺乏克制容易走向极端的；干预是基于合理原因进行的，干涉则带有不合理的唐突因素；干预的进行状态是谦抑后发的，干涉则是积极主动的。基于这种理解，刑法应对人工智能刑事风险的姿态选择应当是干预而非干涉，所以应当努力消除当下人工智能刑事风险应对中的“干涉”因素，以实现刑法规范对于技术发展的理性干预，究其实质即是避免社会治理中刑法的过度参与。

人工智能刑事风险与其他社会现象的差异之处在于人工智能属于科学技术范畴，在法律规范领域存在着一项关于科学技术的原则，即技术中立原则。法律应对科学技术手段一视同仁，不应把对待某一特定技术的理解作为法律规定的基础，而歧视这一技术本身或其他形式的技术。简言之，法律规范应当既不要求或采用某种特定技术，亦不能阻碍未来技术的发展。而无论是当下刑法的发展趋势还是应对人工智能刑事风险的具体措施，均存在着调整对象过度化、刑事立法象征化以及入罪标准模糊化的趋势，这种趋势无疑违背了中立原则，进而妨碍到技术发展与科学创新。所以，实现对于技术发展的理性干预而非感性干涉，就必须警惕、防范并杜绝上述存在于人工智能刑事风险应对之中的不良趋势。

(一)警惕刑法调整对象的过度化

刑法与其他部门法规范分属不同的规范秩序,刑法作为次要规范和保障法,调整对象与其他部门法迥然不同。[①] 所谓过度刑法化,指的是刑法在参与社会治理的过程中,没有遵守与其他法律、社会规范的界限,超出其合理功能的情况。[②] 根据何荣功教授的有关研究,国家刑罚权在社会治理中的膨胀与权力体系的越位已经是普遍的现象,而刑法对于社会治理的过度参与会产生一系列社会问题。例如,过度刑法化将改变国家权力与公民权利的结构,造成国家刑罚权不适当扩大与公民权利和自由的不合理压缩;过度刑法化将导致国家司法资源配置不合理,在国家司法资源投入总量既定的情况下,过多投入司法资源对犯罪进行治理,相应地就难免造成司法资源对一般社会纠纷与违法行为的投入消减;过度刑法化将阻碍经济社会的创新,在过于压制的社会秩序下,公民被规范严重束缚将导致公民自由空间被排挤,对公民创新造成阻碍。[③]

有鉴于此,对于人工智能技术的发展而言,理性的干预态度应当是先建立起行业规范与相应技术标准实现对于人工智能技术发展的引导。在人工智能应用过程中发生相应纠纷时,应当首先考虑采用侵权、合同等民事领域的调整规范去修补受损的社会关系。只有在上述前置性规范实在无法发挥保障作用时,才允许刑事手段的介入。然而,在当下对于人工智能刑事风险的应对策略中,防范措施的选择完全忽略了前置法规范对于风险防控的积极作用,将刑法规制视为唯一的调整手段。在前置法尚未明确规避智能风险的态度,未建立分配智能责任的规范,未健全应对智能风险

---

① 参见何荣功:《刑法与现代社会治理》,法律出版社 2020 年版,第 128 ~ 129 页。

② See Andrew Ashworth, *Conceptions of Overcriminalization*, Ohio State Journal of Criminal Law, Vol. 5, p. 407(2008). 转引自何荣功:《刑法与现代社会治理》,法律出版社 2020 年版,第 129 页。

③ 参见何荣功:《刑法与现代社会治理》,法律出版社 2020 年版,第 144 ~ 146 页。

的保障的情形下，主张刑法手段的介入、刑事责任的分配乃至刑罚措施的配置显然是有违刑法保障法的价值选择的，体现的正是贸然干涉的应对态度。

具体而言，在相应行业标准尚未确立的情况下，主张通过设立宽泛的注意义务、抽象预见可能、省略因果要求甚至设立严格责任等方式，实现对于人工智能行业的设计者、生产者与使用者的责任追究，对于这一行业的发展无疑是不利的。上述刑事责任分配的构想，既缺乏前置法内容与程序的支撑，又缺乏对于人工智能行业从业者自由与权利的基本保障。无论是宽泛的注意义务，还是严格责任的实现，过度的刑法干涉都将使研发人员、设计人员、生产人员无时无刻不处在刑罚的威慑之下、犯罪的担忧之中。在刑法全面且紧迫的束缚之下，人工智能从业人员的思维同样将受到限制以致难以实现创新，人工智能行业也将面临复杂的刑事风险规避任务，导致行业规模与资金投入的逐步萎缩。

所以，刑法规范在应对人工智能风险之时，仍应定位于保障法的位置之上。警惕肆意入侵前置法规范调整范围的应对措施，只有在穷尽前置法规范调整程序之后仍无法实现规制目的之时，刑法的介入与刑罚的发动才具有正当性与合理性，才能够避免刑法规范对于科技领域的感性干涉。时刻保持刑法规范应对智能风险的理性干预态度，是法规范对于科学技术的承诺，也是平衡科学发展与社会治理的要求。

（二）杜绝刑法立法目的的象征化

象征性立法是现代各国刑事立法的共同趋势①，象征性刑法现时已经成为一套独立发展的刑法系统支线②，而此支线通常表现出以下特征：其

① 参见刘艳红：《象征性立法对刑法功能的损害——二十年来中国刑事立法总评》，载《政治与法律》2017 年第 3 期。

② 参见魏昌东：《刑法立法“反向运动”中的象征主义倾向及其规避》，载《环球法律评论》2018 年第 6 期。

一,在规制动机上,象征性刑法在于对犯罪治理的舆情回应;其二,在规制实效上,象征性刑法明知规制对象不应规制或难以有效规制;其三,在规制目的上,象征性刑法仅是立法者出于政治考量而作出的象征性或者宣示性姿态。① 然而,正如刘艳红教授所说,象征性立法正在全面侵蚀着刑法的机能。具体而言,象征性刑事立法服务于安全目的而损害了刑法的法益保护机能,象征性刑事立法因谦抑不足而损害了法的人权保障功能,象征性刑事立法因执行不足而损害了法的实用主义功能。②

在人工智能技术广泛应用于社会基础生活后,对于这一新兴技术的不了解,加之新闻媒体对于人工智能致害事件断章取义式的报道,导致社会民众出现了对于人工智能未知的恐惧。在应对人工智能刑事风险的方法路径选择的过程中,部分论者即立足于安抚社会恐惧情绪而主张通过刑事立法来彰显刑法对于社会安全维护的关注。在这一过程中,立法建议者与民众之间实现了精神层面的"安抚"与"被安抚",象征性立法能够快速营造国民的安全感。而事实上,这种心理安慰对于防范和化解风险来说非但无济于事,还会给社会群体造成新的心理负担。③

这种衍生的心理负担在人工智能刑事象征立法的语境下体现为象征立法在安抚社会恐惧的同时,也引起了人工智能从业者触犯刑法的心理负担,人工智能从业者在象征立法中"被象征"为风险的引发者,从而以安抚社会心理的成本或代价的身份出现在立法调整的关系中。不得不说,如此立法虽然象征着刑法对于社会安全维护的决心,但也象征着将人工智能技术定义为风险来源的歧视性观念,有违技术中立的原则。所以,为了保障技术的健康发展,需要杜绝这种既无实质功用,又会造成技术萎缩的立法建议与倾向。

---

① 参见田宏杰:《立法扩张与司法限缩:刑法谦抑性的展开》,载《中国法学》2020 年第 1 期。

② 参见刘艳红:《象征性立法对刑法功能的损害》,载《政治与法律》2017 年第 3 期。

③ 参见刘艳红:《象征性立法对刑法功能的损害》,载《政治与法律》2017 年第 3 期。

(三)防范刑事入罪标准的模糊化

刑事入罪标准的模糊化,是指刑法规范在描述犯罪构成要件的过程中,采用概括陈述、弹性大、可以保证法律涵盖范围最大化的立法技术,以实现降低入罪门槛、扩大法律适用的目的。然而,刑法所具有的罪刑法定原则是对于犯罪人的保障,这一原则要求刑法规范具有明确性以限制刑罚权的肆意发动与扩张。从这种意义上而言,刑事入罪标准的模糊化本质上会导致罚则的不明确,在实质上违反罪刑法定原则,因而是不被允许的。[①]

而在人工智能刑事风险的应对过程中,立法论进路中存在着主张设立兜底性条款以最大限度地将涉人工智能犯罪囊括至刑法规制范围之内的观点。不得不说,这种观点仍然体现了将刑法视为社会管理首要方式的刑法工具主义思维,不但会进一步侵蚀刑法的罪刑法定原则与人权保障机能,也已成为推动刑罚扩张的重要助力,为刑法实践中的过度化提供了法规范上的依据。[②] 在这种兜底性条款的"助力"下,刑法对于技术领域的强制管控将进一步加强,规范对技术的侵蚀也将进一步阻碍技术的发展与进步。有鉴于此,为了保障技术发展的相对自由,必须防范刑法规范向技术领域不当扩张的趋势,而阻断这一不当干涉的实现路径——刑事入罪标准模糊化成为人工智能刑事风险应对中必须予以重点关注的因素。

综上所述,刑法应对人工智能刑事风险的理性姿态表现为,对于技术发展应当秉持理性干预而非感性干涉的态度。刑法规范在调整刑事风险的过程中,应当警惕刑法调整对象的过度化、杜绝刑法立法目的的象征化、防范刑事入罪标准的模糊化,只有如此才能促使刑法恪守调整技术风险的理性边界,防止规范对于技术的不当束缚,保证科学技术的发展不受阻碍。

---

① 参见何荣功:《刑法与现代社会治理》,法律出版社 2020 年版,第 139～140 页。

② 参见何荣功:《刑法与现代社会治理》,法律出版社 2020 年版,第 140 页。

二、对于刑事风险：恪守谦抑而非畸重预防

人工智能技术的发展与应用所衍生的技术风险与刑事风险无疑印证并增强了当下社会的风险本质，其本身也成为风险社会的一重缩影。在充斥着各种风险的社会中，风险的不确定性引发了公众的深度恐惧，刑法防卫社会的机能价值越来越被社会所重视。在所有的防卫手段中，预防成了民众心目中应对风险的“最佳选择”。正如我国学者所言：“风险的不确定性和后果的巨大性决定了风险治理的预防性，也决定了刑法对策在事实上的提前介入。风险规制不再退缩在实害的范围内，而将以主动出击的方式，对风险制造要素进行事前的规制和调整，以达到风险预防的目的。”①

在这种情形下，为了应对风险，刑法谦抑性是否需要让位于风险治理需求？还是应当适度放松刑法防卫社会的机能以坚定不移地恪守刑法谦抑性？在愈加复杂的社会，似乎上述两种主张中的任何一种都具有局限性，人们更愿意接受既能保证谦抑性又能发挥刑法预防作用的途径，然而规范的抽象性决定了对于刑法谦抑价值与预防机能的把握并非完全能够如人所愿，因此无论是在立法上还是在司法中，必须要选择一项更为重要的价值作为基础，将另一项价值的发挥建立在基础价值的实现之上。

对此，笔者认为刑法的谦抑理性植根于刑法理论的根基，不仅关乎刑法机能的有效发挥，而且维持着刑法自身的安全。在以不确定风险为内核的社会中，既不能一味追捧预防机能，也不能轻易予以否认，仍然要在谦抑的基础上审慎对待，警惕其中不具有必要性的预防手段。

（一）风险应对恪守谦抑性的必要

刑法是一种不得已的恶，用之得当，个人与社会两受其益；用之不当，

① 程岩：《风险规制的刑法理性重构　以风险社会理论为基础》，载《中外法学》2011 年第 1 期。

个人与社会均受其害。因此,对于刑法之可能的扩张和滥用,必须保持足够的警惕,不得已的恶只能不得已而用之。① 所以,即使行为侵害或者威胁了他人的生活利益,也不是必须立即发动刑罚。可能的话,最好能交给其他的社会统制手段。只有在其他的社会统制手段并不充分时,或者其他的社会统制手段过于强烈而有代之以刑罚的必要时,才可以发动刑罚,这就是刑法的谦抑性。② 因而,无论社会发展到何种程度、产生何种问题,刑法以及刑罚在这种意义上的"恶"的性质是不会发生改变的。法治国基于对公民自由和权利的保障要求就必然需要限制这种"恶"在社会中的发挥,最根本的就是恪守刑法的谦抑性。在风险社会中,即使是为了应对风险,也不应当放弃刑法的谦抑性,理由有三。

第一,风险社会中的风险是不确定。从现实意义上说,这种风险属于或然性风险,既具有发生的可能性,也具有不发生的可能性。而刑法对于谦抑的放弃则意味着国家强制力对于公民生活的全面侵蚀,公权力本就有扩张的属性,在限制框架瓦解之后,强大的公权力必然会挤压公民自由等权利空间,这种由规范层面衍生的必然风险同样是法治国所无法承受的代价。在社会风险的或然性与规范风险的必然性之间,以诱发必然风险去应对或然风险显然是不理智的。

第二,以必然风险应对或然风险固然是不理智的,但放弃刑法谦抑属性的负面影响远非如此。刑法的法益保护机能、人权保障机能与社会防卫机能之间是相互联系、相辅相成的关系,对于谦抑属性的放弃意味着人权保障机能的式微。如此,刑法本身所具有的"恶"的属性失去限制而肆意扩张,必然会影响到人们对于法律规范的信任。换言之,刑法实施的"过度"与"不及"都会减损刑法规范执行的确证效力,此时法益保护与人权保障的

① 参见陈兴良:《刑法的价值构造》,中国人民大学出版社 2006 年版,第 8 ~9 页。

② 参见张明楷:《避免将行政违法认定为刑事犯罪:理念、方法与路径》,载《中国法学》2017 年第 4 期。

机能也难以发挥。因此,不仅社会中原本存在的风险“存量”没有得到有效解决,反而因刑法的不当扩张引发了新的风险“增量”。

第三,应对风险、预防风险并非只有刑事手段一种途径,而且虽然刑法具有严厉性,但是在社会治理的过程中,治理因素作用的发挥是复杂的,并没有任何证据与理论表明严厉的手段是合适的手段。刑法规范原本处于保障法的位置,即只有在其他手段无法发挥有效作用时,才具有介入的理由。如果放弃了刑法谦抑的立场,在应对风险的过程中,首先考虑刑事手段,则意味着其他社会治理手段被弃而不用,无法发挥治理效用,从长远来看,这并不利于社会风险的有效防控。

刑法防卫社会的理性姿态在于谦抑。首先,刑法的谦抑性体现在刑法理念中,谦抑主义深刻根植于社会契约理论之上,主张国家权力与个人权利之间必须泾渭分明,以剥夺个人自由为内容的刑法更应该退守在自己的领域内,接受法治原则的制约。[①] 刑法必须恪守谦抑的本质,保障个人权利不受国家刑罚权的恣意干涉。即使是在人工智能风险日渐凸显的风险社会,也不能为了追求社会防卫机能的实现而轻易抽象行为的危险,无限提前刑法的保护,从而避免刑法沦为单纯的社会控制工具与犯罪预防手段。其次,刑法的谦抑品格还应当体现在刑事立法中。刑法作为保障法,只有当其他部门法无法保障法益,而刑法规范本身通过刑法解释仍无法避免上述情形时才允许刑事立法的介入。所以,当社会上出现某种损害法益的新兴行为方式时,应对的思路应当是首先穷尽前置法规制、现行刑法解释等路径,而非肆意扩大犯罪圈。这一思路同样体现在刑法的执行上,当前置法规范可以发挥制止侵害、排除妨碍、消除危险等作用,足以保障个人、集体和国家的法益时,刑法应当谨守谦抑品质。

---

① 参见陈璐:《论刑法谦抑主义的消减》,载《法学杂志》2018 年第 9 期。

(二)风险应对预防走向性的警惕①

随着工业社会的发展以及风险社会的来临,社会中的风险与矛盾愈加难以预见与控制。在这种情形下,“自由给安全让路”的观念深入当代社会民众内心,刑法的谦抑主义必将遭遇一定程度的消减。② 在部分学者看来,由于我国刑事法治环境的变化,刑法谦抑主义的消减具有必然性,传统刑法理论的修正扩张也印证了这一趋势的存在,具体表现为法益保护的前置化与统制管理功能的多用化。③ 这一观点客观反映了谦抑主义消减与预防主义肇端的刑法发展趋势。

实际上,应当客观看待刑法的预防走向,这种价值偏向的产生在某种意义上具有合理性。一方面,刑法所处的社会环境发生变化,这自然会影响刑法机能实现的侧重。相较于启蒙时代的政治经济氛围,现实风险社会的规范议题不再是强调国家统治权力的过度集中或是自由应如何分配等,而是聚焦在社会持续处于一种高度依赖社会控制机制的氛围,亦即要求国家积极采取行动排除危险,实现安全保障的需求。④ 在这种社会环境及需求之下,人们往往迫切需求国家通过强制力保障社会生活的安全,这种社会情感对于刑法规范也形成了强大的舆论压力,推动着刑法防卫的界限不断前移。另一方面,国家职能的转变也会影响刑法发展的走向。在古典经济学的强大影响下,政府在传统社会中以“守夜人”的身份参与到社会活动与管理之中。在传统社会下,民众警惕政府的过度作为以及对私人领域的不当干涉。但随着晚近现代社会的到来,国家的角色和任务已经发生了根本性的转变。在当代社会,如何防范政治、经济、社会等方面的潜在风险,

---

① 参见何荣功:《刑法与现代社会治理》,法律出版社 2020 年版,第 5 ~ 36 页。

② 参见陈璐:《论刑法谦抑主义的消减》,载《法学杂志》2018 年第 9 期。

③ 参见陈璐:《论刑法谦抑主义的消减》,载《法学杂志》2018 年第 9 期。

④ 参见古承宗:《风险社会与现代刑法的象征性》,载《科技法学评论》第 10 卷第 1 期。转引自何荣功:《刑法与现代社会治理》,法律出版社 2020 年版,第 15 页。

有效应对危机,为公民提供安全的生活条件成为国家的核心任务。① 而法律的制定和实施是国家管控社会的重要手段,行政职能的转变自然会影响到法律发展的走向,因此,法律的预防走向也是国家行政职权扩张的反映。

然而,刑法的预防走向会造成诸多法律问题。因为国家的法治图像是双面的——既是公民权利的保护者,也是公民权利的威胁者,刑法的法治图像也是双面的,刑法中的"秩序安全"也具有双面的含义。在国家法治图像没有改变之前,单方面对刑法预防机能给予美好期待,放松对刑罚权的限制,很有可能动摇刑事法治的根基,带来事与愿违甚至不良的后果。② 因此刑法的预防走向应当是有一定限度和正当理由的。虽然当下学界对于刑法预防走向的限度与理由尚存在争议,有的论者从"危险要件"入手,区分危险行为与风险行为,主张预防性法规范只应针对导致法益危险的行为;有的论者从规制对象的危险性严重程度入手,主张除非惩罚某种行为是为了降低重大危险,否则犯罪化理论应排除预防危险。③ 还有诸多观点从预防有效性、法益侵害类型、避免无辜行为处罚、考虑预防成本与代价、主观责任限制、避免将危险象征化等方面详细论述了预防的限度与理由。上述观点虽然切入视角不同、论述内容各有侧重,然而都在论述同一道理——走向预防的刑法规范必须具备实质的限制与充分的理由。

在应对人工智能刑事风险的过程中,在恪守刑法谦抑理性的前提下,虽然不能一概否定刑法的预防走向,但必须对此保持足够的警惕,在采取诸如设置抽象危险犯等刑法提前介入的应对措施之时,必须充分论证预防性进路的合理性与必要性,并为其设置谨慎的限制措施,防止预防走向成为刑罚权肆意扩张的"合法外衣"。

---

① 参见何荣功:《刑法与现代社会治理》,法律出版社 2020 年版,第 16 页。

② 参见何荣功:《刑法与现代社会治理》,法律出版社 2020 年版,第 21 页。

③ See Douglas Husak, *Overcriminalization: the Limits of Criminal Law*, Oxford University Press, 2009, p. 161 – 162.

三、对于应对选择：理论调整而非体系重构

对于人工智能刑事风险应对方法的恰当选择必须建立在对于智能风险的理性评估之上，笔者在前文讨论人工智能是否具有拟制为责任主体的需要时已经对人工智能刑事风险展开了客观评估，所得出的结论是：在微观层面，现行刑法规范仍然可以有效适用；在中观层面，传统刑法理论依然具有指导价值；在宏观层面，法律规范与理论的稳定性未被动摇。基于此，对于人工智能刑事风险的应对路径选择，重点应当放在理论调整而非体系重构之上，具体对比解释论、立法论与对策论三种进路，笔者认为解释论进路符合人工智能刑事风险的客观实际，而立法论进路与对策论进路则会或多或少地产生负面效果而不能贸然采纳。

（一）风险应对解释论进路的提倡

解释论进路主张在尊重法律文本的基础上，运用刑法解释原理通过解读法律条文的方式实现规范与事实的往返，以解决刑法适用难题。在应对人工智能刑事风险的过程中，笔者认为解释论进路是合适的选择。

第一，解释论进路对于人工智能刑事风险的反应程度与人工智能对刑法规范适用造成的影响相匹配。前文已述，人工智能所具有的技术风险映射在规范层面所造成的归责风险仅存在于过失犯罪领域，且未冲击到刑法主体理论、行为理论、责任理论等根基理论。在当下刑法规范仍然可以有效适用、传统刑法理论依然具有指导价值的情形下，针对这种非全局性、非根本性的风险影响，刑法解释的方法足以应对，而无须针对刑法规范本身“大动干戈”。

第二，解释论进路能够最大限度保证法规范的稳定且“应对成本”低廉。解释论进路最重要的宗旨与最大的特征即在于对于现行刑法规范的尊重，这一进路解决问题的思路不在于“打刑法规范的主意”，而是建立在

维护刑法权威与维持刑法规范的稳定之上。在充斥着不确定性风险的社会中，刑法规范的稳定价值更加凸显，它不但保证了公民据以指导自身行止依据的明确，也保障了公民权利边界的稳固，维持了抵御公权侵蚀的力量。对于法规范的尊重与维护，也意味着“应对成本”的合理，因为解释论进路不涉及大型的修法、立法活动，将风险应对实现于法规范背后的理论运行与调试之中，最大限度地降低了应对人工智能刑事风险的各方面成本。

第三，解释论进路的理论主张可以直接应用于实践，效果明显。解释论进路是依据法律规范进行解释以期解决问题的方法选择，其理论主张均建立在刑法规范的基础上，无论是文义还是论理的解释方法均未脱逸于法律条文的规范范围。因此，解释论进路的理论主张由于有刑法条文作为规范依据而可以依据条文的适用直接实现于实践中，在所有的应对方案中，只有解释论进路的理论与实践的转变距离最短、转化阻碍最少，最具有现实可行性。

第四，需要强调的是，笔者所提倡的解释论进路，并非前文所讨论的解释论论者所采取的具体解释方法。换言之，解释论是一种宏观的方法论，而在这一方法论之下，可以实践出众多的解释方法与解释结论。前文列举的解释论论者所采取的具体解释方法中存在着抽象预见义务、违反责任主义等具体问题，但这并不意味着解释方法论存在弊端。因此，对于解释论进路的提倡还必然需要具体论证出一种既能弥合涉人工智能犯罪归责间隙，又不至于诱发人工智能刑法体系风险的解释方法，这样对于解释论的提倡才具有说服力，才能实现解释论进路的逻辑自洽，而对这一部分内容的探究，将在下一章具体展开。

（二）风险应对立法论进路的疑惑

立法论进路主张通过调整立法的方式来弥补责任归属漏洞，笔者认为以立法的方式来应对人工智能刑事风险这一途径在当下仍然存在以下疑问。

第一，人工智能刑事立法是否具有必要性。立法并不是贸然进行的，只有当社会中确实出现了传统刑法无法规制的犯罪现象以及无法有效保护的法益时，立法才有必要。在当下社会，不可否认，人工智能的确引发了多方面的刑事风险，并造成了过失犯罪中刑事责任归属漏洞。但是，同样需要认识到的是，这种新型的犯罪并未促生出新型的法益，也并未衍生出超脱于现行刑法规范所规制的犯罪类型。现行刑法规范仍然可以有效规制当下发生的涉人工智能犯罪，在这种情形下，人工智能刑事立法的必要性确实值得怀疑。

第二，人工智能刑事立法是否具有象征主义与工具主义的嫌疑。在立法必要性存疑的情形下，贸然立法的动机恐怕只有两项。其一，安抚社会中对于人工智能技术引发危险的担忧；其二，以刑事立法的手段进行社会管控活动。如此就难以摆脱刑法象征主义与刑法工具主义的窠臼，继而引发刑法的体系性风险，造成刑罚权的不合理扩张与公民权利空间的挤压。

第三，社会是否可以负担人工智能刑事立法的应对成本。在现代社会，为了保证法律的正确性、正当性、民意性，往往对立法设置了严谨周密的程序，一项法律出台的背后涉及众多环节与工作。在我国，根据《立法法》和有关法律的规定，全国人大及其常委会制定法律的基本程序包括法律案的提出、法律案的审议、法律案的表决、法律的公布四个阶段。在每个阶段，还包含大量的具体工作，仅以法律草案的提出为例，法律草案的形成过程就包括立项、立法决策；建立起草班子，开展起草工作；进行调查研究；形成草案框架和对主要问题的意见；起草条文；征求各方意见；形成送审稿并对送审稿进行审查；由提案机关讨论决定，形成正式的法律案这八项具体工作。可见，立法并非一朝一夕之功，在这一过程中会占用大量的资源。因此，如果没有立法必要，仅仅为了发挥象征功能或管控作用，则这种成本相较于目的而言实在过大。

(三)风险应对对策论进路的弊端

对策论进路试图建立起人工智能刑法体系来对抗由人工智能所衍生的刑事风险,笔者认为这种应对进路不足取。

第一,这种完全解构刑法理论基础并试图重构刑法体系的应对方式不具有现实需要。前文已述,人工智能刑事风险尚未冲击到刑法基础理论,因而没有必要从刑法理论的根基入手,颠覆传统刑法的理论架构。

第二,这种"推倒重建"的方式意味着对现行刑法规范与传统刑法理论的彻底抛弃,这种彻底变革的成本过大,远非当下社会所能承受。为了局部的、表层的问题而放弃刑法全局,导致原本行之有效的犯罪规制路径被阻断,势必引起刑法理论与司法实践的混乱。

第三,对策论进路对于传统刑法理论的解构与重构,会引发刑法体系性风险,这种由第一性风险所引发的第二性风险,对于社会的冲击将更为深刻与隐蔽,为了规避风险而引发风险的应对进路是不值得提倡的。

第三节　满足应对归责困境的现实需求

如果说排除人工智能刑事责任主体地位与恪守刑法规制风险的理性姿态这两种立场是对涉人工智能犯罪归责困境解决路径选择的约束,那么弥补由人工智能技术所引起的归责间隙则是对风险应对路径选择的现实要求。因为无论是解释论、立法论还是对策论,最终指向的都是弥补涉人工智能过失犯罪的归责间隙。在避免破坏体系安全、弱化责任正义、动摇刑罚基础等人工智能刑法风险的前提下,有效解决涉人工智能犯罪的归责困境,既是刑法应对涉人工智能犯罪归责难题的目的,也是应对路径选择的基本立场。人工智能刑法研究的出发点与落脚点即在于应对人工智能所诱发的规范层面的归责困境。根据前文的论述,人工智能技术导致了规范层面的归责困境,而对于困境解决路径的选择则有可能进一步诱发人工智能刑法的体系风险。基于此，弥合涉人工智能犯罪的归责间隙与规避人工智能刑法的体系风险，自然成为应对涉人工智能犯罪归责困境方法选择的应然立场。

一、归责困境的解决需要弥合归责间隙

人工智能的技术风险在规范层面引发了过失犯罪的归责难题，我国传统过失理论构造的诸多特点与人工智能技术特征之间存在着格格不入的适用难题，导致了在涉人工智能过失犯罪的情形下刑事责任难以有效归属的法律适用困难。任何人工智能刑法研究的进路均是为了使相关犯罪的刑事责任实现有效且正当的分配。所以，刑法解决涉人工智能犯罪归责困境的立场遴定与方法选择必须能够满足弥合归责间隙的现实需要。

（一）克服预见不能引发的归责困境

基于我国意志归责的责任归属模式，在过失犯罪中，预见可能性成为责任产生的起点，只有对行为及结果具备预见可能时，才能进一步考虑责任归属的问题。而人工智能技术对于犯罪的"参与"的首要影响即体现在行为人对于自身行为所引发结果的预见不能之上。为使刑事责任得到有效分配，刑法应对涉人工智能犯罪归责困境的方法选择必然需要克服行为人预见不能所带来的归责困境。

（二）理顺因果关系的规范体系定位

同样，在传统过失犯罪理论构造中，行为人应当对行为引发结果的因果流程具有大体的预见；而且过失犯罪属于结果犯，行为与结果之间的因果关系同样是成立犯罪、分配刑事责任必然要查清的构成要素，所以无论是在传统犯罪还是在传统刑法理论之中，因果关系的查明具有举足轻重的作用。人工智能对于犯罪的"参与"导致了犯罪因果流程查明的困难。在

这种情形下,因果关系问题必须被重新考虑,对于这样一项连接事实与规范的要素,应当在事实层面思考因果流程还是在规范层面解读因果关系成为刑法应对人工智能风险方法构建面临的重要问题。如果单纯在事实层面上考量因果问题,那么难以查清客观事实终究无法通过解释的方法予以改变。换言之,仅在事实层面考虑因果流程这种观点给人工智能刑事风险应对留有的空间较为狭窄。因此,必然需要在规范层面探究传统因果理论的规范解读,如此方能克服因果难以查明所导致的归责困境。

(三)应对注意义务缺位的现实情形

借鉴德日理论将对于注意义务的违反视为过失犯罪的客观构成要件的观点得到了众多论者的支持,加之我国刑法条文中关于过失犯罪的表述特征,使得注意义务这一判断标准成为过失犯理论构造中的重要因素。在刑法规范中,注意义务来源于填充规范,填充规范的存在是判定注意义务的基础。然而,当下关于人工智能的法律法规尚未健全,人工智能行业的相关准则、标准等规范性文件并不完善。在这种情形下,一方面应当加快建立相关的法律法规与行业标准;另一方面应当通过刑法的解读来缓解由于缺乏填充规范引起的注意义务判定不能的消极影响,因为犯罪是不会等到填充规范完备、注意义务明晰之后再发生的。

(四)突破纵向关系的惯性思维束缚

在传统过失犯理论之下,学者们对于过失犯罪刑事责任的分配更多的是因循“主体—客体”的思维模式,而缺乏“主体—主体”的横向考量,这种惯性思维导致在过失犯罪中主体与主体之间的责任划分几乎成为理论空白。在涉人工智能的过失犯罪中,由于技术的专业程度与生产工艺的精细划分,人工智能的生产、设计等过程被划分为众多阶段,那么设计者或者生产者只在自己所处的阶段内具有一定的控制能力,而对超出自身所处领域的事项则无法实现有效的掌握。但由于技术与生产流程的连贯性,一项事故的发生往往是数个环节或流程发生失误所致，因此，在分工愈加精细的环境下，反而需要进一步思考不同主体之间的关系以及在产生相应刑事责任之时的责任合理分配。

（五）回应经验事实缺乏的认定难题

经验事实是判断预见可能、因果关系等归责要素的基础，缺乏对于经验的积累与事实的掌握，人们可能陷入难以认识客观世界规律的困境。而人工智能时代的到来与技术的迅速发展，似乎催生了人类经验的空白领域。在没有经验事实可供凭借的情形下，任何规范要素的判断都会成为难以解答的问题。面对这种由人工智能所引发的超脱于人类经验之外的危险，刑法在应对之时必须予以回应。

二、归责困境的解决需要规避体系风险

人工智能刑法体系风险是人工智能技术在规范层面引发涉人工智能犯罪归责风险后，刑法进行风险调适时所衍生的第二性风险。相比于涉人工智能犯罪的归责困境，人工智能刑法的体系风险不仅影响更加深远，而且更为隐蔽，可以说是比在归责过程中出现的责任分配间隙更为“恐怖”的制度性风险。因此，对于人工智能刑法体系风险的避免更加应当体现在刑法应对涉人工智能犯罪归责困境的立场上。

（一）戒备传统责任要素的异化

在涉人工智能犯罪归责困境应对方法的选择上，对于异化传统责任要素以适应归责需求的进路一定要慎之又慎，将预见可能抽象化、侵害结果边缘化、因果关系减省化、过错责任局部化的调整方式，不仅动摇了刑法的基础理论，其所体现的没有节制的刑法预防走向会进一步引发刑法体系功能的紊乱。因而，在应对涉人工智能犯罪归责困境的立场遴定与方法选择

时,必须要戒备将传统责任要素异化的应对对策。

(二)防范刑法体系功能的紊乱

刑法体系的安全性、刑事责任的公平性与刑罚制度的正当性,是限制刑法“恶”性肆意侵犯公民自由领域与权利空间的重要规范外保证。因此,即使是出于弥补涉人工智能犯罪的归责间隙的目的,也不能以放弃刑法的上述价值为代价。否则,将引发刑法体系性的功能紊乱,不仅不能从根本上有效地弥合涉人工智能过失犯罪的归责风险,还会造成刑法对大量传统犯罪规制的失效。所以,在应对涉人工智能犯罪归责困境的立场遴定与方法选择时必须要防范导致刑法体系功能紊乱的应对对策。

第四节 基本结论

基于对人工智能技术所诱发的归责困境与相关应对路径的具体分析,笔者认为,应对涉人工智能犯罪归责困境的有效理论进路应当能够体现以下三点基本立场。

其一,排除人工智能的责任主体地位。理由在于:在事实层面,人工智能受运作机理、本质属性以及发展脉络的限制而不能成为刑事责任主体。在规范层面,人工智能因不具备自由意志、责任能力、行为能力、受刑能力、拟制条件而不应成为刑事责任主体。在价值层面,人工智能由于尚未冲击到刑法的基础理论构造,以自然人为中心的责任主体规范依然可以有效适用而无须成为刑事责任主体。

其二,恪守刑法规避风险的理性姿态。具体而言:对于技术发展而言,刑法应当理性干预而非感性干涉,防范因刑法越俎代庖而造成技术萎缩。对于智能犯罪而言,刑法应当恪守谦抑而非畸重预防,即使预防走向具有衍生理由,但作为刑法安全保障的谦抑性也不应当被放弃。对于应对选择而言,刑法应当进行理论调整而非体系重构,在解释论进路上采取合适的原理对规范进行解释足以弥合归责间隙,无须对刑法进行体系重构。

其三,满足应对归责困境的现实需求。归根结底,人工智能刑法研究的目的在于应对人工智能刑事风险。在这种意义上,只有能够满足风险应对需求的方法才是具有实践价值的。因此,涉人工智能犯罪归责困境的应对路径,一方面,需要能够弥合归责间隙,包括克服预见不能引发的归责难题、理顺因果关系的规范体系定位、应对注意义务缺位的现实情形、突破纵向关系的惯性思维束缚、回应经验事实缺乏的应对难题;另一方面,也需要规避刑法体系风险、戒备传统责任要素异化、防范刑法体系功能紊乱。

第五章　刑法应对涉人工智能犯罪归责困境的方法抉择

涉人工智能犯罪归责困境应对立场的遴定，实际上框定了弥补归责间隙的方法论，即在刑法解释学的范畴内运用刑法解释方法实现对智能风险的有效规避。在已有的解释论进路中，虚化注意义务的内容、降低行为人预见义务与回避义务的标准、将涉人工智能犯罪的构罪标准提前至抽象危险的产生等方法其实并没有从根本上克服智能技术给过失犯罪带来的理论困境，而只是对于当下的预见不能情形的一种无奈妥协，所以只有转换这种建立在意志因素之上的归责模式，尝试运用规范归责的理论模型，才有可能真正弥合过失犯罪的归责间隙。规范论是刑法归责原理的基石①，在涉人工智能过失犯罪领域，实现“由意志向规范、由主观向客观”的责任归属模式转型需要摆脱传统过失理论的论证思路，构建新的过失犯理论构造，并以此解读刑法规范的相关规定，应对人工智能过失犯罪的归责困境。

① 参见陈璇：《刑法归责原理的规范化展开》，法律出版社 2019 年版，第 5 页。

第一节　过失归责构造的转型：从意志归责到规范归责

人工智能技术特征所引发的规范难题集中体现在人工智能过失犯罪的归责困境之上，由于我国主流的过失犯罪理论是以预见可能性等意志因素作为构建基础的，而人工智能技术对于犯罪的“参与”动摇了过失犯罪的归责基础。因此，有效的尝试方向在于从理论上转变过失犯罪责任归属的构造，摆脱过失归责对于主观意志要素的过度依赖，实现从意志归责到规范归责的理论转型，以期弥合人工智能过失犯罪的归责间隙。从理论层面试图转变我国过失犯罪的归责构造，有必要对意志归责与规范归责的理论基础与动态转型进行梳理与评述，以期知其然，亦知其所以然。

一、意志归责的发展脉络与核心特征

所谓意志归责，就是以人所具有的自由意志作为分配刑事责任核心根据的归责模式。在意志归责的责任归属模式之下，刑事责任所非难的对象是行为人的主观意志，即使是法规范所评价的客观行为的本质仍属于行为人主观意志的外在表现。我国学者吴玉梅曾将其经典地概括为：“意志归责认为，人的责任之所以成立，其根据并非在于客观上所招致的法律禁止状态，而是因为那种状态是人意志自由的表现，是具有意志内容的行为所引起的。”①当然，意志归责具有漫长的发展历程，其所具有的核心特征也并非如此简单的定义所能概括的。

① 吴玉梅：《德国刑法中的客观归责研究》，中国人民公安大学出版社2007年版，第23页。

(一)意志归责的发展脉络[①]

意志归责的发展历程经历了从黑格尔到拉伦茨再到霍尼希三个重要的理论节点,促使意志归责的内容不断丰富完善。

黑格尔有关意志归责的思想基础在于,其认为人是具有意志自由的,只有内化为自由意志的人才能成为刑法上的主体,而犯罪行为只能因为是意志的过错而被归责。[②] 由此可以清晰地辨识出意志在黑格尔归责思想中的核心地位。在此基础上,黑格尔的归责思想归纳起来有三个重点:其一,人可以成为刑法主体的原因在于人具有意志自由;其二,人的行为是主观意志的客观表现,只有出于人的意志的行为才是其自己的行为;其三,责任归属的根本依据在于人的意志,因为只有意志的存在与贯穿,才能决定责任主体的存在与行为对于主体的归属。

拉伦茨在继承黑格尔归责思想的基础上又进一步发展了意志归责的理论模型,其归责思想可以总结为以下几点:其一,首先明确了归责所解决的核心问题在于判断什么可以算作是一个主体自己的行为,亦即主体应该对什么负责。其二,最早提出了客观归责,即归责的问题与行为人的个人特性无关,仅仅决定于一个对于客观关系的判断,即某个已经发生的事实,是不是某个主体的行为。至于对这个主体,是否因为某个行为而予以法律上或道德上的责难,是否应当予以主观归责,则在所不问。[③] 其三,区分了因果关系与客观归责的界限。当时的理论将归责划分为行为归责与法律

---

① 参见许玉秀:《主观与客观之间——主观理论与客观归责》,法律出版社 2008 年版,第 178～190 页;吴玉梅:《德国刑法中的客观归责研究》,中国人民公安大学出版社 2007 年版,第 23～35 页。

② 参见许玉秀:《主观与客观之间——主观理论与客观归责》,法律出版社 2008 年版,第 179 页。

③ 参见许玉秀:《主观与客观之间——主观理论与客观归责》,法律出版社 2008 年版,第 180 页。

归责,而当时的主流观点将行为归责等同于因果关系的证成。但拉伦茨对此提出异议,其认为因果关系所解决的问题在于行为与结果之间的经验联系,而归责讨论的则是如何判断某一行为能够归属于特定主体,仅凭因果关系的证成无法解决行为归属的问题。所以因果关系与客观归责并不相同,甚至不是同一范畴内的理论内容。其四,拉伦茨提出了客观目的概念。拉伦茨认为,既然因果关系的证成无法在行为与主体之间建立联系,那么就需要引入一种客观的要素将行为归属于主体,而这种客观要素即行为目的,目的是行为的共通内涵,借由行为人的目的,也就是行为人在目的论上的一致性,可以确定行为是不是属于行为人自己的行为。所谓透过目的去化解意外结果与必然结果并存的矛盾,并非依行为人的主观具体认识和意欲,去确定必然的结果,并排除意外的结果;而是依一般而言,可能被行为人目的认识及意欲所及的,即属于行为人自己的事实,而非意外的事实。①其五,拉伦茨将预见可能性作为归责的原则。拉伦茨将其提出的判断行为是否能够归属于主体的标准——行为是否为行为人目的认识及意欲所及概括为预见可能性,并将行为人是否具备预见可能性作为将行为归属于主体的前提与基础,在拉伦茨的归责思想中,预见可能性已经成为归责的一项基本的原则。

霍尼希在拉伦茨的归责观念之上又发展出新的理论内容。霍尼希认为,其一,行为与结果之间的关联可以区分为因果关系与客观归责,因果关系是客观归责的前提。与拉伦茨相同,霍尼希也认为因果关系与客观归责这两种要素分属行为与结果之间关系的不同面向。因果关系说明的是行为与结果在本体论上的客观关系,属于事实要素;而客观归责则是在法律层面赋予行为与结果之间的关系以法律意义,使之成为能够承载法律评价的责任要素。其二,霍尼希在此基础上提出了合目的性。霍尼希也在探寻

① 参见许玉秀:《主观与客观之间——主观理论与客观归责》,法律出版社 2008 年版,第 181 页。

如何才能在法律评价的意义上将行为归属于主体,或者说他也在寻找主体、行为与结果之间承载着已知内容的客观联系,而这种联系正是价值判断的基础。① 而霍尼希认为这种联系就是合目的性,即那种可以被认为是合目的地设定的结果,是可归责的。② 其三,也是霍尼希上述观点所体现的,即归责问题不仅仅是在事实层面进行行为以及结果的归属,它的实质在于规范之上的评价,也即归责与评价紧密相连。

(二)意志归责的核心特征

意志归责由黑格尔思想奠基,后经拉伦茨、霍尼希等人不断发展,理论范畴愈加宏大,不同论者对于同一问题也产生了不一致的意见,展现了不同的发展走向。但是,由于同属于意志归责范畴的理论内容,还是能够抽象出这一归责思想的核心特征的。

1. 意志归责以意志自由为理论根基

无论是黑格尔还是后来的拉伦茨、霍尼希等人,其归责思想的构建根基均在于对意志自由的坚信。这种观念已经内化入刑法的责任思想中,认为只有人具备意志,且意志是自由的,才能成为刑法责难的主体,只有在自由意志支配下的行为才能成为刑法非难的对象。所以,刑法否定评价的根本就在于对自由意志的责难。在这种意义上,判断某人是否应当承担刑事责任的重点在于其意志因素,而非外化的行为等客观因素,意志成为责任归属基础中的基础。

2. 意志归责以预见可能为归责依据

在意志归责模式中,预见可能性是行为人目的认识和意欲所及的范围,是主体与行为之间存在可归属关系的联结点。意志归责模式认为,只有行为人存在对于其行为及产生结果的预见可能,行为人方能具备对行为

---

① 参见吴玉梅:《德国刑法中的客观归责研究》,中国人民公安大学出版社 2007 年版,第 27 页。

② 参见吴玉梅:《德国刑法中的客观归责研究》,中国人民公安大学出版社 2007 年版,第 27 页。

与结果的认识可能，只有行为与结果在行为人的认识之下，行为人方能以其意志支配行为的进行与结果的发生。所以，在意志归责模式之下，预见可能性成为责任归属的依据或前提。虽然在意志归责范畴内，部分观点认为从客观、抽象层面解读预见可能性并将其作为归责依据，所体现的是对行为与结果的价值趋重以及对意志的理论偏离。即使是拉伦茨也曾言这种归责模式（客观归责）并不取决于行为人本人的意愿和认知，但不可否认的是“在现实中体现了目的的结果，是意志所指向的内容，只有以此为根据，才能说明这个在外部世界中所出现的结果承担责任的合理性”①。

3. 意志归责衍生了客观归责理论雏形

实际上，意志归责思想的滥觞与不断发展也是客观归责理论形成与发展的历程。从学说历史的角度来看，黑格尔的归责思想奠定了整个客观归责理论的思想基础，拉伦茨所提出的归责理论本身所反映的就是一种归责要素的客观化走向，霍尼希所提出的客观的目的性也被后来的罗克辛认为是“归责的根本决定要素”。虽然上述学说在责任归属的本质上依然依赖于主观要素与意志要素，但拉伦茨与霍尼希在解读作为归责前提的预见可能性等要素时，试图通过将个体抽象为一般人的方式实现由主观向客观的转变。所以说，意志归责并不意味着纯粹的主观归责，在意志归责中，允许带有客观色彩的归责要素发挥作用。但究其本质，自由意志仍然是责任归属的最重要的根据，在意志归责的范畴内，以意志作为非难的依据与对象必然会将整体归责构造引向偏重主观要素的走向趋势，即使部分要素的客观化也难以影响整体的归责构造与重心。

（三）意志归责的学说评述

通过梳理意志归责的发展脉络以及归纳意志归责的核心特征可以发现，意志归责的真正贡献在于其实现了事实与规范的区分。人的行为具有

---

① 吴玉梅：《德国刑法中的客观归责研究》，中国人民公安大学出版社2007年版，第24页。

两面性，既体现为自然活动，又体现为社会活动。而事实层面因果关系的证成只能说明人的行为与结果之间具有自然规律上的引起与发生的关系，而无法在规范层面将行为所引发的结果归属于行为人，即因果关系无法实现结果责任的归属。鉴于此，意志归责论者主张将人所具有的自由意志作为责任的根据，认为只有在人的自由意志支配下的行为与结果才能归属于行为人，所以真正能够实现归责的并非事实层面的因果关系，而是意志所实现的对于主体与行为、结果之间的勾连。因此，意志归责论者主张将本体论上的因果关系从归责中排除出去。①

在此基础上，论者们进一步将自由意志具象化为预见可能性，认为只有能够为行为人所预见的行为与结果，才是行为人认识与意欲所及的范围，才具有意志自由支配的可能性。为了构建归责的非规范评价性的、一般化的标准，论者们又将预见可能性或者操纵可能性等抽象为客观的归责标准。可以发现，以上种种理论构建所服务的目的或所欲达成的目标只是将责任从事实层面分离出来并将其归属于规范层面，而意志归责本身并不是在进行规范评价，也不是规范评价的组成内容。正如我国学者所言："意志归责对行为的论证仅仅是为规范评价提供前提条件，对于责任归属而言，意志归责只是一个开端而远远不是全部。"②或许，为归责奠定一般基础，为归责理论的构建奠定刑事法理基础才是意志归责的原本面容。

一旦赋予这种宏观的、非规范评价的、前法律意义上的归责思想以微观的、规范评价的、法律意义上的归责机能，则会引发具体归责过程中对于主观要素的过度依赖。前文所述的我国传统的过失犯论中即存在这种情形，在传统的过失犯论中，整个归责过程建立在判断行为人是否具有预见可能性之上，这就是将意志归责中用以说明自由意志所及范围以及联系主体与行为的抽象预见可能理论具象化为判断归责与否的具体标准，使得原

---

① 参见吴玉梅：《德国刑法中的客观归责研究》，中国人民公安大学出版社 2007 年版，第 36 页。

② 吴玉梅：《德国刑法中的客观归责研究》，中国人民公安大学出版社 2007 年版，第 50 页。

本属于规范评价前置要素的预见可能参与到规范评价中,如此也导致了我国传统过失犯论对于主观要素的依赖畸重。尤其是在面临人工智能技术引发的刑事风险情形下,以预见可能为代表的行为人的主观要素受到技术风险的冲击而面临着极大的不确定性。在这种形势下,过度依赖主观归责要素必然会影响到责任归属的合理判断,造成部分涉人工智能犯罪的刑事责任无法有效地分配到适当的责任主体之上。此外,值得强调的是,本书在归责构造转型语境下适用的意志归责并非宏观的、非规范评价意义上的意志归责,而是微观的、参与规范评价意义上的意志归责,也即是评价我国传统过失犯论意义上的狭义的意志归责。

二、规范归责的流派学说与基本要求

规范归责的核心含义在于对行为人进行归责的理由是行为人违反了规范。如果说在意志归责中,行为人的自由意志是考虑的核心,那么在规范归责中,核心的考虑则是对结果规范的违反。由于归责与对规范的违反有着密切的联系,所以这种理论被称为“规范的归责”。在规范归责中,“风险”概念成为连接事实与规范之间的关键要素,因为风险本身就是由对事实状态的评价而得来的,可以说规范归责中的各种学说都围绕着对风险的认识和界定而展开。①

(一)规范归责的流派学说②

穆勒是较早尝试将规范的违反作为归责根据的学者,他所提出的理论

① 参见吴玉梅:《德国刑法中的客观归责研究》,中国人民公安大学出版社2007年版,第52页。

② 参见吴玉梅:《德国刑法中的客观归责研究》,中国人民公安大学出版社2007年版,第52~107页;劳东燕:《刑法中的客观不法与主观不法——由故意的体系地位说起》,载《比较法研究》2014年第4期;许玉秀:《主观与客观之间——主观理论与客观归责》,法律出版社2008年版,第191~203页。

奠定了规范归责的基础。穆勒从相当性理论出发，认为因果关系所解决的是事实层面的行为与结果的联系，而相当性理论则是在规范层面评价行为与结果之间的关系。相当性理论认为，只有当行为能够在普遍意义上引起结果发生或者提升结果发生的可能性时，行为与结果之间的因果关系才具有相当性，才是能够进一步进行规范评价的，而且判断行为与结果是否具有相当性本身就是规范层面的价值判断。在判断是否具有相当性时，穆勒反对以生活经验作为标准来判断结果的发生对于行为来说是否是相当的；他主张以规范作为标准，在判断结果发生风险提升时必须要参考规范的被损害情况。而规范既规定了基于防范禁止的风险增高的行为禁令，同时也确定了用于划定规范目的的具有法律意义的重要界限。如果行为违反了规范所禁止的风险增高行为，则触动了归责的界限；如果行为并未违反规范所确立的目的，且该行为具有社会效益，则属于允许的风险，不应予以归责。

恩格希进一步发展了穆勒的规范归责理论，他主张通过两次相当性判断来确定违反规范的行为与结果发生之间的责任关联。在第一次相当性判断中，恩格希继承了穆勒的禁止风险的思想，并将其概括为"客观上必须之谨慎"。只有当行为人对于避免那个必须由他避免的结果缺乏"客观上必须之谨慎"时，他的行为方式才是违背法律规范的。① 所谓违背了"客观上必须之谨慎"就是违背了相当性要求，即行为明显增加了风险的系数。值得说明的是，在第一次的相当性判断中，结果是指在构成要件上而言的抽象结果。在第二次相当性判断中，恩格希首次提出了"禁止风险的实现"，并将其视为规范违反与结果之间相联结的中心，也是规范归责的重心所在。如果说第一次相关性检验是通过"客观上必须之谨慎"来说明规范违反行为与抽象结果之间的归责关系，那么第二次相关性检验则是通过"禁止风险的实现"来证成规范违反行为与具体结果之间的责任联系，由此

---

① 参见吴玉梅：《德国刑法中的客观归责研究》，中国人民公安大学出版社2007年版，第60页。

也能推断出，在第二次相关性检验中所提及的结果是具体的犯罪结果。简言之，恩格希希望通过两次相当性的检验来准确确定规范违反与结果之间的规范关联。第一次检验是证明规范违反行为能够引发抽象的构成要件的结果，第二次检验则是通过考察规范违反行为与具体结果之间的关系排除偶然情形。

雅科布斯的规范归责理论在归责内容上进一步细化，其理论内容也较为庞杂，然而值得关注的是雅科布斯的禁止风险理论。雅科布斯以社会期待学说作为其归责思想的基础，他认为人们在日常生活中作为角色承担者而相互联系，并且必须相信他人能够实施一个确定的标准形式的行为。① 既然每个社会中的人都承担着一定的社会角色，被期待着实施一定的标准行为，那么为了保证社会交往的有效实现，人们对自身的行为就具有一定的保证义务。而法规范所规制的正是违背了保证义务，使他人的合理期待落空的行为。在此基础上，雅科布斯将注意义务的违反，即禁止风险作为归责的前提，并将"社会角色"作为判断禁止风险的标准。雅科布斯认为，允许或禁止风险中的利益权衡，核心不是对法益的保护，而是对特定行为方式期待性的保护，即"期待保障"。这种期待和有效的交往领域相联系，如果行为人不符合其所承担的社会角色，那么行为人有可能使这种期待落空。② 而这将成为禁止风险的来源与责任承担的理由。

罗克辛的规范归责理论进一步发展了恩格希的风险增高理论。在罗克辛所论述的归责思想中，风险增高理论建立在允许风险与禁止风险的区分之上。他认为允许风险是对交往需要和个别保护利益之间进行权衡的结果。③ 如果对于大量的现代交通方式、企业中危险的仪器设备以及在其

---

① 参见[德]格吕恩特·雅科布斯：《行为　责任　刑法——机能性描述》，冯军译，中国政法大学出版社 1997 年版，第 92 页。

② 参见吴玉梅：《德国刑法中的客观归责研究》，中国人民公安大学出版社 2007 年版，第 83 页。

③ 参见吴玉梅：《德国刑法中的客观归责研究》，中国人民公安大学出版社 2007 年版，第 92 ~ 93 页。

他许多与危险相比更具有社会效用性的行业，立法者许可风险达到某个限度，那么只有当行为人的行为意味着风险的增高超过了允许的限度时，才可进行归责。[①] 在这种权衡标准之上，超过立法许可限度的风险自然属于禁止风险，而允许风险即为在法律允许程度之内结果发生的风险性。在此基础上，罗克辛进一步讨论了降低风险与创设一个新的较低风险在客观归责排除事由上的意义。在风险实现方面，罗克辛认为如果违反义务的行为使结果发生的风险高过了允许的程度，那么禁止风险就已经实现于结果之中。[②] 可以看出，在罗克辛的理论体系中，风险增高实际上包括风险创设与风险实现两部分内容，而这也成为客观归责理论的支柱内容。

鲁道菲在罗克辛的风险增高理论之上又将民法中的规范保护目的学说引入对于风险实现的判断之上。鲁道菲反对将结果视为单纯的构成要件层面或集体层面的客观事实，他更为关注的是这个实际存在的结果是否属于那些可以由谨慎规范来理解的结果。[③] 在鲁道菲看来，如果被违反的谨慎规范的保护目的涵盖了具体发生的结果，那么就存在着风险的实现。[④] 从这种意义上看，鲁道菲所提出的规范保护目的的意义与作用并非仅仅在于解释风险增高，而是已然成为一项判断风险实现的规范标准，而规范保护目的也成为客观归责理论中的一项重要内容，虽然不同学者对其定位具有不同的看法与意见，但是这一理论得到了包括罗克辛在内的众多刑法学家的认同。

（二）规范归责的基本要求

规范归责将“规范的违反”视为刑事责任归属的根据。在这一基本归责思想的影响下，规范归责的学说虽然异彩纷呈、各有侧重，但均削弱了责

---

① 参见吴玉梅：《德国刑法中的客观归责研究》，中国人民公安大学出版社 2007 年版，第 93 页。

② 参见吴玉梅：《德国刑法中的客观归责研究》，中国人民公安大学出版社 2007 年版，第 96 页。

③ 参见吴玉梅：《德国刑法中的客观归责研究》，中国人民公安大学出版社 2007 年版，第 104 页。

④ 参见吴玉梅：《德国刑法中的客观归责研究》，中国人民公安大学出版社 2007 年版，第 104 页。

任归属对于行为人主观意志因素的过分依赖,试图在更加明确的规范层面构建归责的逻辑体系与归责方法。纵观规范归责各个流派学说的发展脉络,取其理论最大公约数,可以进一步明确规范归责模式下责任归属的具体要求。

1. 规范归责的前提在于风险类型的区分

在规范归责之中,“风险”成为学说构建与理论展开的核心词汇,以这一具备规范含义的名词来描述行为与结果之间的规范关系本身即体现了规范在归责之中的重要属性。规范归责思想就是以“风险”为逻辑起点展开的刑事责任归属理论的宏大叙事与细节搭建。规范归责论者认为,在现代社会之中,风险的产生不可避免,甚至难以预防,为了维持社会有效运转,保持并提升社会的生产效率与民众的生活水平,某些能够实现上述社会效用的风险应当被法律所允许,这种风险属于允许风险。而当某种风险的发生与肆虐打破了社会效用与社会危害之间的平衡关系,超出了民众忍耐与社会预期的水平,则法律就有正当理由对这种风险进行规制,这种风险即属于禁止风险。由于规范归责思想认为允许风险是社会运行发展所需要承担的代价,并非刑事责任所评价的对象,只有禁止风险才能触发责任归属的问题考量,所以对于允许风险与禁止风险的划分是规范归责的前提。至于允许风险与禁止风险的划分依据,毫无疑问是刑法规范。因为法律是能够反映民意的规范性文件,它能够真实地映射出民众对于社会中种种风险的忍耐程度与价值偏好,并将其抽象化、固定化、规范化,成为规范的内容与品格,使其能够参与到规范的社会治理中,具备统一性与可执行性。所以,虽然对于风险属性的划分根据不能脱离风险背后的社会效用与民众对风险的忍耐程度,但是在规范层面上讨论责任归属问题应避免标准的宽泛与模糊,所以还应以能够反映上述要素的法规范为依据。

2. 规范归责的开端在于禁止风险的判断

在依据法规范区分允许风险与禁止风险之后,规范归责要求进一步判断禁止风险的存在。因为只有行为中蕴含着规范所禁止的风险,它才具有规范之上的评价意义。换言之，禁止风险的存在实际上赋予了存在于事实层面的行为以规范层面的评价可能。所以判断行为之中是否蕴藏着禁止风险成为规范归责实质程序的开端。关于如何判断行为之中蕴藏着禁止风险，规范归责论者将注意义务的违反视为认定的核心。注意义务在归责中属于规范的标准，而刑法中的填充规范也正是其主要来源。在禁止风险内部，风险概念与行为规范所确定的标准相适应，这些标准说明的是构成要件上所保护法益的禁止危害。① 也就是说，行为对行为规范所确定的标准（注意义务）的违反意味着禁止风险的存在。所以，在规范归责的模式之下，责任归属首先要求行为人的行为蕴含禁止风险。换言之，规范归责要求行为人的行为违背注意义务。

3. 规范归责的重心在于禁止风险的实现

正如雅科布斯所说："对结果的解释处于客观归责的中心地位，结果向风险的追溯由此也是客观归责的中心问题。"②禁止风险的实现是规范归责对于行为所引发结果的要求，它也反映了规范归责模式下行为与结果之间的规范关联，即只有行为所蕴含的禁止风险最终实现于结果之中，行为与结果才具有规范联系，才能贯通成为规范评价的对象。在这一过程中需要检验的是，在结果中实现的风险是否就是禁止风险。对此，部分论者主张只有那些对于结果实现具有规范层面解释意义的风险在结果中得以实现，才可认为所实现的是法律上禁止的风险。③ 另有论者主张通过规范保护目的的方式检视行为风险在结果之中是否得以最终实现。虽然两种观点有所差异，但共同体现了规范归责论者对风险实现问题的重视程度与这一问题在规范归责中的重要地位。可以说，行为与结果、风险与危害之间的动态联系与转变在规范之上集中体现在风险的实现这一过程中，所以规范归

---

① 参见吴玉梅：《德国刑法中的客观归责研究》，中国人民公安大学出版社 2007 年版，第 82～83 页。

② 吴玉梅：《德国刑法中的客观归责研究》，中国人民公安大学出版社 2007 年版，第 85 页。

③ 参见吴玉梅：《德国刑法中的客观归责研究》，中国人民公安大学出版社 2007 年版，第 85 页。

责的实现必然要求对禁止风险实现的考察。

(三)规范归责的学说评述

用一句话总结规范归责的基本特征以及其与意志归责的根本差异,应当是"规范归责以规范为归责的根本"。在刑事责任归属中,以规范为根本体现在以下三个方面:其一,规范归责以规范作为划分风险类型(允许风险或禁止风险)的标准;其二,规范归责以规范作为判断行为属性(是否蕴藏禁止风险)的标准;其三,规范归责以规范作为判断风险实现的标准。在责任归属判断过程中,规范发挥着架构功能,它不仅削弱了难以捉摸的意志因素在归责中的作用,而且使刑法评价所覆盖的范围进一步扩大,还实现了行为、结果、因果关系等归责要件在事实层面与规范层面的描述、评价体系的转换。在事实与规范的转换中,规范发挥着核心的作用,正如我国学者吴玉梅教授所论述的:"在对待'在什么样的前提条件下,已经发生的结果可以由行为人承担责任'这一客观归责的中心问题上,如果说意志归责学说因为采纳一个具有前法律意义的客观合目的性标准,从而还包含着一种对哲学上归责学说的回忆的话,那么规范的归责学说则不再局限于一个应当受到法律尊重的预先规定标准,而是在对待此问题上使特定的法律标准处于突出的地位,在规范归责中占有主导地位的是原本的法律标准,也就是蕴藏着利益权衡的刑法规范。"①

在刑法规范的指引与约束之下,虽然规范归责所评价的对象依然来自事实层面的行为与结果乃至行为人之间的符合物理规律的客观联系,并以这种联系为评价基础,但是规范的评价标准要求评价对象之间还要具备规范意义上的联系,而这就要求以规范为标准对事实层面上的因果进行规范筛查,剔除其中不具有法律评价意义的偶然情形,保留具有规范意义、符合规范保护目的的事件发展进程并加以评价。从这种意义上而言,规范归责

① 吴玉梅:《德国刑法中的客观归责研究》,中国人民公安大学出版社 2007 年版,第 109 ~ 110 页。

所追求的是对于归责条件的强化与归责要件的限缩，最终实现的是在规范层面对风险从行为创设到结果实现的全程监督，一旦出现不具有规范评价意义的偶然因素，立即将其剔除出责任归属的规范轨道。

三、过失论由意志向规范的构造转型

在人工智能技术不断融入社会基础生活的过程中，涉人工智能犯罪也逐步衍生，不仅威胁着公民法益，而且对传统刑法理论的适用造成了影响。在过失犯罪领域，传统的理论构造无法有效地分配涉人工智能犯罪的刑事责任，因而需要对我国过失理论进行一定的调整。笔者将过失犯论调整的目光投向过失犯论的基本构造，即试图通过实现过失犯论的构造转型，来缓解人工智能所带来的对于传统过失理论的冲击，弥补涉人工智能犯罪语境下过失归责的漏洞。在这一过程中，必然要对以下三个问题作出回应，即我国当下过失归责的基本属性、过失理论为何要转型以及如何实现转型的问题，只有如此才能于理有据地开展应对进路具体构想的理论描述。

（一）构造基础：过失理论与意志归责、规范归责

既然将涉人工智能犯罪归责困境应对的路径选择放在过失理论的转型之上，那么就必须清晰厘定当下我国过失犯论理论模型的实然属性，即当下我国在过失犯罪中所采纳的归责模型的本质是什么，所实现的是意志归责还是规范归责。除了在实然层面进行考察之外，还应当进一步分析过失归责在理想状态下应当选择意志进路还是规范进路，这是就过失归责在价值层面的考量。

1. 我国过失犯论归责的实然属性

劳东燕教授在《刑法中的客观不法与主观不法——由故意的体系地位说起》一文中曾对意志归责与规范归责的根本差异有过一番经典论述："意志归责将人的意志作为归责的核心，是否归责的关键不在于行为客观上所

招致的为法律所禁止的状态,而在于行为本身是否可视为行为人意志的作品。意志归责理论的基本前提是,人的行为在原因上由动机所决定,而动机的驱动被设想为一种心理机制的过程。外在的因果流程则是这种心理过程的流出物,构成意志支配的对象。来自主体的意志不仅构成行为与行为人之间的连接枢纽,也成为行为不法的决定性因素。传统上,在意志归责的框架中,行为人的主观认知对归责而言极其重要。因为只有当行为人在认识到其行为会引起为刑法所禁止的危害后果而仍决意实施行为,人们才能认定其存在恶意而进行伦理谴责;反之,如果行为人在行为时对相关情状或危害后果缺乏认识或者产生错误的判断,则赖以进行归责的基础便不存在了。规范归责的目标是,在被损害的规范保护目的的方向上,实现对行为人责任的限制。与意志归责将意志作为归责的核心不同,规范归责考虑的核心是对规范的违反。相应地,归责判断的关键不在于行为人实施行为时所实际具有的主观意志,而在于其违反规范的行为客观上给他人或社会造成的风险。行为在客观上对法益所造成的威胁或侵害,是考虑归责与否的决定性因素。"①

所以,意志归责与规范归责这两种典型的归责范式对于归责的基础与依据的要求与侧重是完全相异的,两者具有不同的归责机制。在意志归责模式中,行为人对于危害结果的发生具有认识并以其意志操控事实因果流程的发展,因而主观因素在责任归属的判断中属于考量的核心要素,既是确认不法的基础,又是罪责非难的根据。在规范归责模式中,行为人的客观行为所引发的对于规范的违反风险是责任归属考量的首要因素,客观的风险要素对于不法的成立与罪责的判断至关重要。②

以此反观我国过失犯论的理论构造。第一,受苏俄刑法理论影响形成

① 劳东燕:《刑法中的客观不法与主观不法——由故意的体系地位说起》,载《比较法研究》2014 年第 4 期。

② 参见劳东燕:《过失犯中预见可能性理论的反思与重构》,载《中外法学》2018 年第 2 期。

的传统过失犯论。在传统过失犯论看来，故意犯罪与过失犯罪在犯罪构成上唯一的区别在于犯罪主观罪过的差异，故意犯罪的罪过形式是故意，过失犯罪的罪过形式是过失。所谓犯罪过失，是指行为人应当预见自己的行为可能会发生危害社会的结果，因疏忽大意没有预见，或者已经预见而轻信能够避免的一种心理态度。[①] 以此为依据，我国传统过失犯论将过失犯罪分为疏忽大意的过失与过于自信的过失，但无论是疏忽大意的过失还是过于自信的过失，在理论框架的搭建上均被归入了或认识因素或意志因素的主观要素之内，或者说传统的过失犯论就是在犯罪主观方面的范畴内展开，并不涉及犯罪的客观方面。在这种理论框架下，预见可能性成为预见义务与回避义务的前提与基础，这也是责任主义在传统过失论中的体现。

一般认为，责任主义是指对于行为人的行为，只有在以责任能力以及故意或过失为要件能够对行为人进行非难时才肯定该行为人之责任的原则。[②] 也就是说，对行为人进行归责，除了行为人要具备刑事责任能力之外，其行为必须在故意或者过失的主观罪过支配或影响下进行。进一步追问，为什么责任的承担要求行为人对其行为具有故意或者过失？对责任原理进行最根本性考察的德国学者阿图尔·考夫曼认为，责任原则作为伦理世界的本性法则，只能从人类的本质存在上被理解、被赋予理论根据。[③] 考夫曼进而认为人类的本质在于自我决定、自我完成和自我所有。而人类只有在依据自身的认识与意志行为时，才能真正具备自我决定、自我完成与自我所有。在故意犯罪中，行为人以故意的主观心态实施犯罪时，其行为及事态发展的因果流程在其意志支配之下进行，此时，其实施犯罪的意志是由其自我决定的，犯罪行为亦是其自我完成的，那么由此产生的刑事责

① 参见高铭暄、马克昌主编：《刑法学》（第 9 版），北京大学出版社 2019 年版，第 109 页。

② 参见［日］甲斐克则：《责任原理与过失犯论》，谢佳君译，中国政法大学出版社 2016 年版，第 1 页。

③ 参见［日］甲斐克则：《责任原理与过失犯论》，谢佳君译，中国政法大学出版社 2016 年版，第 6 页。

任自然由其自我所有。而在过失犯罪中，由于行为人本身并不具有推动危害结果发生的积极意志，因此对于犯罪行为和因果流程的支配只能体现为行为人对这些因素的认识，即行为人在事前能够预见。简单来说，只有行为人能够预见其行为可能造成的结果以及事实因果流程的走向，其才有可能控制事态发展，才能实现自我的决定、完成以及所有。也就是说，在过失犯罪中，预见的可能性意味着支配的可能性，支配的可能性意味着责任承担的可能性。因此，预见可能性构筑了传统过失犯罪理论框架的核心。无论是疏忽大意的过失要求的“应当预见”还是过于自信的过失中的“已经预见”，其前提均是能够预见，即具有预见可能性。

第二，借鉴德日刑法理论形成的过失犯论。可以说，以注意义务的设定和违背作为分析过失犯罪的思维模式和理论工具是德日过失犯论对我国过失犯罪理论最突出的影响。由此，我国过失犯罪理论构造开始转向以注意义务为中心展开研究与论述。目前比较有影响力的是借鉴修正的旧过失论所形成的过失犯罪理论体系。① 该理论认为，过失是违反了注意义务，而注意义务包括结果预见义务和结果回避义务。没有履行结果回避义务是过失犯的客观构成要件，而违反预见义务的前提仍是对结果具有预见可能性。因为根据我国《刑法》第十五条第一款规定，“没有预见”只是表面的责任要素，它并不表明行为人具有非难可能性，真正发挥归责作用的核心要素仍在于预见可能性。可以说，在过失犯罪的场合，对于危害结果提前认识的可能性是行为人意志与行为结合的最低要求，因此，只有具有预见的可能性，才具有归责的正当性。且我国《刑法》第十六条的规定也印证了责任原理在认定犯罪中的应用逻辑：“行为在客观上虽然造成了损害结果，但是不是出于故意或者过失，而是由于不能抗拒或者不能预见的原因所引起的，不是犯罪。”可见，“预见”的阙如甚至可以直接阻却犯罪的成立。所以，这种借鉴修正旧过失论的过失犯立场仍然以预见可能性作为理

① 参见张明楷：《刑法学》(第5版)，法律出版社2016年版，第287页。

论的根基和判断犯罪成立的首要条件。

实际上,转向德日过失犯论、以注意义务为中心搭建过失论构造的诸多学说具有某些共性:其一,注意义务的引入以及将其解构为结果预见义务和结果回避义务的目的,仍然是服务于传统过失理论的论述,不论如何解读结果预见与结果回避,其最终落脚点普遍在于对疏忽大意和过于自信的过失犯罪类型的论述。其二,以违反注意义务为中心展开的过失犯研究往往与认识因素和意志因素联系在一起,并称为“二因素一特征”,即犯罪过失必须具备认识因素和意志因素,并必须在此基础上违反注意义务。[①] 其三,预见可能性在过失理论构造中至关重要。正如上文所述,以注意义务的违反为中心搭建的过失犯论,实际上真正的支点并非行为对于客观注意义务的违反,而是作为责任要素的预见可能性。

综上,可以得出的结论是,当下我国刑法理论中的过失犯罪理论,无论是受苏俄刑法理论影响较深的传统过失犯论,还是借鉴德日理论以注意义务违反构建的过失犯论,对于过失犯罪的理解仍偏重主观心理层面,以预见可能性作为过失理论的重心,在性质上属于意志归责构造。

2. 我国过失犯论归责的应然属性

对于过失犯论归责模型应然属性的论证需要从故意犯与过失犯对应的理想归责类型说起。毋庸置疑,故意犯罪与过失犯罪在理论构造上具有明显的差别。从犯罪主观构造来看,在故意犯罪中,行为人具有明显的与法规范敌对的意思与意志。无论是直接故意还是间接故意,行为人对于危害结果的发生持希望或者放任的积极态度。行为人所实施的行为以及行为与结果之间因果流程既在行为人主观意志的严密支配之下进行,其本身又是行为人主观意志的客观反映。因而,来自主体的意志不仅构成行为与行为人之间的连接枢纽,也成为决定行为不法与罪责的关键因素。[②] 所以,

① 参见陈兴良:《过失犯论的法理展开》,载《华东政法大学学报》2012 年第 4 期。

② 参见劳东燕:《过失犯中预见可能性理论的反思与重构》,载《中外法学》2018 年第 2 期。

在故意犯罪中,意志因素成为规范责难的对象,所有围绕意志责难所建立的归责制度均体现了对意志的关切程度。也正因如此,故意犯正是意志归责模式使用的理想类型。对此,劳东燕教授曾言:"意志归责与目的主义所代表的主观不法论之间具有明显的亲缘关系,二者都是以一种先在于法的精神性存在作为构建的基础,……建立在意志归责基础上的故意(作为)犯,其不法结构在主观不法论者那里得到清晰的呈现。"①

与此相对应的是过失犯罪,在犯罪主观构造上,如果说在故意犯罪中行为人淋漓尽致地表达了对法规范的敌对意思,那么过失犯罪则完全相反。在过失犯罪中,行为人在主观上并不希望与法为敌,也不希望甚至是排斥危害结果的发生。② 所以在主观上,过失犯罪并没有值得法规范进行负面评价的意志因素。过失犯罪真正值得非难的理由在于,行为人的客观行为对于法规范所设定的注意义务的违反,并由此产生了危害法规范保护目的范畴内之法益的结果。简言之,过失犯重要的不是行为人的意志指向,而是行为本身偏离法规范所期待的理性人标准,从而在客观上给法益带来不允许的风险。③ 可见,过失犯罪的责难根据与规范归责的基础相契合。两者均以对规范的违反作为理论构建的基础,在这层意义上而言,过失犯是规范归责模式使用的理想类型。

综上所述,我国当下的过失犯的归责类型属于意志归责,但如果从理论构造进行分析,过失犯与规范归责具备契合性,应当以规范归责的模式构建归责理论。

(二)为何转型:过失构造转型与智能风险的应对

我国当下的过失归责理论仍属于意志归责的范畴,归责构造仍建立在

① 劳东燕:《过失犯中预见可能性理论的反思与重构》,载《中外法学》2018 年第 2 期。

② 参见李居全:《论英国刑法学中的犯罪过失概念——兼论犯罪过失的本质》,载《法学评论》2007 年第 1 期。

③ 参见劳东燕:《过失犯中预见可能性理论的反思与重构》,载《中外法学》2018 年第 2 期。

主观归责的基础上,以预见可能性作为责任归属的根本依据。与意志归责相匹配,主流的过失犯罪归责以事实因果作为归责基础,以经验事实作为判断依据。虽然在晚近一段时间,过失理论在借鉴德日刑法理论的基础上试图向以违反注意义务为核心的归责模式上转型,但仍然尚未摆脱预见可能性对于责任归属的束缚,注意义务违反的核心还是在于预见可能的判断。

而人工智能技术对于犯罪的“参与”,对过失犯罪归责所形成的首要冲击即在于预见可能归责标准的“失灵”。人工智能技术或者在宏观风险的意义上使人们对于人工智能应用可能会带来的抽象危险均具有预见可能,或者在微观风险的意义上使人们无法认识人工智能技术的运行机理及其事实因果,造成具体危险的预见不能。此外,与规范所对应的还有事实。人工智能技术风险的冲击还体现在人们对事实层面的重要归责要素的把握困难。如面对人工智能,因果流程同样失准,人们往往只能认识或预见到极为宏观的因果链条,对于人工智能参与下的事件的详细因果流程存在认识困难。而且,作为判别依据的经验事实似乎在人工智能技术面前略显无力,对于归责因素的证明也难以实现。

正是这种以预见可能为基础所构建的意志归责模式及其配套的归责要素,难以适应人工智能刑事风险对过失理论所提出的新要求与新挑战,才导致了在涉人工智能过失犯罪领域出现了归责间隙。所以,实现过失犯罪归责模式由意志归责向规范归责的转变,目的就是更好地应对涉人工智能犯罪的归责风险。通过归责模式的转变促使过失归责减轻对于主观要素与事实要素的过度依赖,引入具备明确品格的规范标准,实现刑事责任的有效分配。

从宏观来看,人工智能刑事风险实际上属于风险社会中现代技术风险与制度风险的一重具象表现。在风险社会下,风险所具有的最大特征与鲜明属性是不确定性,人们传统的认知与经验越来越难以解读风险所裹挟的社会现象。无论是现实生活中的具体人还是规范意义上的抽象人,距离知行合一的理想人格设定越来越远。在这种情形下，传统过失归责的责任基础——以预见可能“表见”行为人支配控制可能的逻辑链条将失去有效性。正如许迺曼教授所言：“在风险社会中，一方面，因果关系的运作过程与运作机理变得极为复杂，另一方面，人与人之间的交往为匿名的、标准化的行为模式所主导。在社会分工高度发展的背景下，知行合一的行为人转变为知行分离的行为人，过失犯中的归责难题也由此凸显出来。”①这意味着传统的刑事责任归属体系将难以发挥原有的效用，而失去规范制约的风险将会进一步在社会中肆虐，使人类在物质与精神上面临着不确定的、难以防范的风险。为了防范风险的膨胀并将风险限制在社会能够承受的允许限度内，需要首先转变传统的责任归属体系，打破预见不能所形成的归责困境，摆脱归责过程中对于因果关系、经验事实等因素的依赖，在规范层面建立起应对风险的体系。以责任为支点，通过责任的有效分配实现社会风险与社会安全的价值平衡。

（三）如何转型：实现意志归责向规范归责的转变

实现在过失犯罪中由意志归责向规范归责的转变，所涉及的不单单是微观层面归责设计上的变化，还必然需要在宏观层面上考虑两种归责方式的衔接问题。因此，笔者将从不同的问题层面出发，论证过失归责的转型途径。

1. 在宏观层面应当继承意志归责的责任原则与类型思维

由意志归责转向规范归责并非对意志归责的全面否定与抛弃。意志归责中关于责任承担的宏观思考已经成为责任原则的根本内容，而且意志归责关于事实与规范的类型化思维也为规范归责所继承。从这种意义上

---

① ［德］许迺曼：《过失犯在现代工业社会的捉襟见肘》，单丽玟译，载许玉秀、陈志辉合编：《不移不惑献身法与正义：许迺曼教授刑事法论文选辑》，台北，台湾新学林出版股份有限公司2006年版，第519页。转引自劳东燕：《过失犯中预见可能性理论的反思与重构》，载《中外法学》2018年第2期。

来看,意志归责与规范归责之间的关系并非对立的、割裂的,而是继承的、发展的。所以在转型过程中,要将意志归责所形成的刑责自负原则与事实规范类型思维继承下来,在规范归责中,仍然要坚持责任原则,如果行为人对于危害结果的发生既无故意又无过失,则不能进一步讨论刑事责任的归属问题。此外,意志归责在对行为的论述中萌生了规范评价的方式,这种将事实描述与规范评价相区分的类型化思维无疑对于刑法思维的拓展与丰富具有重要意义。这种类型化的思维意味着事实层面的事物并非可以直接进入规范评价的范畴,事实层面的各项要素并非在规范层面中普遍具有价值。当然,这种类型化的思维同样为规范归责所继承并得到进一步发展,因而对于类型化思维的强调无须赘言。所以,归责模式的转型并非意味着"辞旧迎新",而是不断的继承与发展。

2. 在中观层面应当构建过失犯罪实质化的构成要件理论

在过失犯罪中,实现由意志归责向规范归责转变的标志性步骤在于构建过失犯的实质化构成要件理论。在意志归责的模式中,故意犯罪与过失犯罪的归责模式并无差异,以至于以意志为责难对象的故意犯罪归责模型毫无调整地适用于意志不具有责难理由的过失犯罪中,如此便以预见可能性作为犯罪成立的判断核心。而与过失犯罪所不同的是,刑法规范对于故意犯罪的构成要件进行了相对精准的刻画与搭建,封闭的构成要件模型明确了故意犯罪的处罚与归责范围。然而,过失犯罪普遍缺乏明确的构成要件,代之以大量简略的填充规范的名称。这就决定了在传统过失犯罪理论中,过失犯的构成要件是开放的、不明确的、需要进一步作出解释的。与此不同的是,以规范违反为核心的规范归责要求明确对违反注意义务行为的描述与刻画,搭建过失犯罪的构成要件的标准或要求,以实现在构成要件层面限定过失犯罪的成立,达到谨慎精准归责的目的。所以,构建过失犯罪实质化的构成要件理论,实现过失犯罪构成要件从无到有、从形式到实质是过失犯罪中归责模型转换的关键所在。

3. 在微观层面应当完善客观归责的理论步骤与具体规则

客观归责理论经由拉伦茨、霍尼希、罗克辛等人的奠基与发展,理论内涵虽已蔚为大观但也歧见纷呈,上至客观归责的理论定位,下至判断规则的体系内容均有不同流派的差异诠释。本书中的客观归责理论主要采纳罗克辛的基本立场,在构成要件理论意义上适用客观归责概念。通过客观归责理论填充过失犯罪客观构成要件的框架,将行为创设不被允许的风险、行为实现不被允许的风险、结果实现于行为人的责任范围中作为过失犯罪的构成要件模型与具体归责步骤,并据此判断过失犯罪成立与否。如此可以使过失的判断走出行为人预见可能性的窠臼,转向客观规范的路径。至于客观归责的判断规则与步骤的具体内容,将在后文详细展开。

(四)转型意义:完善构成要件以及重构过失不法

在过失犯罪领域之中转变归责模式,实现由意志归责向规范归责的过渡,是为了缓解人工智能刑事风险对于过失犯罪领域传统归责理论的冲击,避免人工智能过失犯罪归责间隙的产生。而对于归责理论的转型而言,上述内容只是在风险应对的目的层面展现了归责理论转型的意义。除此之外,归责理论转型的意义还体现在完善构成要件理论与重构过失不法之上。

1. 规范归责转型的实现能够完善构成要件理论

除了上文所述的规范归责在过失犯罪领域搭建了实质的构成要件理论框架与判断标准之外,规范归责对于构成要件的影响还体现在以下两个方面。其一,规范归责将规范评价纳入构成要件该当的判断之中,弥补了以事实因果作为构建基础的条件理论的缺陷,实现了责任范围的合理限缩。其二,相较于主观倾向浓厚的目的行为论或目的构成要件论而言,规范归责论将判断重心由主观移转至客观构成要件,大幅削减主观构成要件在该当性判断上的重要性。[①]

---

① 参见林钰雄:《新刑法总则》,中国人民大学出版社 2009 年版,第 134 页。

2. 规范归责转型的实现能够重构过失不法理论

在我国学者林钰雄教授看来，客观归责论重新架构了过失不法的体系。就结论而言，依照客观归责的检验结果，只要在客观归责要件上可归责者，至少必定成立过失，因而，传统过失论所谓的注意义务违反、可预见性、认识可能性及避免可能性等要件判断，皆为重复而多余。[①] 可见，规范归责的转型实现不仅意味着责任归属模式的转变，更直接带动了过失犯罪不法判断的重新定义。实际上，这也从侧面反映了规范归责的转型实现具备类型化的影响。简单来说，规范归责在过失领域内对不法的重构并不会引发故意犯罪相关理论的较大变动。这种类型化的影响能够有效区分作用领域，使得在优化局部理论架构的同时，实现刑法理论的整体协调与稳定。

3. 完善构成要件与重构过失不法能够缓解归责风险

不知是先贤们的睿智，还是历史进程的巧合，规范化的归责理论愈加迎合风险社会下的刑法需求，对于涉人工智能犯罪归责风险的应对具有针对性。规范归责对于构成要件的完善有效解决了事实因果在认定刑事责任过程中的缺陷，将责任认定重心从主观要素转移至客观要素，有效避免了对于预见可能等问题的过度纠结。过失不法的理论重构更是直接削弱了传统过失论对于预见可能、认识可能等要素的依赖。而上述种种，正是人工智能风险对于传统理论冲击的“作用点”。对于上述传统归责因素依赖程度的减弱所实现的正是对于人工智能刑事风险冲击的缓解。更为巧合的是，规范归责转型的影响主要实现于过失犯中，而人工智能归责风险也存在于过失犯罪领域，不得不说，规范归责的衍生与发展虽然与人工智能刑事风险无关，但却无疑是应对涉人工智能犯罪归责困境的一剂良药。

---

① 参见林钰雄：《新刑法总则》，中国人民大学出版社2009年版，第135页。

第二节　归责的前提梳理:风险的刑法允许与否

在规范归责的范畴内,当以罗克辛所主张的客观归责理论最具代表性。罗克辛的客观归责理论框架主要包括风险创设和风险实现规则,其意指行为创设了法所不允许的风险,而且这种不允许的风险在结果中予以实现,在此基础上,可对行为人予以客观归责。① 可见,客观归责理论的搭建始终围绕着风险的允许问题展开,在客观上实现归责要求行为所创设的与结果所实现的均为"不被允许的风险",因此探究风险的允许与否成为客观归责理论搭建的逻辑起点。应当强调的是,允许风险与不被允许的风险(禁止风险)属于一体两面的关系,"举此即可明彼",因此本节仅以允许风险为视角,展开对客观归责前提的探究。

一、允许风险的基础解读

柯耀程教授曾敏锐地指出:"客观归责理论采用'风险'的概念,作为诠释方法的基础,但却未清楚地界定所谓'风险'究竟为何概念,亦未厘清'风险'与'危险'在概念上有何差别,在客观归责的诠释方法中导入'风险'的概念,极有可能形成刑法危险犯类型的混淆。"②诚然,以"风险"为中心语的允许风险,需要在语义上详细解读,如此才能为客观归责具体规则的设计与展开奠定坚实的基础。在这一过程中,既需要明确允许风险的实质,也要回答允许风险的主体,即风险为"谁"所允许的问题。

---

① 参见王俊:《客观归责体系中允许风险的教义学重构》,法律出版社 2018 年版,第 1 页。

② 柯耀程:《变动中的刑法思想》,中国政法大学出版社 2003 年版,第 40 页。

(一)允许“谁”:风险的实质

允许风险,即允许的对象是风险。在客观归责的语境下,究竟风险代表的实质含义是什么?根据前文对于规范归责理论脉络的梳理可以发现,首先,风险是对行为性质的规范性评价,只有具有法律意义上的重要性的风险,才具有规范评价的需要与可能。其次,风险是对于行为所引发的结果的规范性定义,只有当这种具有法律意义上的重要性的风险实现于结果之中,此结果才具有规范评价的需要与可能。从这种意义上来看,风险赋予了行为、结果等事实要素以规范价值,它本身即是对行为与结果状态的规范描述。具体而言,风险是行为可能会引发的、结果可能会实现的、受到规范评价的一种状态,在规范意义上,这种状态(风险)的出现必然会招致法律规范的评价,但评价是肯定性评价还是否定性评价则非风险的本质所决定的。换言之,风险既有可能被允许,也有可能被禁止。因而可以说风险的实质就是规范评价的基础状态,是沟通事实层面与规范层面的理论结合点。

根据上述对于风险实质的界定,可以明显发现风险与危险的差异。其一,风险与危险的体系层次不同。风险除了能够应用于客观归责的具体判断之中(风险的允许与否、行为和结果对于风险的创设与实现等),更重要的意义在于它能够在前法律意义上赋予事实要素以规范意义,使行为与结果成为规范评价的对象。而危险概念则只存在于规范层面,以法益考量为核心,意在描述虽未造成实际损害结果,但使法益面临威胁的状态,其无法在前法律意义上发挥沟通事实与规范的作用。其二,风险与危险的规范评价不同。风险是一种规范评价的基础状态,其本身并不蕴含积极的或消极的规范含义,这也意味着风险有可能为规范所积极评价,也有可能为规范所消极评价;而危险则是被判断具有法益侵害的可能性与盖然性的状态,所体现的是规范的否定性评价。正如我国学者所言,风险是一个中性词,具有两面性：一方面意味着机会，另一方面意味着危险。① 而危险则只有消极意蕴，往往与不利后果相联系。②

(二)“谁”允许：允许的主体

允许的风险，实际上是缺少主语的不完整表述，即允许的风险并没有表明风险为谁所允许。根据刑法理论的表达习惯，通常以“法”来指代允许风险与否的主体，即“法所允许的风险”或“法所禁止的风险”，但对于此处的“法”的理解，学者们则有不同的认识。③ 有论者认为此处的“法”指的是刑法规范，理由在于在刑法范畴内讨论客观归责理论，那么作为归责基础的风险的划分，自然要以刑法规范为主要视角。也有论者认为此处的“法”指的是行政法规范，因为在新过失论看来，注意义务的违反便指的是行政法规的违反；④还有论者将这里的“法”理解为宏观抽象的法秩序，因为法秩序包含了刑法规范、行政法规范在内的全部内容，能够展现法作为一个整体对于风险的宏观态度。还有论者以明确“法”的范围具有困难为由，选择忽略这一问题直接展开对于风险允许与否的判断，主张应当直接把重点放在此风险是否被容许的判断上，而不要加入此风险是否为法律上重要的、为法所非难等无实益的要素；否则这个概念提出后，所产生的问题将要比他想解决的问题困难得多。⑤

笔者认为，既然允许风险与“法”相连接，并将其作为主语，则有必要解释“法”的含义。所以，就上述最后一种观点而言，笔者是不赞同的，理由在

---

① 参见南连伟：《风险刑法理论的批判与反思》，载《法学研究》2012 年第 4 期。

② 参见王俊：《客观归责体系中允许风险的教义学重构》，法律出版社 2018 年版，第 10 页。

③ 参见王俊：《客观归责体系中允许风险的教义学重构》，法律出版社 2018 年版，第 10 ~ 12 页。

④ 参见王俊：《客观归责体系中允许风险的教义学重构》，法律出版社 2018 年版，第 11 页。

⑤ 参见蔡圣伟：《客观可归责性与故意——不能未遂之再研究》，载《刑事法杂志》1995 年第 3 期。转引自王俊：《客观归责体系中允许风险的教义学重构》，法律出版社 2018 年版，第 12 页。

于：一方面，风险允许与否涉及的是规范评价，然而不同类型的法律规范的价值取向与具体规则是不相同的，所以有可能某种风险在此规范中具有禁止的必要而在彼规范中具有允许的价值，所以应当明确“法”的具体指代，以明确规范评价的价值基础。若以存在困难为由而搁置这一问题，则不利于风险允许与否的判断。另一方面，既然风险问题所涉及的是对行为与结果的规范判断，自然需要论证行为与结果在规范层面具有法律上的重要意义，而且还需要进一步明确作出非难的规范性质。所以将法律上重要的、为法所非难的要素视为无实益甚至是有害的因素是不具有理论根据的。

因而，笔者认为需要对“法”进行诠释，并认为此处的“法”应理解为刑法规范，即允许风险与否的主体是刑法规范。对此，应当区分风险允许主体与风险判断标准的区别。风险允许主体的确定是为了明确规范评价的基础与性质，即对于行为所创设的和结果所实现的风险需要在何种规范范畴内进行评价。而风险允许与否判断标准则是具体分析风险的规则，所实现的是根据一定的标准来界定风险性质。虽然风险允许的主体规范的基本属性与价值追求会影响到风险允许的判断标准，但是两者仍具有本质上的区别。以刑法规范作为风险允许与否的主体，所传递的是该风险在刑法上是否具有规范评价的价值，而并非以刑法规范的要求来决定风险是否被允许。以此看来，将行政法规范与整体法秩序作为刑法范畴内客观归责理论项下讨论允许风险与否的主体不具有理论上的合理性。

经过对风险概念的梳理与允许主体的确定，实际上可以得出允许风险的概念，即由行为人行为创设的、在结果中实现的具有刑法规范评价意义且不为刑法规范否定评价的基础状态。至于如何才能获得刑法规范的否定评价或肯定评价，即允许与否如何判断，则属于允许风险的判断标准所讨论的问题，将在下文予以展开。

（三）不同语境风险含义的契合

此处所谓“不同语境”自然是指允许风险语境和人工智能刑事风险语

境。那么在这两种语境中，风险具备何种联系、是否存在契合关系？对这一问题的回答也是对在人工智能刑事风险应对视阈下实现过失犯罪理论转型合理性与必要性的明确。在人工智能刑事风险中，风险具有多重含义，它既可以指引发涉人工智能犯罪的技术风险，又可以指涉人工智能犯罪所引发的涉人工智能犯罪的归责困境与人工智能刑法的体系风险。而风险允许与否概念所强调的是在基础层面贯通事实与规范层面的描述与评价，所以与之相对应的应当是既涉及事实描述又涉及规范评价的人工智能技术风险。对于不同语境下风险含义的关系考察，实质上就是对允许风险和人工智能技术风险关系的考察。对此，笔者认为两者至少存在以下三点契合之处。

1. 两者均关注人的行为及引发结果

风险允许与否语境下的风险所评价的是行为人的行为及其引发的结果，赋予其规范价值的最基本的条件是人的主体性，即在刑法规范意义上，无论行为理论如何界定，均将人类视为行为的唯一主体。而在这一层意义上，人工智能技术风险亦是如此，根据前文论述，由人工智能技术所引发的涉人工智能犯罪仍然以人为主体，在人工智能概念中，尚未突破自然人中心主义的观念。因此，无论是人工智能技术还是由其引发的涉人工智能犯罪，其规范评价主体始终是自然人，评价对象即自然人的行为及其结果。

2. 两者均具有刑法规范的评价意义

允许风险语境中的风险最重要的意义在于赋予了事实层面的行为与结果以规范层面上的评价价值，使行为与结果具备刑法规范评价的可能。而人工智能技术风险作为新兴的社会现象，除了会促进社会进步、增加人类福祉之外，还会引发涉人工智能犯罪，威胁社会公共秩序与公民法益安全，具备刑法规范评价的意义，因而与允许风险语境中的风险相契合。

3. 两者均涉及允许与否的判断问题

允许风险语境中的风险必然涉及刑法评价问题，经过一定判断标准评价后，风险可能为刑法所禁止，也可能为刑法所允许。总之，风险在原初状态下是中性的,但在规范中可能得到不同的标签来锁定性质。人工智能技术风险的产生与发展从宏观来看也是中立的,这种技术所蕴含的风险,一方面是社会发展所必然产生的"成本与代价",另一方面又会产生危害社会秩序与公民法益的可能,因而如果风险的现实状态打破了以上二者的平衡,则会招致刑法的否定评价;如果风险被限制在一定限度内,则可能为刑法所允许。

显而易见,风险允许与否语境下的风险与人工智能刑事风险语境下的风险具有契合性,这说明在允许风险理论之下讨论涉人工智能犯罪的归责问题具备可行性。进一步讲,这也为客观归责理论应对人工智能过失犯罪归责困境提供了理论交集,为涉人工智能犯罪归责困境应对方法的选择与具体展开奠定了理论基础。

二、允许风险的规范判断

允许风险理论,意指在通常情况下,一定的危险性行为,只要实施行为时遵守法律条文的相关规定,那么行为在一定的社会相当范围内,即在立法者所能容许的风险范围内,自始就没有侵害法益,也就不可能符合构成要件。① 从这一则定义可以看出,允许风险理论实际上作用于两个层面:其一,"立法者所允许的风险范围"涉及立法层面,即由立法者所允许的风险;其二,"一定危险的行为……在容许风险的范围内,不可能符合构成要件"指的是在具体的司法适用过程中,对于行为人行为性质的判断,如果其属于允许的风险则自始排除构成要件符合性。因此,要全面地看待允许风险这一问题,必须考虑到它的立法含义与司法含义。

---

① 参见张亚军:《刑法中的客观归属论》,中国人民公安大学出版社 2008 年版,第 55 ~ 56 页。

（一）允许风险的立法、司法类型划分

立法层面的允许风险涉及的是前法律阶段的宏观考量，它所关注的是某种对社会有益的活动虽然伴有一定的风险，但经过利益衡量后认为与风险性相比，其为社会发展与公共福祉所带来的推动力量更加值得关注与支持。因此，为了追求社会的进步与发展，法律应当允许这种风险的存在。在允许性风险下，人们应当在这里把一个举止行为理解为创设了一种在法律上有重要意义的风险，这种风险一般（不依赖于具体案件）是可以允许的……在遵循所有交通规则的情况下驾驶机动车，是一个允许性风险的典型范例。不可否认，道路交通对于生命、健康和财产都构成了一种意义重大的风险，事故统计证明这个认识是驳不倒的。但是，立法者还是允许了道路交通（在明确谨慎规则的范围之内），因为这是公共福利的主要利益所在。①

司法层面的允许风险则属于客观归责理论的下位规则，是对行为构成要件该当的排除事由。也就是说，如果行为人的行为满足立法上的允许风险的特征与要求，行为所具有的危险在允许风险的范围之内，则该行为自始没有侵害法益，不满足构成要件该当性。在司法层面对允许风险进行判断，一般是建立在立法价值选择和制度构建的基础之上的。例如，立法对允许风险所设计的限制条件，如要求行为人必须谨慎地履行一定的义务方能使行为所具有的风险为法律所允许。司法实践中，一般以上述限制条件作为审核行为人行为所创设的以及在结果中所实现的风险是否为允许风险。所以，相比于立法层面的允许风险，司法层面的允许风险更趋近于这一规则的具体适用，在这一过程中，首要的是实现行为与规范之间的往返，以判断行为人行为的性质。

---

① 参见［德］克劳斯·罗克辛：《德国刑法学总论》（第1卷），王世洲译，法律出版社2005年版，第252页。

(二)不同类型允许风险的判断标准

通常认为,允许风险理论是以对社会有益为理由而允许企业活动、高速交通、医疗、科学实验、体育运动等具有法益侵害的行为的理论。[①] 按照传统观点,作为允许风险理由的"对社会有益"同时也是判断风险是否被允许的标准。然而这一标准也受到了部分论者的质疑,"这里提到的抽象的社会有益性标准与过失犯行为不法的关联为何,特别是行为人之'注意义务'的具体范围(界限)如何依此抽象的利益衡量标准被划定出来"[②]。对此,笔者认为,允许风险的不同目的、不同层次的考量对于判断标准的要求也应当有所差异,所谓的抽象与具体也应当结合判断目的来具体认识。正如劳东燕教授所言:"利益衡量可分为立法层面的利益衡量与法律适用层面的利益衡量,或者说立法生成时的利益衡量与司法适用中的利益衡量。"[③]允许风险本身即存在立法含义与司法含义,所以对于允许风险的判断标准自然应该在抽象与具体两个维度上进行讨论并有所区分。

1. 允许风险判断的抽象标准

允许风险的判断标准在立法层面上必然表现为抽象的利益衡量,这是由立法活动的属性所决定的。立法是沟通前法律阶段与法律阶段的重要途径,在立法时,被纳入立法考量的各项原始因素均存在于前法律阶段,具有相当程度的社会意义。在允许风险的视阈下,立法首先考量的是相关活动对社会发展与公共福祉的有益性与有害性的权衡,如果从长远的、宏观的目光来看,某项活动或技术的发展与应用能够促进社会进步与公共福祉,且它所带来的风险在一定范围内是可以控制的,即利大于弊,那么这种

---

① 参见陈家林:《外国刑法:基础理论与研究动向》,华中科技大学出版社2013年版,第101页。转引自王俊:《客观归责体系中允许风险的教义学重构》,法律出版社2018年版,第12页。

② 古承宗:《刑事交通案件中的容许风险与信赖原则》,载《月旦法学》2011年第6期。转引自王俊:《客观归责体系中允许风险的教义学重构》,法律出版社2018年版,第12~13页。

③ 劳东燕:《法益衡量原理的教义学检讨》,载《中外法学》2016年第2期。

活动即为立法所允许。当立法者对社会上各种现存利益与将来可能产生的利益加以综合平衡,并将各方平衡的利益凝固于具体的法律制度之中时,就完成了立法层面的利益衡量过程;立法层面的利益衡量结果,通过制度利益而表现出来,一旦凝固于具体法律制度之中,相应的制度利益也便成为该法律制度的一个不可分割的属性。[①] 可见,立法对利益的均衡是立足于整体社会之上的,因而往往是全面而宏观的,这既是立法中利益衡量的客观状况,也是立法对于利益衡量的现实要求。

2. 允许风险判断的具体标准

在司法层面,允许风险的判断具有两项基本的要求:一是由于立法层面的利益衡量具有优先地位,应当得到法官在内的所有适用者的尊重[②],所以司法层面允许风险的标准应当与立法层面的判断标准在价值取向上相一致,即经过立法标准与司法标准所得出的判断结论应当具有一致性。二是司法除了追求利益衡量的实质正当外,还追求司法效率的有效实现。在司法中往往采用立法所确立的各种注意规范作为风险是否受到允许的界限划定的形式标准。“由于立法者已经将对社会有益的行为通过各种具体的注意规范的形式表现出来了,注意义务划定了风险是否受到允许的界限,我们只需要进行注意义务违反的判断即可。”[③]

然而,形式标准对于司法层面允许风险的判断而言虽然是符合司法效率的,但并不完善。首先,以行政规则、习惯、条理上的义务等形式化的标准来认定风险允许与否的正当性需要进一步论证与斟酌。其次,如果某一新兴领域尚未建立相应的法律法规、行业准则等规范,那么刑法规范便难以确定注意义务,此时应当如何判断行为所蕴含的风险是否为法所允许或禁止亦未明确。对此,允许风险理论的实质标准仍需发挥作用,克服形式

① 参见梁上上:《利益衡量论》,法律出版社2013年版,第95页。

② 参见劳东燕:《法益衡量原理的教义学探讨》,载《中外法学》2016年第2期。

③ 王俊:《客观归责体系中允许风险的教义学重构》,法律出版社2018年版,第13页。

标准的缺陷与不足。所谓允许风险在司法层面的实质判断标准,是指基于注意义务的本质来确定允许风险的本质,并以此来判断风险的允许与否。在司法层面,划定允许风险的实质标准涉及注意义务等问题,将在下一部分详细展开。此处只需明确司法层面允许风险的实质标准除了能够满足形式标准缺失情形下允许风险的判断需要之外,由于形式标准在法理上来源于实质标准,因此实质标准也能够检验、证明形式标准的正当性。

(三)人工智能技术风险的允许与否

人工智能技术的迅速发展正在深刻改变着人类社会生活,正如《新一代人工智能发展规划》中所明确的,人工智能技术在教育、医疗、养老、环境保护、城市运行、司法服务等领域广泛应用,将全面提升人民的生活品质;人工智能技术可准确感知、预测、预警基础设施和社会安全运行的重大态势,能够显著提高社会治理的能力和水平。在当下及可预见的未来范畴内,人工智能技术将极大地促进社会发展与公共福祉。与此同时,《新一代人工智能发展规划》也强调了人工智能发展的不确定性带来的冲击法律和社会伦理、侵犯个人隐私等新挑战。在现实中,涉人工智能违法犯罪事件层出不穷,以上种种也说明了人工智能是一项伴随着重大风险的科学技术。

面对人工智能所带来的机遇与挑战,法律必须作出价值上的判断与取舍。实际上,从《新一代人工智能发展规划》的整体态度中可以明确,人工智能技术在社会利益权衡中的结论是利大于弊,而且是利益远大于弊端。因此在最为宏观的立法考量之上,人工智能技术衍生的风险是社会进步与公共福祉的必然代价与合理成本。如此也就意味着立法在进行利益权衡后是不能在整体上否定评价这一新兴技术的。立法在整体上对人工智能技术的发展与应用持不否定的态度并不意味着立法对于人工智能技术衍生的任何形式的风险都是不予规制的。法律仍然要通过实质标准划定出哪些涉及人工智能的活动属于法所允许的,哪些活动突破了利益衡量的价值偏向而为法所禁止,并形成相应的形式标准,即刑法规范中的注意义务,据此判断人工智能情形下相关行为所衍生的风险是否为刑法所允许。

三、允许风险的理论评述

允许风险理论作为客观归责的理论基础,为相关具体规则的搭建奠定了基础。在此基础上,允许风险理论在涉人工智能犯罪归责困境的应对过程中、在过失犯论由意志归责向规范归责的转型过程中同样发挥了重要的理论作用,具体可以归纳为以下三点。

(一)允许风险理论能够赋予人工智能技术风险以规范价值

规范归责以行为对规范的违反为责任归属的核心依据,而行为与规范这两项原本分属于事实层面与规范层面的要素能够在规范归责中实现沟通、联系与评价的根本原因就在于规范归责要求考察行为的规范价值。允许风险的理论价值就体现在实现事实层面与规范层面的沟通之上。允许风险理论围绕风险展开,在规范归责中,行为只有具有重要的法律意义才具有规范评价的价值与可能,而允许风险意义中的风险就是对行为所具有的重要法律意义的描述。或者说,完全没有创设值得注意的风险案件阻碍了客观行为构成的满足①,难以进入规范评价的视野。从这种意义上说,可以肯定各种普遍存在于生活中的不具有法律风险的日常行为即使发生了一定的结果,也是不具有行为构成的。例如,有人促使别人从事充满危险的职业或者体育运动,在这里即使他追求的是那些邪恶的目的,也不能在

---

① 参见[德]克劳斯·罗克辛:《德国刑法学总论》(第1卷),王世洲译,法律出版社2005年版,第252页。

法律上把他理解为犯罪。①

反观人工智能技术，它可以被应用于犯罪活动，在人工智能的设计、生产、使用过程中还会发生不同情形的过失犯罪，上述涉人工智能犯罪的状况不仅存在于理论的推演上，而且已经发生在现实生活中。将人工智能技术所衍生的诸多风险进行排查，并将可能诱发犯罪、关涉刑法规制的情形纳入风险评价范畴，使其可以在允许风险视阈下进行规范的评价并进一步讨论责任归属的问题，这是允许风险理论带给人工智能技术风险的质变，即由事实层面过渡到规范层面，赋予其规范价值。此外，允许风险理论中的形式标准还能够推断与证明人工智能法律风险的存在。在任何情况下，一个重要的依据都是谨慎规则的建立，就像在交通中，在技术设施的运行中，在危险的体育表演中，以及其他领域中通常存在的那样，因为安全防护措施的规范化就证明了一种在法律上有重要意义的风险的存在。② 在人工智能领域，相关的注意义务、行业准则等虽然尚未建立健全，但无论是《新一代人工智能发展规划》的要求还是法规范本身的价值取向，均将人工智能技术安全防护措施的规范化作为重要的任务与目标，这也间接证明了人工智能技术具有法律上重要意义的风险，具备规范评价的价值与可能。

（二）允许风险理论能够杜绝以抽象危险预见为根据的归责

允许风险理论意味着并非所有能够产生具有法律上重要意义的风险的行为都应受到法律规范的否定性评价，因为上述风险经过利益衡量是有可能被刑法规范所允许的。在宏观层面，一些具有危险性、可能对社会秩序与公众安全造成危害的社会活动，由于能够显著推动社会发展、提升民

① 参见［德］克劳斯·罗克辛：《德国刑法学总论》（第1卷），王世洲译，法律出版社2005年版，第253页。

② 参见［德］克劳斯·罗克辛：《德国刑法学总论》（第1卷），王世洲译，法律出版社2005年版，第252页。

众福祉而为法律所允许；在微观层面，刑法规范对于具备一定法律风险的行为设定了形式的注意义务，刑法理论也在实质层面设定了风险审查的标准，符合注意义务要求或者符合实质审查标准的行为即使伴有风险甚至发生了危害结果，也不应当对其进行否定评价。所以说，具备法律意义上重要风险的行为不必然导致规范的禁止。

而在前述涉人工智能犯罪归责困境应对策略的选择上，部分解释论论者主张通过抽象预见可能性与风险样态，将过失判断的标准导向超新过失论所主张的只要对行为及其结果具有危险感知即可确定刑事责任的成立。这无疑会导致过失犯罪处罚的不当扩大，无论是对于刑法规范中责任原则的坚守，还是对于规范之外人工智能技术的发展都是极为不利的。实际上，不仅仅是解释论论者如此主张，为了因应风险社会中风险的不确定性，刑法的整体走向愈加偏重预防机能的实现，刑法规范对于危险的判断标准不断降低，以实现更早更多地将风险纳入刑法视野，这已经成为一种趋势。而允许风险理论主张对具有法律意义的重要风险进行利益衡量，利益大于弊端的风险应当为社会和刑法规范所允许，只有弊端大于利益的风险才是刑法规制的对象。在规范层面上保持对风险的冷静态度与理性判别，可以有效杜绝仅以抽象的预见可能与模糊的风险感知为根据进行的责任归属，防范过失犯成立范围的不当扩大，因为并不是所有的风险与风险感知都是刑法规制的对象。

（三）允许风险理论能够克服新过失论对于注意义务的依赖

在允许风险理论中，以利益衡量为内容的风险判断标准的构建，对于过失理论的转型与人工智能过失犯罪归责风险的应对具有同样重要的意义。允许风险在司法层面的判断以注意义务为形式标准。与新过失论相同，允许风险理论对于注意义务的违反可以在形式上推断出该行为的刑法规范负面评价，并以此展开具体归责要素的深入判断。所以从注意义务的角度来看，以允许风险为基础的客观归责理论与以注意义务违反为核心的新过失论具有亲和性,这也表明了客观归责理论并不排斥注意义务,与新过失论也不是截然对立的。

但两者不同的是,注意义务在允许风险理论中仅是在司法层面判断风险性质的形式标准;而对于新过失论而言,违反注意义务是构筑过失客观面的理论支撑。在注意义务难以判明的情形下,新过失论难以实现过失犯罪责任归属的机能;而以允许风险为基础的客观归责理论则能够运用司法层面判断风险的实质标准进行判断,减轻了对于形式标准(注意义务)的依赖程度。这对于法律法规、行业规范尚未建立健全的人工智能领域中的过失归责具有重要意义。在涉人工智能过失犯罪中,注意义务的缺失导致了责任归属的困境,而允许风险中实质标准的搭建将在一定意义上使归责摆脱对注意义务的依赖。当然,目前客观归责理论内部对于司法层面判断风险性质的实质标准的具体内容尚未形成统一的意见,但不可否认的是,允许风险对于形式标准与实质标准的双重把握实际上为风险性质的判断提供了一重保障,为客观构成要件的判断开辟了一条新路。同时,允许风险理论对于风险判断实质标准的构建也为过失犯罪实质构成要件理论的搭建与过失犯论的理论转型奠定了基础。

第三节　归责的行为考察:创设不被允许的风险

面对涉人工智能过失犯罪的新型样态,立基于“意志归责”基础上的传统过失犯归责模式面临适用困境。与之不同,规范归责模式将风险领域的支配性判定作为逻辑前提,以行为人偏离注意义务的行为基准作为归责依据,通过对行为创设不被允许的风险作为刑事责任归属判断实质步骤的开端,以跳脱出预见可能性障碍的论理误区。①

① 参见王霖:《自动驾驶场景下过失犯归责困境巡检与路径选择——以规范归责模式为视角》,载《河北法学》2020年第3期。

一、风险管辖领域的划分与管辖判断

适用规范归责模式进行过失判断时需要前提性地考察法所不允许之风险隶属于谁的风险支配领域。① 将风险支配领域的查明作为过失犯罪归责判断的重要环节体现了风险管辖的思维，在理论上以风险管辖来代替预见可能性与责任归属之间的规范关系可以有效应对预见不能所导致的归责困境。

（一）管辖思维在风险分配中的应用

从意志归责与规范归责的横向比较来看，如果说意志归责是建立在预见可能性理论之上的责任归属模式，那么规范归责则以管辖思维作为其责任划分的重要依据。在传统的工业社会中，随着科学理论与技术实践的发展，人们认识世界、改造世界的能力大幅度增强，人类对于自身的认识能力与改造能力的信心也随之增长。反映在哲学层面，“可知论”得到了越来越多学者的支持，成为具有影响力的理论。在这种哲学认识之下，人们普遍赞成“人类对于事物的发展与结果通常是可以认识的，并且人类对于其认识的事物是可以实现有效控制的”。在刑法学层面，人们对于过失犯罪的构成与责任的分配同样以这种“可知即可控”的理论作为依归，并将对结果的具体预见可能性作为责任归属的核心要件。这背后的实质理由在于，“人们认为只有可预见的东西才是可支配的，预见可能性意味着支配或支配的可能性，由于支配的另一面是答责，要让行为人对具体的结果答责，前提是其对具体结果具有预见可能性，不然就有失公正”②。

① 参见王霖：《自动驾驶场景下过失犯归责困境巡检与路径选择——以规范归责模式为视角》，载《河北法学》2020 年第 3 期。

② 劳东燕：《过失犯中预见可能性理论的反思与重构》，载《中外法学》2018 年第 2 期。

然而在风险社会中，风险的不确定性以及科学技术发展的跨越性均超出了大多数人的认知能力，传统的预见可能性判断失准——人们或是对于抽象的危险具有普遍的预见可能，或是对于具体的危险普遍无法实现预见。在风险日益普遍化与不确定化的今天，以预见可能性为重心的归责机制无法有效应对当代社会所面临的归责难题，结果的预见可能性与支配可能性之间也无法画上等号。这同时意味着传统过失理论所依赖的归责原理，即“谁对风险有预见或预见可能性，便应对风险所造成的实害结果负责”正日益与社会发展的现实相脱节。① 预见可能与支配可能的“脱钩”促使论者们寻找一种新的要素来与支配可能实现规范意义的联结。同时，支配可能意味着责任承担，所以新的要素同时也是责任分配的基础。在这种情形下，风险管辖思维应运而生。

所谓风险管辖，意指风险隶属于谁的管辖范围，谁便需要对此风险及由此产生的结果负责。② 具体而言，任何一个对事实发生进行支配的人，都必须对此答责，并担保没有人会因为该事实的发生而遭到损害。按照这一原则，任何人都必须安排好他自己的行为活动空间，不得从这个行为活动空间中输出对他人的利益的任何危险。③ 值得说明的是，风险的管辖范围只是过失犯罪责任归属的基础，是客观归责的必要不充分条件。也就是说，归责与否的判断，除了查明风险属于谁的管辖范围之外，还需要审查行为人对属于其管辖范围内的风险是否尽了合理的管理责任。④ 从上述有关风险管辖的论述中可以明显发现，风险管辖的理论主张实际上取代了预见可能在过失归责中的作用和地位，省略了“预见可能等于支配可能”的传导过程，直接以对风险的支配论证责任的客观归属。

---

① 参见劳东燕：《过失犯中预见可能性理论的反思与重构》，载《中外法学》2018 年第 2 期。

② 参见劳东燕：《过失犯中预见可能性理论的反思与重构》，载《中外法学》2018 年第 2 期。

③ 参见［德］乌尔斯·金德霍伊泽尔：《刑法总论教科书》，蔡桂生译，北京大学出版社 2015 年版，第 101 页。

④ 参见劳东燕：《过失犯中预见可能性理论的反思与重构》，载《中外法学》2018 年第 2 期。

(二)人工智能风险管辖的领域划分

有人工智能参与的社会活动比之以往更加烦冗,无论是在人工智能的设计、生产还是使用环节,技术的复杂性在很大程度上使相关参与人的风险管辖领域呈现碎片化与交错化。但这并不意味着人工智能风险管辖不可明确,相反,相比于预见可能性的抽象判断,至少这一问题在客观上是可以把握的。对于人工智能风险管辖范围的划分与确定,学者们将其概括为"控制权困境",并提出了两种理论以期厘清人工智能相关参与人,包括人工智能设计者、生产者与使用者的管辖范围。

一种具有代表性的观点是罗曼教授提出的"支配义务理论",其以自动驾驶汽车为切入点,认为驾驶员在使用高度自动驾驶汽车和全自动驾驶汽车的情形中均应当履行支配义务。① 可见支配义务理论将人工智能参与场景下的风险控制判断等置化为支配义务的违反。而相较于传统社会活动而言,人工智能参与场景下使用主体对于人工智能失控地位并没有发生改变。② 这种理论以支配义务为核心,主张以负有支配义务的主体对其所负有义务的作用领域为风险管辖的范畴,而且支配义务的设定依然依据传统社会活动的基本模式。这意味着,在自然人利用人工智能进行某项活动的过程中,自然人作为支配活动进程的主体,应当对人工智能活动承担全面的支配义务,如果人工智能产生任何的危害结果,则皆应视为自然人的行为所致。

对于人工智能相关参与人的风险管辖领域的厘定,希尔根多夫教授认为不能如此简单地比照传统社会活动的支配义务来划分,并认为这一问题在实质上属于一种"控制权困境"。他同样以自动驾驶汽车为例,认为对于

---

① 参见[日]松尾刚行:《关于自动驾驶汽车与刑事责任的考察》,载《法治现代化研究》2019年第1期。

② 参见王霖:《自动驾驶场景下过失犯归责困境巡检与路径选择——以规范归责模式为视角》,载《河北法学》2020年第3期。

风险管辖的范围,最终应当判断的是是否违反了注意义务,此外在考虑弥补处罚间隙的需求的同时,也应当承认在自动驾驶汽车持续正常运作的状态下,自然人驾驶者的注意义务也应当随之消减。① 这种观点将风险控制地位的判断等置于注意义务的违反,并未将风险控制领域简单地归属于某一主体,而是主张根据具体的情况进行具体的判断。②

实际上,罗曼的观点与希尔根多夫的观点最大的区别在于,罗曼主张以传统活动的支配义务划分模式来厘定人工智能参与情形下相关自然人主体的风险管辖领域,希尔根多夫则主张根据人工智能的参与情况和程度来具体厘定相关自然人的风险管辖领域。相较而言,希尔根多夫教授的观点更多地考虑到了人工智能参与情形下社会活动的新型特征,面对愈加碎片化与交错化的风险管辖领域,具体情形具体分析的观点更加具备可行性与准确性。

(三)风险管辖领域判断的实例说明

由于人工智能技术过于宏大复杂,以人工智能技术作为主体进行细节论述难免有无法切中要害之感。为了进一步明确与理解风险管辖的实践意义以及希尔根多夫教授对于风险管辖领域的划定主张,笔者将以自动驾驶汽车的驾驶环节为例,具体说明上述问题。国际汽车工程师协会(SAE International)于2014年对自动驾驶汽车的级别提出了认定规则,将自动驾驶技术划分为5个等级:驾驶辅助(Level 1)、部分自动化(Level 2)、有条件的自动化(Level 3)、高度自动化(Level 4)、全自动化(Level 5);并将自动驾驶过程中必然涉及的核心操作分为三类,即驾驶操作、驾驶环境监控

---

① 参见[日]松尾刚行:《关于自动驾驶汽车与刑事责任的考察》,载《法治现代化研究》2019年第1期。转引自王霖:《自动驾驶场景下过失犯归责困境巡检与路径选择——以规范归责模式为视角》,载《河北法学》2020年第3期。

② 参见王霖:《自动驾驶场景下过失犯归责困境巡检与路径选择——以规范归责模式为视角》,载《河北法学》2020年第3期。

和失效应对。以此为基础,可以在规范层面将自动驾驶汽车驾驶环节的风险管辖划分为三个领域,驾驶员在不同自动驾驶级别中所承担的驾驶任务不同,具体操作分项也有差别。

在驾驶员驾驶自动驾驶汽车发生交通肇事需要承担刑事责任时,该分类标准有助于明确驾驶员的操作义务范围,进而厘定其所管辖的风险领域。① 例如,在驾驶辅助级别中,驾驶员的风险管辖领域包括需由驾驶员完成的驾驶操作、驾驶环境监控、失效应对。如果风险发生在上述环节,则属于驾驶员风险管辖的领域,驾驶员对此具备归责基础(注意:并非能够直接得出归责的结论)。具体如驾驶员未能谨慎监控驾驶环境或未能及时应对自动驾驶系统失效情况所导致危险发生等情形。在有条件的自动化级别中,驾驶员的风险管辖领域仅包括失效应对,只有风险发生于驾驶员的驾驶接管环节,才属于驾驶员管辖的领域。至于在最高级别的全自动化自动驾驶中,所有操作事项均由自动驾驶系统完成,此时不存在驾驶员的风险管辖领域,这意味着在这一过程中所发生的任何风险均不能归咎于驾驶员。

所以,在人工智能过失犯罪中,判断行为人是否创设了不被允许的风险,首先需要明确行为人的风险管辖领域,只有风险发生于行为人的管辖领域内,才具备归责的基础与进一步判断的需要。

二、行为主体注意义务的规范化展开

注意义务是传统过失犯论的理论中心所在。在新过失论中,论者们更是将注意义务的违反视为过失犯罪成立的关键。“晚近十余年来,随着德国客观归责理论的引入,学者们将更多的目光投向了过失犯中与归责学说

① 参见张旭、杨丰一:《人工智能时代下刑事风险与刑法应对的“是”与“非”》,载《辽宁大学学报(哲学社会科学版)》2019 年第 4 期。

直接相关的学术增长点,也更为热衷于借助归责理论对过失犯的体系构造进行宏观的改革尝试。关于注意义务的研究却在一定程度上陷于停止与徘徊的境地。”①

上述对于过失犯论理论转型与研究重点的梳理,也从侧面表明了注意义务的尴尬定位,它由于曾经是过失论的理论重心而被烙上传统的印记,试图运用客观归责理论革新过失犯论的学者对其要么避而不谈要么大加鞭挞,似乎生怕将崭新的理论沾染上陈旧的气息。然而笔者认为,新旧理论之间并非割裂与对立的关系,而是继承与发展的关系。现代客观归责理论的开拓者罗克辛教授虽然试图以客观归责理论创造一个全新的过失不法理论,但他仍然承认违反注意义务这一标准是认定所有法所不容许的风险存在的前提要件的总称。而且,前文也已经论及注意义务是判断风险是否为刑法规范允许与否的形式标准。所以,客观的、规范的归责仍然要以注意义务作为重要的理论内容,只不过客观归责理论对于注意义务并非如传统过失犯论般的依赖,而是作为判断行为是否创设不被允许风险的形式标准来使用。

(一)注意义务的本质与来源

既然明确了行为人的风险管辖领域,那么对于发生在该领域之内的风险即具备归咎于该行为人的基础,接下来的归责环节是进一步判断该行为人的行为是否创设了不被允许的风险。在客观归责理论看来,行为违背注意义务就在形式层面表征着该行为创设了不被允许的风险。需要讨论的是其背后的逻辑,即为何对注意义务的违反能够表征不被允许风险的创设?这实际上涉及的深层理论在于注意义务的本质。

对此,我国学者陈璇曾有过深入的探讨,他认为刑法的任务无疑在于保护法益,但与民法的事后救济不同,刑法是通过维护行为规范的效力,间

---

① 陈璇:《刑法归责原理的规范化展开》,法律出版社 2019 年版,第 42 ~ 43 页。

接地实现法益保护。[①] 所以,刑法不仅要求公民必须保证自己在现实具备规范遵守能力的情况避免违反规范,而且要求公民应当保证自身具有遵守规范所必要的能力,防止其出现不当的下降。[②] 尽管过失犯的行为人在实施法益侵害行为时处于无能力的状态之中……但如果这种状态恰好是行为人自己不慎引起的,那么由此造成的结果依然可以归责于行为人。于是,行为人不当地降低了自身遵守规范的能力,就成为过失犯不法成立的根据和前提;而衡量行为人是否不当降低了能力的标尺,就在于行为人是否违背了必要的小心谨慎义务,即注意义务。[③] 所以,在陈璇教授看来,注意义务是维持行为人遵守规范能力的规范,如果行为人违背了注意义务,就会不当地降低自身遵守规范的能力。在这种情形下,行为人对于注意义务的违反,实际上意味着他已经创设了一种违反法规范进而损害法益的不当危险,至于真正的危害结果发生与否,则完全不受该行为人的控制,这就是行为创设不被允许风险的含义。

既然注意义务在客观归责中能够表征行为创设不被允许的风险,那么注意义务从何而来就成为必须要回答的问题。尤其是在涉人工智能过失犯罪的情形下,与人工智能相关的主体,即人工智能的设计者、生产者和使用者的注意义务在规范中并不明确,因而更加有必要查明注意义务的来源。根据传统刑法理论,注意义务主要来源于四个方面:一是法定义务,即法律、法规、规章、办法等对行为人具有法律约束力的法律文件中载明的或者可以合理推断出的注意义务。[④] 二是行业义务,由行业规章、标准、伦理等行业自身为行业内的行为人设定的注意义务。三是社会义务,社会中的基本常识、常情、常理对行为人要求的注意义务。四是引发义务,即基于先前行为所引发的注意义务。

---

① 参见陈璇:《刑法归责原理的规范化展开》,法律出版社 2019 年版,第 49 页。

② 参见陈璇:《刑法归责原理的规范化展开》,法律出版社 2019 年版,第 50 页。

③ 参见陈璇:《刑法归责原理的规范化展开》,法律出版社 2019 年版,第 51 页。

④ 参见李洁主编:《刑法学》(第 2 版),中国人民大学出版社 2014 年版,第 102 页。

当下对于人工智能设计者和生产者的注意义务来源,相关法律没有明确规定,刑法学界也存在着较大争议。有论者将注意义务来源的范围限定为依据人类现有科学技术水平所能够企及的国家标准或行业标准,即行业义务。[①] 也有论者认为行业标准未必与刑法上的注意义务标准相一致,主张由国家制定的、具有民主主义正当性的法定义务才是正当的义务来源。[②] 还有论者认为法律法规、国家标准和行业标准、责任人自我承诺、一般社会伦理、职业伦理等均应成为注意义务来源。[③]

笔者认为,对于注意义务来源的确定需要考虑刑法规范目的的实现与注意义务判断的可行性。考量到刑法保障社会安全的规范目的,必须对人工智能的设计者、生产者施加相对而言较为严格的注意义务,否则刑法的规范目的将会落空。在上述注意义务来源中,行业义务的要求是最合适的,因为规范的行业义务与法定义务、社会义务不是冲突的,其制定必然依据法律法规的规定,也必然符合社会义务的要求,而且行业义务可以在专业领域对设计者、生产者提出更精更高的要求,这些技术要求是法律、伦理所鞭长莫及的。考量到注意义务的可行性,行业义务同样是最优选择,因为法律法规、社会伦理只能规范最基本、最原则的问题,行业规范则可以全面细致地阐明人工智能设计者、生产者的注意义务,在具体判断行为人的注意义务时,详细、具体的行业要求是准确判断的依据和保障。如此,人工智能设计者、生产者的注意义务既有较高的标准,能够保障刑法安全保障目的的实现,又不至于导致注意义务的泛化,进而使技术人员负担不合理

① 参见刘宪权:《人工智能时代的刑事风险与刑法应对》,载《法商研究》2018 年第 1 期。

② 参见储陈城:《人工智能时代刑法归责的走向——以过失的归责间隙为中心的讨论》,载《东方法学》2018 年第 3 期。

③ 参见叶良芳、马路瑶:《风险社会视阈下人工智能犯罪的刑法应对》,载《浙江学刊》2018 年第 6 期。

的刑事责任。[①] 至于使用者的注意义务，笔者认为自动驾驶汽车的研发与应用本就是为了降低驾驶员在驾驶过程中的各项义务，因而关于驾驶员的注意义务的设定标准不宜过高。

（二）填充规范的机能与解释[②]

上述用以确定行为人注意义务的法律法规、行业规范等成文规范在刑法规范中通常以填充空白罪状的形式体现，因此可以称之为填充规范。从我国立法的发展来看，刑法中有关业务过失犯的规定呈现出愈加倚重行政法规范的趋势。[③] 可见，在刑法规制过失犯罪的条文表述上，并未以规范的方式明确行为人在各种情形中的注意义务，而是以填充规范代替。虽然前文已经论述了填充规范是注意义务的来源，那么是否意味着填充规范与注意义务具备完全相同的性质，而无须加以区分？对于填充规范与注意义务之间的关系，陈璇教授的基本观点是："用于填充空白罪状的法律、法规、规章等成文规范，既可以类型性地推断注意义务，也可以划定被允许风险的边界；但具体行为人的预见和避免能力，依然是业务过失犯中注意义务违反性判断不可脱离的基础性标准。"[④]笔者赞同这种将填充规范视为注意义务与允许风险的形式象征的观点，这也表现在填充规范所具有的机能之中，具体理由如下。

其一，填充规范可以类型性地推断注意义务。在现代工业包括人工智能领域内，由于技术的研发与设备的生产、应用本身就伴随着威胁人们生命健康安全的危险因素，因此国家与行业会在伴随危险因素的技术研发、生产、应用等整个"工业—社会"环节设置保障性的法律法规与行业规章，

---

① 参见张旭、杨丰一：《人工智能时代下刑事风险与刑法应对的"是"与"非"》，载《辽宁大学学报（哲学社会科学版）》2019 年第 4 期。

② 参见陈璇：《刑法归责原理的规范化展开》，法律出版社 2019 年版，第 76～101 页。

③ 参见陈璇：《刑法归责原理的规范化展开》，法律出版社 2019 年版，第 75 页。

④ 陈璇：《刑法归责原理的规范化展开》，法律出版社 2019 年版，第 76 页。

以将风险控制在可控的、最低的限度内。"遵守此类规范往往是行为人保持结果预见和结果避免能力的必要条件。一旦行为人有意识地违反了相关安全守则,基本上就能推断他怠于谨慎注意,对自己预见和避免能力的下降负有责任。……因此,行为违背填充规范这一事实,就能够成为推断行为人违反注意义务的类型化依据。它既能使司法裁判获得相对明确的成文化依据,又可以免去法官逐一探求每个具体行为人预见能力之劳,极大地节省司法成本。"①

其二,填充规范能够形式化地划定允许风险。填充规范可以类型性地推断注意义务,而注意义务的规范设定又是判断风险是否为法所允许的形式标准。因而,可以说填充规范能够形式化地划定允许风险与禁止风险的边界,即如果行为人谨慎地遵守了填充规范的相关要求,即使发生了危害结果,也属于法所允许的风险范畴,不应归咎于行为人。

(三)允许风险的实质化判断

在"归责的前提梳理:风险的刑法允许与否"一节中,笔者已经对风险允许的抽象判断标准进行了论述,虽然提及了风险允许的具体判断标准在形式上体现为注意义务的设定内容,在实质上需要依据注意义务的本质进行判断,但由于文章的结构安排并未具体展开。在本节中,由于厘清了注意义务的本质在于行为人遵守规范的能力维持,所以行文至此已经具备了进一步讨论风险是否被允许的实质判断标准的理论基础。

已知允许风险在立法层面的判断标准在于利益衡量,在司法层面的判断标准可以分为形式标准与实质标准,形式标准表现为注意义务的规范设定,即只要行为人违反注意义务即可在形式上推断该行为创设了不被允许的风险;而注意义务在法规范上通常以填充规范的形式得以展现,所以前文也提到了填充规范的机能之一在于形式化地划定允许风险。允许风险

① 陈璇:《刑法归责原理的规范化展开》,法律出版社 2019 年版,第 76~77 页。

在司法层面的实质判断标准则建立在注意义务的本质——遵守规范的能力维持,即结果预见和避免的能力维持。根据允许风险理论的含义,行为人实施了一定伴有危险性的行为,如果遵守了注意义务的规范设定,则即使发生了危害结果,也属于为法所允许的风险范畴,而不归咎于行为人。"这就说明,在技术进步和危险增多相生相伴的现代社会,个人在行使法律赋予他的许多自由的同时,已无法做到使自己避免实施具体危险举动的能力完全不受限制……在这种风险领域中,注意义务的要求与正常情形下相比就必须有所修正。"①而这种修正就体现在"为了保障经济与科技的正常发展,有必要容忍公民在从事风险业务时预见和避免损害结果的能力在一定范围内出现下降"②。如果从这种意义上来解读,法允许的并非风险的实现,而是行为人注意能力的降低,即"被容许的风险,并不是指某种法益侵害的危险和结果得到了法秩序的认可,而是指行为人的注意能力在一定范围内出现减降的状态不具有规范上的可谴责性"③。

所以,虽然填充规范可以类型性地推断注意义务、形式化地划定允许风险,但真正决定注意义务与允许风险的实质内容仍在于行为人的注意能力。只有违背了以维持行为人注意能力的填充规范才属于真正意义上的违反注意义务,只有规范所豁免的行为人注意能力的下降范围才属于允许风险的实质范畴。

三、行为创设不被允许之风险的判断

判断行为是否创设不被允许的风险是客观归责理论中介入行为判断的重要步骤,也是实质构成要件理论的重要内容。如果行为创设了不被允

---

① 陈璇:《刑法归责原理的规范化展开》,法律出版社 2019 年版,第 84 页。

② 陈璇:《刑法归责原理的规范化展开》,法律出版社 2019 年版,第 85 页。

③ 陈璇:《刑法归责原理的规范化展开》,法律出版社 2019 年版,第 85 页。

许的风险,就意味着行为具备了规范的可谴责性。对于行为本身的判断,需要从正反两个方向着手,在正向上判断行为是否违犯了填充规范及其所表征的注意义务,在反向上判断行为是否具备不符合风险创设要求的归责排除事由。

(一)正向判断:形式与实质的双重判断

在客观归责理论中,行为创设了不被允许的风险是归责的依据之一,如何判断行为人的某一行为是否创设了不被允许的风险则成为归责所必须要回答的问题。根据罗克辛教授的相关论断,他虽然没有直接将这一判断划分为形式与实质上的双重考量,但也并未排斥填充规范与注意义务在认定行为创设不被允许风险时的作用。基于此,笔者认为对于行为人是否创设了不被允许风险的判断,需要从形式与实质两个层面进行双重判断,形式判断有助于效率地、类型地分辨行为的性质,而实质判断则能够进一步检验形式判断的准确性,并可在形式判断依据缺失的情形下发挥判断作用,这对于相关填充规范尚不健全的人工智能过失犯罪的认定具有重要意义。

1. 形式判断:行为违反了填充规范

对于行为的判断,应当首先以刑法之中的填充规范为依据,由于填充规范具有类型化推断注意义务的机能,所以行为违背填充规范这一事实,就能够成为推断行为人违反注意义务的类型化依据。[①] 行为人的行为一旦违反了填充规范的有关要求,就可以初步推断行为具备了创设风险的外在表征,接下来需要进一步在实质判断层面予以确认。

2. 实质判断:行为降低了注意能力

如果已经在形式上确认了行为违反填充规范,或者相关行为缺乏填充规范,以致无法有效地明确行为人从事该活动的注意义务,这就需要实质

---

① 参见陈璇:《刑法归责原理的规范化展开》,法律出版社 2019 年版,第 77 页。

判断发挥作用。根据前文的论述，无论是填充规范还是注意义务，他们判断行为的过程实际上都是在为“行为是否降低了行为人对于危险或结果的预见和避免能力”提供规范依据。也就是说，行为导致行为人注意能力的降低是行为人创设风险的实质。因此，无论是在形式上已经推断行为的风险表征还需要在实质层面予以确认，还是相关行为的性质由于缺乏填充规范与注意义务的关切而无法明确，均需要在实质上判断该行为是否降低了行为人的注意能力。如果确实如此，则行为创设风险这一事实在实质层面也得到了印证。如果行为虽然违反了填充规范的规定和注意义务的要求，但并没有降低行为人的注意能力，则可以判定行为并未创设风险。

（二）反向排除：创设风险下的归责排除

如果说正向判断解决的是行为是否创设了风险这一问题，那么反向排除则主要回答了这一风险是否为法所不允许。在反向排除中，主要涉及风险缺乏、风险降低和允许风险三种情形，当行为具有上述情形时，意味着行为所创设的风险为法所容许，因而不能对这一行为进行归责。

1. 风险缺乏下的归责排除

罗克辛曾言：“当行为人虽然没有减少一个法益损害的风险，但是也没有以在法律上值得关注的方式提高这个风险的时候，也应当拒绝归责于客观行为构成。”[①]罗克辛所描述的情形是当行为人的行为属于在法律上不具有重要意义的日常生活性活动时，即使这种活动在罕见的例外情形下也能够导致危害结果的发生，也将为法律所忽略。[②] 在这种情形下，行为人的日常行为所创设的风险是不为法律所规制的，可以说，行为人的行为自始没有创设一个值得法律评价的风险，所以将排除归责。例如 A 劝说 B 乘坐飞

① ［德］克劳斯·罗克辛：《德国刑法学总论》（第 1 卷），王世洲译，法律出版社 2005 年版，第 248 页。

② 参见［德］克劳斯·罗克辛：《德国刑法学总论》（第 1 卷），王世洲译，法律出版社 2005 年版，第 248 页。

机并希望飞机发生空难致 B 死亡，即使果真发生空难并导致 B 死亡，则 A 劝说 B 乘坐飞机的行为实际上并未创设任何值得法律评价的风险，不能因为结果的发生而倒推 A 的行为性质。

2. 风险降低时的归责排除

在罗克辛看来，从一开始，当行为人采取减小对被害人已经存在的危险，即以改善行为客体状况的方式，对一种因果过程进行修改时，风险的创设及其可归责性就不存在了。① 也就是说，当行为人的行为所创设的风险实际上是降低原本存在的风险，那么这种缩小风险实际上是为法律所肯定评价的，因为它降低了风险对于法益的威胁与损害。经典的例子是有一块石砖从楼顶坠落，原本会砸到行人 A 的头部并极大概率导致其死亡，此时 B 向后推了 A，导致石砖砸在了 A 的脚面，造成其脚部受伤。实际上，B 在这一过程中并非没有创设风险，A 脚部受伤与 B 向后推 A 这一行为具备明显的因果关联，但由于 B 的行为在实际效果上降低了 A 原本所将遭遇的风险，所以这种造成 A 伤害轻缓化的风险为法律所允许。

这里需要讨论的是替代风险的情形，即行为人创设一项崭新的风险试图以此减轻现存风险是否为法所允许。例如，消防员在火场营救婴儿，由于火情失控，如果婴儿继续留在房间内随时有窒息死亡的危险，消防员为了防止婴儿因火势而出现生命危险而将其抛出窗外，导致婴儿重伤。此处，主流的意见认为消防员行为所创设的风险与原本存在的风险并不存在任何联系，由于这一崭新的风险导致了婴儿重伤且由于新旧风险之间缺乏联系而无法比对，因而这一新的风险没有理由为法所允许，但可以通过其他正当化事由排除归责。

3. 允许风险中的归责排除

如果行为人的行为所引发的风险是为法律所允许的，那么自始排除行

① 参见[德]克劳斯·罗克辛：《德国刑法学总论》（第 1 卷），王世洲译，法律出版社 2005 年版，第 247 页。

为的可谴责性，即当行为完全符合填充规范的所有要求，仍然发生了法益侵害的结果时，那么这就是法规范所必须承担的风险，即行为人在维持正常水平的注意能力时仍然无法避免危害的发生。那么根据前文对允许风险的实质化判断有关内容的论述可知，此时这种风险应当得到法律的允许并排除对行为人的非难。此外，虽然行为违背了填充规范，就可以在形式上推知行为创设了不被允许的风险，但是风险允许与否的实质检验标准在于行为是否降低了行为人的注意能力，即对结果预见和回避的能力。如果行为人违背了填充规范的有关内容，但其违背的填充规范的具体内容与维持行为人的注意能力无关，则违反填充规范的行为实际上并未降低行为人的预见能力和回避能力，所以自始没有产生法所不允许的风险，此时同样要排除归责。

四、风险创设理论评述

行为创设了不被允许的风险是客观归责理论在行为方面判断责任归属的重要步骤。这种责任判断模式实际上是建立在管辖思想之上的，即行为人有义务保证自己支配的领域不得输出损害他人法益的风险。也正是基于这种思想，在判断行为是否创设了不被允许的风险之前，需要首先明确行为人的风险管辖领域，只有风险发生于行为人的领域之内，才涉及行为人的责任及对其行为的风险创设判断。当风险确系发生于行为人的风险管辖领域之内，则需要明确行为人在其风险管辖领域内的注意义务，行为人违反了注意义务就说明他的行为导致了其遵守规范的能力降低，即结果预见与回避能力的不合理降低，这实际上是风险的真正来源。在刑法规范中，注意义务通常来源于填充规范的规定，所以行为违背了填充规范是考察行为是否创设了不允许风险的形式层面上的判断。如果填充规范缺失或者形式判断存疑，则需要进行实质上的判断，即考察行为是否导致了行为人注意能力的降低；如果符合实质判断标准，则实际上完成了行为创设风险的正向判断。在此基础上,还要进行行为所创设的风险是否为法所允许的反向判断,在这一判断中,存在三项归责的排除事由,即行为实际上并未创设在法律上具有重要意义的风险、行为降低了风险以及行为所创设的是法所允许的风险。实际上这就是风险创设理论的实质内容,之所以在应对涉人工智能犯罪归责困境的过程中提倡以风险创设来考察行为客观层面的归责要素,是因为这一理论能够实现归责根据、归责思想与归责维度的转变,从而能够有效地克服或者缓解人工智能过失犯罪在预见可能性、因果关系等方面责任归属产生的冲击与影响,实现归责间隙的有效弥合。

(一)风险创设理论实现了归责根据由经验事实向规范转变

在传统过失理论中,预见可能性是过失犯罪中责任归属判断的前提与重点。无论是我国借鉴苏俄刑法进一步发展的传统过失犯论,还是经德日刑法话语转变后形成的过失理论,均无法使过失犯罪的归责摆脱预见可能性判断的束缚。在判断行为人对其行为所引发的结果是否具备预见可能性时,判断的根据建立在经验事实之上,即以人们所掌握的事物发展规律和客观存在事物为资料来判断是否具有预见可能。这在应对传统犯罪时还是能够有效实现责任归属的,但人工智能技术的不断发展与应用,导致人们在有人工智能参与的活动中的预见可能性大大降低,人们难以准确预见人机协同下行为的具体走向以及结果发生的样态。在这种情形下,“某类风险太日常化,以致不能说行为人对于风险的现实化结果缺乏预见可能性……很多情形中,风险的因果作用机理太复杂,以致行为人难以对风险的现实化结果具有预见可能性”①。此外,传统的经验事实对于解读人工智能相关的作用机理与因果流程也显得捉襟见肘。

而客观归责理论中以行为是否创设了不允许的风险来考察过失归责

① 劳东燕:《过失犯中预见可能性理论的反思与重构》,载《中外法学》2018 年第 2 期。

的客观面向，对归责流程的把握摆脱了预见可能的限制和对经验事实的依赖。从上文的理论介绍中可以看出，风险创设进行归责判断的依据均建立在规范之上。首先，归责的前提在于风险发生于行为人的管辖领域，而对于管辖领域的确认所依据的是行为人所处行业的法律法规与行业规范。其次，对于行为人行为创设不允许风险的判断，首要考察其与填充规范的关系，并将对填充规范的违背视为行为创设风险的类型化依据，即使是对行为创设风险的实质判断标准的把握，也与注意义务等规范要素相关联。最后，在排除行为归责的事由设置与判断上，无论是行为不具有法律上的重要意义还是行为所创设的风险为法律规范所允许，均无法脱离规范而进行。可以说，客观归责理论及其项下的风险创设理论就是建立在规范归责基础之上的，而对于规范功能的着重发挥恰恰削弱了归责对于事实经验的依赖。正如我国学者所说的，"这样一来，归责判断就将关注点放在了对规范客观功能的确定上，从而摆脱了将经验事实与规范评价相混淆的弊端，走出了只在'生活经验'和'一般人看法'等飘忽不定的概念中打转的困境"①。如此，客观归责理论克服了人工智能所带来的诸多归责影响，为责任归属开辟了一条新路。

（二）风险创设理论实现了归责思想由因果论向管辖论转变

在传统过失犯罪责任归属的过程中，因果论思想发挥着重要的指导作用，将原因与结果之间的事实关系与流程脉络视为责任从产生到归属的逻辑主线。在因果论思想作用下，行为人的预见可能成为责任产生的源头，因为只有行为人能够预见才能控制，只有控制才能归责的逻辑脉络正是原因与结果的动态体现。在行为人、行为、结果与责任之间，仍然是事实层面的因果关系发挥着唯一的联结贯通机能，实现了责任沿着因果脉络的有效溯及。可见，传统归责思想中的因果论除了再次确认了预见可能性对于归

---

① 陈璇：《刑法归责原理的规范化展开》，法律出版社2019年版，第179页。

责的重要性之外,还体现了传统归责对于因果关系的要求。至于人工智能在人类活动中的参与对预见可能所造成的影响,上文已经论及,实际上因果关系的查明同样面临着性质相同的困扰。如果以宏观的因果来把握事物之间的联系,则可以说万事万物均是有联系的;如果以微观的因果来把握事物之间的联系,则人工智能的复杂运作机理似乎阻滞了详细因果的查明。

风险创设中管辖思维的提出与在过失归责中的应用,使得上述情形有所改观。根据管辖原则,任何人都必须安排好他自己的行为活动空间,不得从这个行为活动空间中输出对他人的利益的任何危险。① 从这种意义上而言,查明事实发展的因果流程以确认法益侵害的来龙去脉则不再是归责必须关注的对象。对于刑法归责而言,更重要的是,避免法益受到侵害是谁的义务,或者说属于谁的责任范围。② 据此,责任的归属不再以预见可能性为标准,正如劳东燕教授所言:"相应地,一个制造容许风险的人,即使对结果具有预见可能性,也不会受到归责;反之,一个制造禁止风险的人,即使对具体结果缺乏预见可能性,也可能会被归责。"③

至于因果关系在事实层面的查明困难,风险创设理论在论述行为创设风险的排除事由时有所涉及。风险创设理论认为,如果行为降低了原本存在的风险,则可以排除归责。值得注意的是,降低风险的行为与结果发生之间具备事实上的因果关系,但在规范层面则对这一因果关系的责任溯及机能进行了限制。也就是说,在风险创设的检验过程中,事实层面的因果关系并非责任溯及的唯一途径,行为与结果之间存在因果关系必须经过规范层面的筛查才能够贯穿行为与结果、责任与主体之间的联系。简言之,在规范归责中,事实层面的因果关系作为归责要素的价值与意义虽然并未

① 参见[德]乌尔斯·金德霍伊泽尔:《刑法总论教科书》,蔡桂生译,北京大学出版社 2015 年版,第 101 页。

② 参见劳东燕:《过失犯中预见可能性理论的反思与重构》,载《中外法学》2018 年第 2 期。

③ 劳东燕:《过失犯中预见可能性理论的反思与重构》,载《中外法学》2018 年第 2 期。

被否定,但其必须接受规范层面的再次检验才能够发挥归责的机能。赋予因果关系以规范检验与规范意义,能够缓解事实层面因果查明不能所带来的归责困境,尤其是在宏观上认可因果的存在时,规范的检验成为责任合理归属的必要步骤。

(三)风险管辖理论实现了责任归属由纵向向横向维度转变

不可否认,根据我国刑法的有关规定,二人以上共同过失犯罪的,不以共同犯罪论处,应当负刑事责任的,按照各自所犯的罪分别处罚。立法上如此规定,也造成了我国传统刑法理论长期以来对于责任归属的考量局限于"主体—客体"一隅,而始终欠缺不同主体之间责任划分的研究。但是现代工业社会的科学技术愈加复杂,社会分工愈加精细,导致人们只对自我负责的领域具有控制的可能,而无法涵盖工业生产的所有流程。人工智能技术的产生与发展就是最能说明这一问题的实例。人工智能的设计、生产、适用等各个环节相互联结,在人工智能功能的发挥上相辅相成。因而一旦发生事故,需要追究责任,传统的"主体—客体"的思维恐怕难以满足责任追溯的需要,此时有必要在横向上探索责任划分的有效方法,以"主体—主体"的关系作为构建的出发点,关注社会中不同主体之间横向的风险分配关系。[①] 而风险管辖思想对于行为人管辖领域的划分所实现的正是不同主体之间责任归属与风险分配的基础搭建。因为在横向上考察不同主体之间刑事责任的划分并非将所有的主体纳入同一责任范畴内讨论责任的归属,而是需要建立在各个主体责任领域的确定之上,只有明确了不同主体的责任边界,当风险发生之后,各个主体所负责的风险管辖领域才能够真正发挥归责引导与提示的作用,实现风险的有效分配与责任的合理归属。所以,风险管辖理论对于行为人管辖领域及其与责任分配关系的强调,实际上为人工智能过失犯罪下刑事责任的有效分配提供了一种新的思

---

① 参见劳东燕:《过失犯中预见可能性理论的反思与重构》,载《中外法学》2018 年第 2 期。

维方向。在复杂且烦冗的智能工业流程中,将危害结果笼统地归属于某一个自然人主体恐怕难以应对归责的现实需要,所以实现责任归属由纵向维度向横向维度的转变,在过失犯罪中引入不同主体之间责任分配的考量,不仅满足了人工智能过失犯罪中责任归属的需要,也是归责模式转型过程中所要实现的理论目标。

第四节　归责的结果考察:实现不被允许的风险

行为人制造法所不容许之风险,但须实现该不法风险,始可归责;反之,若结果虽发生,但并非基于该风险所导致者则因无风险实现而不可归责。① 也就是说,行为在客观面向具备非难可能性之后,仍需要考察行为所引发的结果是否实现了行为所创设的不被允许的风险,才能最终确认责任的归属。可见,实现不被允许的风险既是在客观层面考察结果的规范责任可能性,又是客观归责理论中判断责任归属实质环节中的最后步骤。判断结果是否实现了不被允许的风险,需要判断风险是否是实现于注意规范的保护目的范围之内、风险创设与风险实现之间是否具备规范意义上的关联以及在规范关联存疑的特殊情形下风险是否升高等问题。

一、风险实现于规范保护目的范围的检验

行为人因违反了注意义务而创设不被允许的风险,即使最后也存在风险实现于结果的客观情形,但只有风险实现于注意规范的保护目的范围内,才能认定不允许的风险得以实现。也就是说,必须被违反的注意规范的保护目的,正是为了避免该实际上发生的结果,具有这种规范保护目的的关联性者,才能把发生的该结果,当成是违反义务行为人的作品,而予以

① 参见林钰雄:《新刑法总则》,中国人民大学出版社 2009 年版,第 17 页。

归责。[①] 罗克辛在论述规范保护目的理论时,以举例的方式说明这一理论对于责任归属的限制意义。两个骑自行车的人,在晚上骑着没有灯的车前后相随。前面那个人由于缺乏照明而撞上了迎面而来的一个骑车人。但是,只要后面那个骑车人在自己的车上装了照明设备,那么这个事故本来也是可以避免的。[②] 对此,罗克辛认为第二位骑车人骑着没有灯的车所进行的禁止性行驶,提高了第一位骑车人造成事故的危险性。尽管如此,结果归责看起来还是不合理的,因为照明要求的目的在于避免自己的车直接造成事故,而不是让另一辆自行车点灯来避免其与第三辆车相撞。[③] 所以,对于归责而言,单纯的风险实现于结果之中并非意味着全部归责要素的达成,还必须进行检验的是,风险实现的结果是否属于所违反规范的保护目的。

(一)注意义务规范的确定

检验规范的保护目的,就是检验被实现的构成要件和防止构成要件被实现的安全规则之间是否有一致的目的关联。[④] 根据规范类型的划分原理,用以指导或者命令公民行为的规范是行为规范,用以指导裁判者根据犯罪结果制裁行为人的规范是制裁规范。对于构成要件的描述,实际上在向公民传达这样一种信息,满足构成要件的行为是被禁止的,因而不得如此行事,否则会受到刑法的制裁。显然,根据规范的性质,用于描述构成要件的规范属于行为规范,而以危害结果为评判重心,并以此决定对行为人所施加的刑事制裁则属于制裁规范。如果从这种规范意义上来理解规范

---

① 参见林钰雄:《新刑法总则》,中国人民大学出版社 2009 年版,第 383 页。

② 参见[德]克劳斯·罗克辛:《德国刑法学总论》(第 1 卷),王世洲译,法律出版社 2005 年版,第 256 页。

③ 参见[德]克劳斯·罗克辛:《德国刑法学总论》(第 1 卷),王世洲译,法律出版社 2005 年版,第 256 页。

④ 参见许玉秀:《当代刑法思潮》,中国民主法制出版社 2005 年版,第 508 页。

保护目的的检验,那么它所实现的是检验行为规范与制裁规范之间的目的关联性。因而,考察实现风险的结果是否满足规范的保护目的,就是在检验制裁规范(风险实现的结果)是否属于行为规范(有关构成要件的规定)所欲禁止的风险,即所欲保护的法益范畴。

在我国刑法有关过失犯罪,尤其是业务过失的规定中,制裁规范往往是规定明确、不具有争议的,而需要进一步明确与解释的是行为规范。由于现代社会的飞速发展,科学技术与公共管理领域持续呈现出复杂化、专业化、精细化的演进趋势。尤其是在交通、医疗、核能等涉及专业技术并伴有较高风险的行业,为了满足管理需求、防控技术风险,国家制定了大量且详细的法律法规,行业协会也建立了众多行业规章,我国学者将在这些社会领域中形成的用于规制和约束行业内专门活动的各种规范称为"特别规范"。①

而无论是在立法的相关表述中,还是在学理的逻辑论证上,这些特殊规范构成了划定行为规范中注意义务的主要内容。理由在于:其一,特殊规范也是由国家制定或者行业协会依据规范程序所订立的,具备正当性与民主性,所以也就具备了与刑法规范"接洽"的民意基础。其二,特殊规范所反映的是某一专业领域的管理需求,因而它在本领域内具备专业性与详细性,能够针对该领域的特定技术工艺以及蕴含的独特风险进行专门化的规制,因而不仅能够更加细致有效地指导相关行为人的规范行为,也能够满足过失犯不法构成要件的明确性要求。② 其三,通过特别规范来推断注意义务的内容,并不会不当地扩大或缩小过失犯的处罚范围。③ 因为特殊规范对于刑法规范而言,仅仅是推断注意义务的判断资料,而并非实质的构成要件。换言之,对于行为性质的判断,特殊规范所提供的仅是形式上

① 参见陈璇:《刑法归责原理的规范化展开》,法律出版社 2019 年版,第 158～159 页。

② 参见陈璇:《刑法归责原理的规范化展开》,法律出版社 2019 年版,第 159 页。

③ 参见陈璇:《刑法归责原理的规范化展开》,法律出版社 2019 年版,第 160 页。

的参考意义,而“决定权”仍然建立在刑法独立的价值与规范的判断之上。

所以,“规范保护目的”中的规范指的是行为规范,而前置的特别规范是推断刑法意义上的行为规范的必要根据。

(二)规范保护目的的探寻

既然明确了规范的范畴,那么检验风险是否实现于规范的保护目的之中还需要具体明确保护目的的内涵,即在规范中探寻其所欲保护的目的何在。对此,理论上存在两种观点,许迺曼通过案例分析,找到了各禁止规范的共通目的,即一般预防功能,检讨各该生活领域的安全规则是否符合一般预防目的的要求,以决定是否将禁止规范的刑法效果归责给违反各该生活安全规则的行为人。[①] 而另一种观点则认为行为规范和制裁规范的目的关联性,不是取决于制裁规范的一般预防目的,而是取决于特定法益的安全目的。这种特定法益的安全目的,可以透过风险行为本身、特定的空间、行为人与被害人间的特定关系而决定。[②]

笔者赞同后一种观点,即对于规范保护目的的探寻应当从特定法益的安全目的着手。所谓特定法益的安全目的,是指对特殊规范所确立的行为构成要件能够引发对于某种具体法益侵害风险的有效避免。因此,对于特定法益的安全目的的探寻要结合特殊规范的具体内容进行具体的判断。在判断的过程中,要充分考虑注意义务所真正试图避免的风险的性质与样态,并在此基础上确认规范所欲保护的法益的内容。而之所以不能将一般预防目的视为规范保护的目的内涵,是因为一般预防目的过于笼统与模糊,在伴随一定风险的行业内,任何的法律法规与行业规范都可以说是预防危险的发生,而结果最终实现了风险无疑属于规范保护目的,即预防危害结果发生的范畴之内。如果在如此宏观且抽象的意义上把握规范保护

---

① 参见许玉秀:《当代刑法思潮》,中国民主法制出版社 2005 年版,第 511 页。

② 参见许玉秀:《当代刑法思潮》,中国民主法制出版社 2005 年版,第 512 页。

目的,则会使这一限制归责的规则在极大程度上泛化,以至于任何创设风险的行为所造成的结果都在规范保护目的之内,这就失去了这一制度本身的目的和价值。

(三)风险实现的范围判断

在明确了“规范”与“保护目的”之后,需要将风险实现的结果与规范的保护目的进行对比作出判断,如果风险实现于规范的保护目的范围之内,则该结果具备刑法非难的可能性;如果结果并非规范所欲保护的目的范畴,则应阻却责任归属。根据陈璇教授的有关论述①,在进行风险是否实现于规范保护目的的范畴之判断过程中,应当首先从风险实现的结果着手,明确导致风险实现结果的关键因素是什么;进而分析能够有效防止这种危害结果发生的措施是什么;最后判断这种能够有效防止危害结果发生的措施是否属于特别规范所推断的注意义务的根本考虑。如果是,则说明风险实现于注意义务规范的保护目的之中,具备归责条件;反之,则说明风险的实现与规范保护目的相抵牾,排除归责。

以前述自行车肇事案件为例,导致结果发生的关键因素在于道路光线昏暗以致行驶视野模糊,而能够有效防止结果发生的措施则在于安装自行车灯并在光线不充足的情形下开启照明。但关键在于相关道路交通法规要求开启照明的本质考虑与本案中防止结果发生的有效措施是否相吻合。一般来说,道路交通法规要求在光线不充足情形下开启照明设备行驶,实际上是为了防止驾驶人在光线不充足情形下行驶引发交通事故,而非为道路提供光线来源以防止其他车辆发生交通事故。在本案中,行为人未开启照明设备虽然与规范的要求相违背,但却没有发生规范所欲避免的行为人与其他车辆相撞的交通事故,所以这一违反规范的行为虽然创设了风险,但这一风险并未实现。而他人所发生的交通事故虽然也是光线不足所造

① 参见陈璇:《刑法归责原理的规范化展开》,法律出版社 2019 年版,第 167 ~ 171 页。

成的，但行为人并不具有为公共道路提供照明的义务，相关的道路交通管理法规也并未要求行为人如此行为，所以对该行为人排除归责。

二、风险创设与风险实现规范关联的考察

在传统的过失犯理论中，事实层面的因果关系是危害行为与危害结果的重要关联要素，也是责任归属于行为人的溯及链条。然而，在由意志归责向规范归责转型的过程中，强调规范评价的归责体系要求其评价的对象必须在一定程度上具备规范的属性，如此方能具备规范评价的价值与可能。在客观归责理论中，结果归责的最终实现也需要考察风险创设行为与风险实现结果之间的关联，只不过考察的重点在于规范层面，以规范的视角与方法判断风险创设与风险实现之间的规范联系是明确责任归属的重要因素。

（一）风险创设与实现的规范关联实质

风险创设与风险实现的规范关联，是指在风险创设行为与风险实现结果之间，必须存在一种规范意义上的关联性。亦即，必须正好是风险创设行为导致了风险实现于危害结果之中，才能把结果归责于行为人。反之，在具体个案中，纵使行为人遵守了法规范义务，也可确定其无法避免结果发生的，风险实现就不是行为人的违反义务行为而导致的，故不能归责于行为人。① 由此可见，风险创设与风险实现之间的规范关联是将责任归属于行为人的要素之一，它可以决定责任的归属与否，如果两者之间具备规范关联，则存在可归责的基础；如果两者之间缺乏规范关联，则排除归责。

实际上，风险创设与风险实现之间的规范关联和传统过失犯论中事实层面的因果关系相类似，因为：其一，事实因果与规范关联都是对危害行为

① 参见林钰雄：《新刑法总则》，中国人民大学出版社 2009 年版，第 384 页。

与危害结果之间关系的描述；其二，事实因果与规范关联在各自的归责理论体系之中都是重要的归责要素，如果缺乏则会阻却责任的归属；其三，事实因果与规范关联都需要一定方法或理论来证明。但是，规范关联与事实因果也存在着重大的差异，这些差异主要体现在：其一，事实层面的因果关系是传统过失理论甚至犯罪理论中不可或缺的责任要素。换言之，它存在于传统的过失犯论与归责模式之中，而规范关联则是客观归责理论项下的判断责任归属的下位规则与归责要素，两者所处的理论体系不同。其二，因果关系存在于事实层面，对因果关系的考察需要依赖经验事实的判断；规范关联则存在于规范层面，对规范关联的考察需要在规范层面运用规范方法进行。

（二）行为与结果规范关联考察的方法

实际上，即使在规范层面讨论风险创设行为与风险实现结果之间的关联，也存在诸多困难。与事实因果查明所面临的困难相同的是，从原因到结果、从风险创设到风险实现的过程，并非我们所希望看到的那样，是条件与结果的清晰对应，而往往是掺杂着大量的不同样态、不同性质、不同作用的因素。以至于我们很难凭借直观的感受与直觉的判断来明确风险创设行为与风险实现结果之间是否存在着规范关联以及规范关联的内容是什么。在这种情形下，就需要采取类似科学实验的做法，将待检验的事实从因果链条中暂时剥离出去，看因果过程会发生何种变化，由此来间接确定该事实在整个因果关系中的功能与地位。① 在规范层面考察行为与结果之间的规范关联同样可以采取这种“实验对照”的方法，即“合义务替代行为理论”的检验。

根据前文论述可知，不被允许风险的创设来源于行为人对于注意义务

---

① 参见陈璇：《论过失犯的注意义务违反与结果之间的规范关联》，载《中外法学》2012 年第 4 期。

的违反,因此要探究风险创设行为与风险实现结果之间是否具备规范关联,就要设置一组对照组以便于差异的观察与结论的得出。既然风险创设以违反注意义务为核心,就需要以对注意义务的违反为变量进行考量。在事实层面,存在着违反注意义务的行为与危害后果;在规范层面,需要将违反注意义务的行为替换为符合注意义务的行为,由此观察危害结果是否还会发生。如果以合义务行为替代之后,危害结果没有发生,即可证明风险创设行为与风险实现结果之间具有规范上的关联。行为消失结果随之消失的"实验结果"说明违反注意义务的行为在导致结果发生中具有积极的推动作用,一旦该行为消失,诱发结果的因素也随之消失,所以危害结果没有发生。如果以合义务行为替代之后,危害结果同样发生,则说明风险创设行为与风险实现结果之间不具有规范关联。简言之,用以考察风险创设行为与风险实现结果之间规范关联的方法是合义务替代行为的检验,即"应当用符合注意义务的行为取代违反注意义务的行为,由此观察行为人行为合法的条件下结果是否仍然会发生"①。

(三)合义务替代行为考察面临的难题

然而,在规范层面上以合义务替代行为检验风险创设行为与风险实现结果之间的规范关联,毕竟不是在科学实验室中进行的物理实验,规范的价值属性与抽象本质决定了这一类似于科学实验的考察方法将面临比科学实验更多的难题。在理论层面,合义务替代行为面临着假定因果关系窠臼的诘责;在实践层面,合义务替代行为的判断存在不确定的可能性时该如何确定规范关系也是必须回答的问题。

所谓假定因果关系,是指当没有行为人,结果也仍然会由其他人或事件引发时,其他人的行为或事件与结果之间的因果关系。② 刑法理论普遍

① 陈璇:《论过失犯的注意义务违反与结果之间的规范关联》,载《中外法学》2012 年第 4 期。

② 参见车浩:《假定因果关系、结果避免可能性与客观归责》,载《法学研究》2009 年第 5 期。

认为,假定因果关系不影响归责。也就是说,行为人不能以有代位行为人为由,主张他的行为不可归责。① 而在合义务替代行为对于风险创设行为与风险实现结果之间规范关联的考察中,以符合注意义务的行为代替违反注意义务的行为实际上也是一种假定的思考方式。由此引发的疑虑在于,既然假定因果关系在阻却行为人刑事责任的过程中被否定,那么同样以假设思维为本质的合义务替代行为在判断风险创设与风险实现的规范关系中正当性何在?对此,我国学者也进行了深入的讨论,虽然观点不尽相同,但均认为合义务替代行为在判断规范关联中具备理论正当性。笔者也认同这一观点,理由在于:

第一,虽然假定因果关系与合义务替代行为都是假设思想的运用,但两者解决的是不同层面、不同性质的问题。假定因果关系所欲解决的是事实层面因果关系可否因为假设情形的发生而自始阻断的问题,而合义务替代行为则是在规范层面讨论行为与结果之间是否具有规范关联的问题,两者处于不同层面并解决不同问题。正如我国学者所言:"后者是关于违反注意义务的行为同结果之间是否存在规范关联的思想实验,而前者则仅仅是在法益侵害已经确然无疑的情况下,对另一无关流程的事后归纳。"②所以,以假设因果关系的价值否定来质疑合义务替代行为的考察作用不具有解释力。

第二,假设因果关系与合义务替代行为所假设的内容具有明显差别。在假设因果流程中,欲排除行为人责任所假设的因果流程并非在行为人的掌控之内,而完全属于他人行为或者自然事件;但是合义务替代行为将假定的范围仅仅限定于行为人行为的控制领域之内、可能影响规范效力发挥

① 参见许玉秀:《当代刑法思潮》,中国民主法制出版社2005年版,第392页。

② 徐成:《假定因果关系、合义务替代行为与法所不允许风险的实现》,载陈兴良主编:《刑事法评论:犯罪的阶层论》,北京大学出版社2016年版。

的事实因素。[①] 由此观之，假定因果关系和合义务替代行为的意义完全不同。

第三，客观归责理论并未从根本上排斥假设思想的运用。面对错综复杂的多种因素，司法者往往无法准确判断行为人的风险创设行为究竟与结果有无关联。[②] 在这种情形下，客观归责目的的实现就必然需要一个试错的实验过程，而这一实验过程本身就体现为科学假设的应用与验证。正因如此，假定的思维方式，是客观归责判断中，特别是检验注意义务之结果避免可能性时必不可少的思维方式。[③]

综上，由于假定因果关系与合义务替代行为之间具有本质上的差别，因而合义务替代行为无须受假定因果关系的价值否定所累。

在明确了合义务替代行为的检验方法与正当性后，对于风险创设行为与风险实现结果的规范关系的考察，可能会出现三种类型化结果：其一，以合义务行为替代违反义务行为后，结果确定可以避免，则说明风险创设行为与风险实现结果之间具有规范关联，具备归责条件。其二，以合义务行为替代违反义务行为后，结果确定不可以避免，则说明风险创设行为与风险实现结果之间不具备规范关联，排除归责。其三，以合义务行为替代违反义务行为后，结果能否避免无法准确确定而是只存在可能性，此时风险创设行为与风险实现结果之间的规范关联成为疑问，归责与否亦成为难题。

---

① 参见陈璇：《论过失犯的注意义务违反与结果之间的规范关联》，载《中外法学》2012 年第 4 期。

② 参见徐成：《假定因果关系、合义务替代行为与法所不允许风险的实现》，载陈兴良主编：《刑事法评论：犯罪的阶层论》，北京大学出版社 2016 年版。

③ 参见陈璇：《论过失犯的注意义务违反与结果之间的规范关联》，载《中外法学》2012 年第 4 期。

三、风险升高理论对特殊情形的必要补充

正如上文所述,规范层面风险创设行为与风险实现结果之间存在着大量的不可控制且难以再现的影响因素,原因与结果之间并非清晰的映射关系,在大量混杂同处的影响因素中,很难从中排除其他因素的影响并厘清导致结果发生的决定因素。这既是规范的性质所决定的,也是客观事实的本质样态。所以以合义务替代行为的方式检验风险创设与风险实现之间的规范关联,能够得出明确肯定的结论是一种理想型的结果。而在实际中,绝大多数的情形是即使以符合注意义务的行为替代违反注意义务的行为,也难以百分之百地确定风险不会实现或者风险仍会实现,义务违反与结果之间的关联往往只能表现为一定的因果概率。[①] 这就涉及认定规范关联的存在究竟需要合义务替代行为在多大程度上或者多大概率上能够避免危害结果的发生,即"当一个结果通过一个合法替代行为不是肯定地,而仅仅是很可能或者可能被阻止的时候,这个结果是否应当被归责"[②]。这一问题的提出引发了学者们对于规范关联确立所需的合义务行为避免结果发生标准的讨论。

(一)确定避免与风险升高标准的争议

风险创设行为与风险实现结果之间的因果概率之于规范关联关系的确定而言,具有两种不同的观点:确定能够避免说与风险升高理论。确定能够避免说认为,只有当符合注意义务的行为能够确定地避免危害结果发生时,才能在行为与结果之间建立起规范关联。当以合义务行为替代违反

---

① 参见陈璇:《论过失犯的注意义务违反与结果之间的规范关联》,载《中外法学》2012 年第 4 期。

② [德]克劳斯·罗克辛:《德国刑法学总论》(第 1 卷),王世洲译,法律出版社 2005 年版,第 257 页。

义务行为时,危害结果仍有百分之一甚至更小的发生可能,行为与结果之间也不具有规范关联。理由在于,只有百分之百地确定合义务替代行为能够避免危害结果的发生,才能够明确地在行为与结果之间建立规范联系,而这种规范联系是肯定且明确的。不论在行为与结果之间还存在着怎样的因果因素,这种"确定避免"的关系能够完全排除其影响。对于刑事责任的归属而言,只有在最为严格的意义上把握规范关联,才能避免过失犯罪结果归责的虚化,并满足罪疑惟轻的刑法原则。

风险升高理论则认为,如果行为人已经逾越了被允许的风险,不但制造了风险,也实现了被禁止的风险,则因为行为人的行为升高了风险,仍可归责。[①] 也就是说,在行为人已经实施了违反注意义务的行为且该行为所侵害的法益属于规范保护目的的范围时,即使无法得出合义务替代行为将肯定避免结果发生的情形,只要行为人的行为提升了危害结果出现的可能,也应当归责。只要根据事后查明的所有客观事实能够认定合义务替代行为具有防止结果发生的可能,不论该可能性有多低,即可成立归责;只有当合法行为确定地完全无法避免结果时,才能否定归责。[②] 理由在于,规范关联的本质在于风险创设行为对于风险实现结果的发生具有规范意义上的影响,只要行为具有影响结果的可能性,就说明两者具备规范关联。

通过对于上述两种学说的介绍与对比,可以发现无论是确定能够避免说还是风险升高理论,均以合义务替代行为避免危害结果发生作为规范关联存在的判断标准,只不过确定能够避免说认为这种避免的概率必须达到百分之百,即肯定的避免才能在行为与结果之间建立规范联系;而风险升高理论则认为只要结果有避免的可能,即可说明行为与结果规范关联的存

---

① 参见许玉秀:《主观与客观之间——主观理论与客观归责》,法律出版社2008年版,第199页。

② 参见陈璇:《论过失犯的注意义务违反与结果之间的规范关联》,载《中外法学》2012年第4期。

在。对于这两种观点,笔者认为风险升高理论在风险日益复杂的当下因符合理论与实践的需求而更具生命力与解释力。因为就充斥着难以控制和难以再现的不确定性因素而言,人们在认定规范关联时难以穷尽地查明这些因素对于结果发生的影响及程度,即使通过合义务替代行为能够将主要变量锁定于注意义务的违反与否之上,但仍然难以有效排除其他变量因素对于结果的影响。从这种意义上而言,确定无疑的结果避免是不存在于客观判断之中的,或者说合义务替代行为对于结果避免的检验结果本身就是概率问题。既然合义务替代行为的检验所提供的仅仅是一种可能性,那么对于规范关联以及责任归属而言,具有两种判定方式:其一,仍坚持确定能够避免说的观点,在这种情形下一概放弃归责;其二,承认避免概率对于规范关联成立的意义,并实现责任的有效归属。如果选择第一种判定方式,在人工智能过失犯罪中,由于存在大量不确定因素,无疑相当于宣布人工智能过失犯罪均阻却归责,这显然违背了刑事立法与刑法理论的本意。

(二)关联成立所要求风险升高的程度

是否承认了风险升高理论对于风险创设与风险实现之间规范关联的认定意义,就意味着只要存在结果避免的可能,就一概承认规范关联的成立进而进行责任归属呢?也不尽然,实际上在赞成风险升高理论的论者之中,对于结果回避概率之于规范关联成立的判断也存在不同的观点。考夫曼对此曾有过详细的分析与评价,他将在合义务替代行为情形下,结果发生的可能性设定为从0到1,0代表结果绝对不会发生,1代表结果绝对会发生。考夫曼将罗克辛的要求评估为1,即在合义务替代行为之下,结果也会百分之百地出现时,才能排除对义务违反行为的结果归责。他将耶赛克的主张评估为大约具有0.9的可能性,因为耶赛克主张如果不能肯定遵守注意义务是否也会有同样的结果,那么只要“对注意义务的违反给行为对象带来了比正常危险高得多的危害”,就应当肯定结果归责。① 他将普珀对替代原因的可能性要求评估为0.5,因为其要求以“显著的风险增高”作为可罚性的必要条件,只要有高度盖然性证明结果是可避免的,就可以对行为人进行结果归责。② 他将海默的主张评估为0.1,因为按照其观点,只要这种可能性不被排除就足够了。③

对此,笔者认为普珀的观点较为适当,即以符合注意义务的行为替代违反注意义务的行为,只有当结果避免的概率超过50%时,才可以肯定地判断合义务行为替代的场合,结果不发生的概率要高于结果发生的概率时,方能认定规范关联的存在,进而进行结果归责。50%或者说0.5是结果避免概率的一条具备法律意义的分界线,它的规范意义在于结果发生或避免的概率存在于行为本身的属性中,还是会从行为内部外化为推动事物发展的力量。举例而言,如果风险实现的概率低于50%,则说明这一行为具有风险属性;如果风险实现的概率超过50%,则我们必须采取一定的措施防止风险的外化与实现。因为当注意义务阻止结果出现的概率虽然客观存在,但明显小于结果同样会发生的概率时,义务违反的危险性就仍然停留在行为的属性本身上,而尚不足以迈出行为领域而与法益侵害的结果建立起连通的桥梁。相反,当合义务行为遏制结果的可能超过了结果发生的可能时,义务违反已不再仅仅拥有单纯的危险性,而是明显具备了朝结果方向发展的压倒性趋势。④

---

① 参见[德]汉斯·海因里希·耶赛克、托马斯·魏根特:《德国刑法教科书》,徐久生译,中国法制出版社2001年版,第703页。

② 参见许玉秀:《当代刑法思潮》,中国民主法制出版社2005年版,第519页。

③ 参见徐成:《假定因果关系、合义务替代行为与法所不允许风险的实现》,载陈兴良主编:《刑事法评论:犯罪的阶层论》,北京大学出版社2016年版。

④ 参见陈璇:《论过失犯的注意义务违反与结果之间的规范关联》,载《中外法学》2012年第4期。

（三）风险升高理论面临的诘责与回应

可以说，在刑法理论领域，对于风险升高理论的赞成与反对声音分庭抗礼、旗鼓相当。其中，反对意见对于风险升高理论的责难与质疑主要体现在以下两个方面。其一，违背法律规定将实害犯转换成具体危险犯来处罚；其二，限制了罪疑惟轻原则的适用范围。[①]

第一项责难认为，风险升高理论割裂了行为与结果之间的确定联系，将结果犯的归责要求降格为危险犯。笔者认为这种诘责有失偏颇，理由如下：其一，规范层面的关联关系不同于事实层面的因果关系，事实层面因果关系的查明与规范层面假定因果流程中的合义务判断根本就是两个问题。结果犯归责所要求的行为与结果具备事实因果关系，而判断规范关联的风险升高理论实际上并未触及因果关系的判断方式，以风险增高理论判断风险创设与风险实现之间存在规范关联并未排除因果关系对于结果犯的归责意义。其二，风险升高理论的作用在于判断风险创设与风险实现之间的规范关联存在与否，而并未在任何意义上否定规范关联作为责任归属要素的意义。如此来看，风险升高理论正是为规范关联的判断而服务的，完全不会割裂行为与结果之间归责所需的必要联系。

第二项责难认为，风险增高理论在结果会否发生存疑的情形下，肯定规范关联的存在进而导致行为人归责属于对罪疑惟轻原则的违背。笔者认为这种质疑也存在不妥。因为罪疑惟轻是刑事诉讼法的重要原则，意指在刑事诉讼的过程中，当证明被告人有罪的证据或者事实不清时，应当作出有利于被告人的判决。但这一程序性原则是否能够在实体法价值判断的环节发挥作用则存在疑问。毕竟由于犯罪事实的查明存在局限而产生

① 参见林钰雄：《新刑法总则》，中国人民大学出版社2009年版，第133页。

的不确定性，与假定因果流程的不确定性是根本不同的两个问题①，所以以此指责风险升高理论不具正当性。

四、风险实现理论评述

风险实现理论强调了在过失犯罪中风险实现于结果以及风险创设与风险实现之间的规范关联之于过失责任归属的重要性。在应对人工智能过失犯罪归责风险、实现过失犯罪由意志归责向规范归责的转型过程中，风险实现理论的具体归责——规范保护目的检验、行为与结果规范关联考察以及风险升高理论对于传统理论的诸多困境实现了有效的克服，具体体现在以下三个方面。

（一）规范保护目的检验可以合理限制过失犯罪的不当扩大

受德日刑法理论影响所形成的过失犯论要求以考察行为对注意义务的违反作为判断过失犯罪成立的重心，而对注意义务的判断来自特殊规范的规定。因此，根据传统理论，只要行为违背了特殊规范的有关要求即具备过失犯罪成立的核心要件，那么为保障伴随风险的行业安全而制定的法律法规、行业规章等规范性文件都将成为刑法意义上以成立犯罪为“威吓警示”的、束缚相关行业从业人员的枷锁。届时，过失犯罪的不当扩大意味着对行业从业者注意义务的加重与创新能力的掣肘。

在人工智能领域，由于人工智能技术的发展伴随着较大的不确定性与风险性，虽然当下相关的法律法规、行业规范尚未建立健全，但可想而知，随着这一领域技术的成熟、管理的完善以及国家立法的跟进，必然将存在复杂细密的各项规范来引导、管理、约束这一技术的发展。如果以如此繁

① 参见陈璇：《论过失犯的注意义务违反与结果之间的规范关联》，载《中外法学》2012 年第 4 期。

冗的特别规范作为判断行为人行为成立过失犯罪的标准,必然将不当地扩大涉人工智能过失犯罪的成立范围,加重人工智能设计者、生产者等从业人员的义务负担。而在客观归责理论中,对于风险实现于结果的考察需要检验风险创设行为是否违背了注意义务的规范保护目的,在明确了“规范”与“保护目的”之后,需要将风险实现的结果与规范的保护目的进行对比判断。如果风险实现于规范的保护目的范围之内,则该结果具备刑法非难的可能性;如果结果并非规范所欲保护的目的范畴,则应阻却责任归属。如此,即可排除相当一部分的虽然违背特别规范但是没有违反注意义务行为的归责。这种将特别规范与注意义务在形式与实质上相区分,并以对维持自身能力为目的的注意义务的违反为归责要素的观点,能够有效地限制特别规范繁冗、复杂的风险行业领域中过失犯罪的成立范围。

(二)行为与结果的规范关联使归责摆脱对因果考察的依赖

在传统过失理论中,对于行为与结果的考察仅仅存在于事实层面的因果关系之中,并通过以条件理论为基础的判断因果的各种方法、以经验事实为资料进行行为与结果之间的因果考察。当然,这种以事实层面因果关系作为行为与结果、责任与主体之间联系的要素在应对传统过失犯罪中具备有效性。然而,随着社会的发展与科学技术的进步,事实层面的因果流程变得愈加不容易掌握,大量的不可控制且难以查明的因素在因果进程中发挥作用,而置身于外的人们难以全面准确地回溯因果历程。在这种情形下,或者无限地将因果抽象化、哲学化,并普遍承认万事万物均处于联系之中;或者难以在微观层面具体地还原因果流程导致因果查明不能,致使因果关系这一责任要素在实践中难以发挥应有的作用。

人工智能技术的发展更加催化了这一矛盾,技术的复杂性导致“技术黑箱”的产生,不具备专业技术知识的司法工作人员难以判明其间的因果走向,即使是从事人工智能的研发人员或生产人员,对于其管辖范围之外领域的因果历程的查明与解释,也是困难重重。实现不被允许的风险理论则试图在规范层面建立起关于风险实现结果与风险创设行为之间规范关联的查明方法与体系。为了验证规范关联的存在，风险实现理论提出了合义务替代行为理论，即以符合注意义务的行为替代违反注意义务的行为，并考察结果会否发生。这一方法以"实验"思维对规范关联进行考察，而不拘泥于对事实因果的过度纠结。在这种意义上，以合义务替代行为理论为具体规则的规范关联检验不仅具备具体可行的检验方法，而且能够在一定程度上摆脱对事实因果的过度依赖，在事实因果归责机能削弱的当下不失为一种克服归责困境的有益尝试。

（三）风险升高理论的价值选择能够有效实现过失犯罪归责

相比于事实因果的查明，虽然规范关联由于具备实验与试错的检验方式而更具可行性，但即使是在规范关联的考察中，以符合注意义务的行为替换违背注意义务的行为时，危害结果会否发生实际上也难以得出肯定的结论，在大多数情形下这是一个概率问题。风险升高理论的提出有效解决了这一问题，风险升高理论主张如果行为人已经逾越了被允许的风险，不但制造了风险，也实现了被禁止的风险，则因为行为人的行为升高了风险，仍可归责。① 实际上，风险升高理论所体现的是一种价值层面的选择。无论是在事实层面还是在规范层面，大量不可控制且难以再现的因素不可避免地干扰着司法工作人员对于因果历程与规范关联的查明与回溯，在以合义务替代行为检验规范关联时，面对危险结果会否发生的不确定性，法规范面临着两种选择，要么仍然坚持传统的确定性标准，而否认一切无法百分之百确定的联系，进而阻却这种情形下的归责；要么承认规范关联概率化这一事实，选择并确定合理且正当的概率数值作为判断关联存在与否的标准。显然，面对日益严重且无法确定的风险，以规范关联无法绝对明确而放弃归责的做法实际上是刑法法益保护与社会防卫机能的严重失效。

① 参见许玉秀：《主观与客观之间——主观理论与客观归责》，法律出版社2008年版，第199页。

风险升高理论正是摒弃了这种主张,勇敢承认人类认识在不断广博的过程中亦愈加局限的客观事实,在此基础上承认概率论在认定风险创设与风险实现之间规范关联乃至责任归属中重要且积极的作用。这实际上也是符合社会发展趋势与犯罪治理需要的。

第五节 基本结论

在涉人工智能犯罪归责困境的刑法应对上,既要有效应对涉人工智能犯罪的归责风险,又要避免应对措施在更深层次诱发人工智能刑法的体系风险。对此,实现过失犯罪归责构造的理论转型,即由意志归责、主观归责模式过渡到规范归责、客观归责模式,不失为一种有效且有益的尝试。“如果说在意志归责中,行为人的自由意志是考虑的核心,那么在规范归责中,核心的考虑则是行为与结果对于规范的违反”。①

以风险创设和风险实现规则为主干的客观归责理论的搭建始终围绕着风险的允许问题展开,因此探究风险的允许与否成为客观归责理论的基础。在立法层面与司法层面对风险允许与否的划分,赋予人工智能技术风险以规范价值,能够杜绝过失归责以抽象危险预见为根据并克服过失归责对注意义务的依赖。与意志归责执着于预见可能性所不同的是,规范归责模式将风险领域的支配性判定作为逻辑前提,以行为人偏离注意义务的行为基准作为归责依据,通过对行为创设不被允许的风险作为刑事责任归属判断实质步骤的开端。风险管辖的含义在于“适用规范归责模式进行过失判断时需要前提性地考察法所不允许之风险隶属于谁的风险支配领域”②。在此基础上判断行为人的行为是否创设了不被允许的风险,需要首先从正

① 吴玉梅:《德国刑法中的客观归责研究》,中国人民公安大学出版社 2007 年版,第 52 页。

② 王霖:《自动驾驶场景下过失犯归责困境巡检与路径选择——以规范归责模式为视角》,载《河北法学》2020 年第 3 期。

向上判断行为是否创设了风险,在得到肯定的结论之后还要进一步从反向上判断行为是否存在归责排除事由。如果风险隶属于行为人的管辖领域,且行为人的行为创设了法所不允许的风险,则可以肯定该行为具备责难性,即行为归责的条件。行为在客观面向具备非难可能性之后,仍需要考察行为所引发的结果是否实现了行为所创设的不被允许的风险,从而最终确认责任的归属。判断结果是否实现了不被允许的风险,需要明确风险实现于注意规范的保护目的范围之内、风险创设与风险实现之间具备规范意义上的关联以及风险创设至少显著地提高了风险实现的可能性。

客观归责理论对于归责模式转型以及应对人工智能过失犯罪归责间隙的意义在于:首先,客观归责理论实现了归责根据由经验事实向规范的转变,从而使归责的判断摆脱了预见可能和生活经验等在风险社会中难以明确的要素的依赖。其次,客观归责理论实现了归责思想由因果论向管辖论的转变,赋予因果关系以规范检验与规范意义,缓解了事实层面因果查明不能所带来的归责困境。再次,客观归责理论实现了责任归属由纵向向横向维度的转变,拓宽了责任分配的思路,使过失犯罪中主体与主体之间的责任分配成为需要考虑的内容。又次,客观归责理论以合义务替代行为判断风险创设行为与风险创设结果之间的规范关联,使归责摆脱对因果考察的依赖;同时,对于规范关联概率化这一事实的承认能够有效克服人工智能领域下的归责困境,实现过失犯罪归责。最后,客观归责理论对于行为所创设的风险是否属于注意义务规范保护目的范畴的检验,可以合理限制过失犯罪的不当扩大,在实现对智能犯罪有效管控的同时防止人工智能技术的萎缩。

结　论

本书对于涉人工智能犯罪刑事归责的研究，主要体现在对于涉人工智能犯罪归责研究的前提思考、涉人工智能犯罪的归责困境、归责困境可能的解决路径与风险评析、刑法回应涉人工智能犯罪归责困境的立场遴定与刑法应对涉人工智能犯罪归责困境的方法抉择这五个问题的梳理与分析。实际上，上述问题的设置正体现了笔者对于涉人工智能犯罪刑事责任研究的基本思路，而对于上述问题的回答自然构成本书的重心与结论。

对于涉人工智能犯罪刑事归责研究的前提思考集中体现在以下三个方面：规范层面，人工智能的概念能否合理界定；事实层面，人工智能刑事风险是否客观存在；价值层面，人工智能刑法研究是否符合社会需求。对于上述问题的回答也决定了人工智能刑法研究的基础与价值。对此，笔者认为，虽然试图在科学意义上统一人工智能概念难以实现，但仍可在满足当下法学研究需要的程度上合理界定人工智能的概念。虽然对于强人工智能时代的刑事风险无法预测，但当下弱人工智能所引发的刑事风险已然存在。人工智能的出现和发展，正是社会学家乌尔里希·贝克所描绘的风险社会的一个缩影，在风险社会的背景下，人工智能刑法研究具有时代价值与社会意义。因此,人工智能刑事风险及刑法应对具备研究基础与研究价值。

人工智能在事实层面所具有的技术特征与衍生的技术风险映射在规范层面会引发涉人工智能犯罪的归责困境。涉人工智能犯罪的归责困境,是指当传统刑法无法全面地规制涉人工智能犯罪时,就会产生部分刑事责任无法归属于适当的刑事责任主体的责任分配漏洞,造成原本应当承担刑事责任的主体逃避了责任,或者对无须承担刑事责任的主体强加了一定的刑事责任,这种归责间隙即是人工智能技术在刑法范畴所引发的归责风险。

然而,归责困境并不必然存在于涉人工智能犯罪的所有情形中,对此需要区分类别予以讨论。在利用人工智能实施犯罪的故意犯情形中,不论被违法利用的人工智能技术及实体发展到何种程度,是否真正实现深度学习、自主操控等智能功能,其作为犯罪人实施犯罪的工具的属性不会改变,现有的错误理论也完全可以实现刑事责任的有效分配,不会产生归责间隙。在对人工智能未尽安全生产、管理义务的过失犯罪情形中,传统的过失理论及刑法规范对于过失责任的分配则力有不逮。

人工智能的技术特征——“深度学习、跨界融合、人机协同、群智开放、自主操控”与涉人工智能犯罪的特征——“犯罪主体模糊、危害行为复杂、因果关系错综、犯罪结果严重”,对于目前我国过失犯罪归责构造产生一系列的冲击,而这些冲击也正是涉人工智能犯罪归责困境形成的重要原因:其一,人工智能技术导致预见不能,冲击归责基础。人工智能在一定程度与范畴内自主的实现,无疑在智能应用的整体层面削弱了关联人员对于其行为所将引发的结果的预见可能,进而冲击了传统过失归责的基础。其二,人工智能技术造成因果错综,阻滞责任归属。由深度学习能力所形成的“数据黑洞”与“算法黑箱”已然改变传统因果关系模型的现实情境,致使因果关系难以判明。其三,人工智能技术缺失前置规范,难断注意义务。人工智能技术相关监督管理法律法规尚未建立,研发生产行业标准亦未统一,导致了行为人注意义务的划定不能,为过失归责带来严重阻碍。其四,人工智能技术突破纵向关系,扭转归责维度。“工业社会现代活动的现代风险,从来就不是个人可以控制及负责的,而是由许多人共同作用所引起,很难由单一行为人所应负之个人责任,以及单一行为引起的单一因果关系加以说明”①。其五,人工智能技术脱逸经验事实,虚化判断根据。人工智能的应用似乎打破了传统经验事实对于社会生活的覆盖,开始出现了一些无法为传统经验事实所验证的事物。在这种情形下,由人工智能技术所带来的人类经验的盲区造成了归责要素判断根据的空洞与虚化,大量不符合传统经验认知的现象无法纳入过失归责的理论框架内消化,如此便会影响过失犯罪的责任归属。

面对涉人工智能犯罪的归责困境,学者们在不同层面与范畴内提出了应对涉人工智能犯罪归责风险的理论进路,以期有效弥合人工智能过失犯罪的归责间隙。其一,解释论进路。解释论论者认为,人工智能本身存在的技术特征与衍生的刑事风险对于刑法规范的冲击程度较轻,主张通过解释将涉人工智能犯罪纳入现有罪名中,以实现刑法规范规制范围的完整;采取抽象的预见可能性标准,将预见可能性理解为“大概可能会对人造成危险”的含义;为人工智能关涉人员设置标准较低、范围宽泛的注意义务,以实现归责间隙的弥合。其二,立法论进路。立法论论者认为,人工智能本身所固有的技术风险与衍生的刑事风险,对于刑法规范的适用的确造成了一定程度的冲击,主张通过立法在《刑法》总则中确立严格责任,以避免对于部分难以证明的归责因素的纠结,直接确定关涉人员的刑事责任;或在《刑法》分则中新增非法利用人工智能罪、人工智能重大安全事故罪等罪名以填补归责的法律依据空白。其三,对策论进路。对策论论者认为,人

① [德]许迺曼:《过失犯在现代工业社会的捉襟见肘》,单丽玟译,载许玉秀、陈志辉合编:《不移不惑献身法与正义:许迺曼教授刑事法论文选辑》,台北,台湾新学林出版股份有限公司2006年版,第519页。转引自劳东燕:《过失犯中预见可能性理论的反思与重构》,载《中外法学》2018年第2期。

工智能技术特征以及刑事风险对传统刑法规范与主流刑法理论的诸多方面造成了解构性的冲击与影响,主张将人工智能纳入刑事责任主体的范畴,为基于其自主意志实施的犯罪行为承担刑事责任,并考虑到人工智能与自然人构成共同犯罪情形下的刑事责任划分。在此基础上,进一步建议在刑法中针对人工智能增设删除数据、修改程序、永久销毁等刑罚处罚方式。

解释论进路、立法论进路和对策论进路在试图弥合归责间隙的同时都会诱发新的刑法风险,由涉人工智能犯罪归责困境的应对所诱发的人工智能刑法体系风险对于传统刑法规范与理论的冲击,相比前者有过之而无不及。人工智能刑法体系风险首先表现为规范内风险,即造成了传统责任要素的变迁,包括预见可能的抽象化、侵害结果的边缘化、因果关系的减省化、过错责任的局部化。人工智能刑法体系风险还表现为规范外风险,即造成了刑法体系功能的紊乱,表现为冲击刑法体系的安全性、弱化刑事责任的公平性、动摇刑罚制度的正当性。

笔者认为,应对涉人工智能犯罪的归责困境应当排除人工智能的责任主体地位、恪守刑法规避风险的理性姿态并满足应对归责困境的现实需求。排除人工智能责任地位的理由在于:在事实层面上,人工智能受运作机理、本质属性以及发展脉络的限制而不能成为刑事责任主体;在规范层面上,人工智能不具备自由意志、责任能力、行为能力、受刑能力、拟制条件而不应成为刑事责任主体;在价值层面上,人工智能由于尚未冲击到刑法的基础理论构造,以自然人为中心的责任主体规范依然可以有效适用而无须成为刑事责任主体。恪守刑法规避风险的理性姿态具体表现为:就技术发展而言,刑法应当理性干预而非感性干涉,防范因刑法越俎代庖而造成技术萎缩;就刑事风险而言,刑法应当恪守谦抑而非畸重预防,作为刑法安全保障的谦抑性也不应当被放弃;就应对选择而言,刑法应当进行理论调整而非体系重构,在解释论进路上采取合适的原理对规范进行解释足以弥合归责风险。此外,人工智能刑法研究的根本目的在于应对涉人工智能犯罪归责困境，从这种意义上来说，只有满足困境解决需求的方法才是具有实践价值的。对应人工智能刑事犯罪归责间隙的具体面向与产生缘由，一方面，归责困境的解决需要弥合归责间隙，包括克服预见不能引发的归责阻滞、理顺因果关系的规范体系定位、应对注意义务缺位的现实情形、突破纵向关系的惯性思维束缚、回应经验事实缺乏的应对难题。另一方面，归责困境的解决需要规避刑法体系风险，戒备传统责任要素异化、防范刑法体系功能紊乱。

在具体方法的选择上，应对涉人工智能犯罪的归责困境需要摆脱传统过失犯罪理论构造，实现由意志向规范、由主观向客观的责任归属模式转型。对于涉人工智能犯罪归责困境应对路径的探寻，应当建立在查清归责困境实质与缘由的基础上，同时要满足有效弥补涉人工智能过失犯罪的归责间隙、保障刑法体系安全的要求。建立人工智能刑法体系的应对进路由于动摇了传统刑法理论的基础，在试图解决涉人工智能犯罪归责困境的同时，引发了更为严重的人工智能刑法体系风险，这种为了规避风险而引发风险的方法存在固有的弊端，应谨慎对待。通过解释进路对行为人结果预见义务和结果回避义务的实质内容与判定标准进行虚化与抽象，或者从立法论角度提出针对涉人工智能犯罪的立法建议，虽然都努力维持现行刑法体系的稳定，但仍然难以摆脱抽象危险与畸重预防的风险刑法烙印。

转换过失犯罪的归责模式，实现由意志归责、主观归责到规范归责、客观归责的变更不失为一种有效尝试，“风险管辖”的要求保障了刑责自负原则的落实；“创设不被允许的风险”可以规避对于行为人预见可能性与回避可能性的过分纠结；“实现不被允许的风险”中规范保护目的的检验恪守了刑法谦抑品格，合义务替代行为与风险升高理论以规范关联的提倡克服了因果关系难以查明的困境。上述理论搭建了过失犯罪的实质构成要件，其意义不仅局限于应对人工智能刑事风险，还体现在重新审视与构建过失犯论上。所谓恪守与厘革之间，正是试图在恪守传统解释理论与厘革传统刑法体系的“两极”进路之间寻求既可弥补涉人工智能犯罪归责间隙，又能摆脱人工智能刑法风险的应对之道,而肇端于德国的客观归责理论无疑是一种有效的启迪。虽然目前对于这一理论的下位规则仍存有争议,但不知是先贤们的睿智,还是历史进程的巧合,规范化的归责理论愈加迎合风险社会下的刑法需求,对于新兴风险的应对富有实效,经过对理论的精细雕琢与本土转化,客观与规范的归责方式定然会对涉人工智能犯罪归责困境的解决裨益良多。

参考文献

一、中文文献

(一)专著类

1. 陈兴良:《刑法哲学》(第6版),中国人民大学出版社 2017年版。

2. 陈璇:《刑法归责原理的规范化展开》,法律出版社 2019年版。

3. 何荣功:《刑法与现代社会治理》,法律出版社 2020年版。

4. 黄荣坚:《基础刑法学》(第3版),中国人民大学出版社 2009年版。

5. 劳东燕:《风险社会中的刑法:社会转型与刑法理论的变迁》,北京大学出版社 2015年版。

6. 李波:《过失犯中的规范保护目的理论研究》,法律出版社 2018年版。

7. 李德毅主编:《人工智能导论》,中国科学技术出版社 2018年版。

8. 李洁主编:《刑法学》(第2版),中国人民大学出版社

2014 年版。

9. 林钰雄:《新刑法总则》,中国人民大学出版社 2009 年版。

10. 刘宪权:《人工智能时代的刑法观》,上海人民出版社 2019 年版。

11. 刘星:《西方法律思想导论》,法律出版社 2007 年版。

12. 吕英杰:《客观归责下的监督、管理过失》,法律出版社 2013 年版。

13. 马克昌:《比较刑法原理——外国刑法学总论》,武汉大学出版社 2002 年版。

14. 马克昌主编:《犯罪通论:根据 1997 年刑法修订》,武汉大学出版社 1999 年版。

15. 马克昌主编:《刑罚通论》,武汉大学出版社 1999 年版。

16. 彭飞荣:《风险与法律的互动:卢曼系统论的视角》,法律出版社 2018 年版。

17. 秦明瑞:《系统的逻辑——卢曼思想研究》,商务印书馆 2019 年版。

18. 王俊:《客观归责体系中允许风险的教义学重构》,法律出版社 2018 年版。

19. 吴玉梅:《德国刑法中的客观归责研究》,中国人民公安大学出版社 2007 年版。

20. 吴宗宪:《西方犯罪学》(第 2 版),法律出版社 2006 年版。

21. 许玉秀:《当代刑法思潮》,中国民主法制出版社 2005 年版。

22. 许玉秀:《主观与客观之间——主观理论与客观归责》,法律出版社 2008 年版。

23. 张明楷:《刑法学》(第 5 版),法律出版社 2016 年版。

24. 张旭、单勇:《犯罪学基本理论研究》,高等教育出版社 2010 年版。

25. 张旭:《犯罪学要论》,法律出版社 2003 年版。

26. 张旭主编:《国际刑法——现状与展望》,清华大学出版社 2005 年版。

27. 张智辉:《国际刑法通论》(第 3 版),中国政法大学出版社 2009

年版。

28. 赵秉志主编:《英美刑法学》,中国人民大学出版社 2004 年版。

29. 周志华:《机器学习》,清华大学出版社 2016 年版。

30. 庄劲:《从客观到主观:刑法结果归责的路径研究》,中山大学出版社 2019 年版。

(二)连续出版物中的析出文章

1. 蔡婷婷:《人工智能环境下刑法的完善及适用——以智能机器人和无人驾驶汽车为切入点》,载《犯罪研究》2018 年第 2 期。

2. 陈结淼、王康辉:《论无人驾驶汽车交通肇事的刑法规制》,载《安徽大学学报(哲学社会科学版)》2019 年第 3 期。

3. 陈伟、熊波:《人工智能刑事风险的治理逻辑与刑法转向——基于人工智能犯罪与网络犯罪的类型差异》,载《学术界》2018 年第 9 期。

4. 陈文、姜督:《人工智能的刑事风险及刑法应对》,载《南京社会科学》2020 年第 1 期。

5. 陈叙言:《人工智能刑事责任主体问题之初探》,载《社会科学》2019 年第 3 期。

6. 储陈城:《人工智能时代刑法的立场和功能》,载《中国刑事法杂志》2018 年第 6 期。

7. 储陈城:《人工智能时代刑法归责的走向——以过失的归责间隙为中心的讨论》,载《东方法学》2018 年第 3 期。

8. 储陈城:《自动汽车程序设计中解决“电车难题”的刑法正当性》,载《环球法律评论》2018 年第 3 期。

9. 戴锦澍:《人工智能刑事责任主体地位辨析——从中世纪动物审判到人工智能主体性论争》,载《东北农业大学学报(社会科学版)》2019 年第 3 期。

10. 董玉庭:《人工智能与刑法发展关系论——基于真实与想象所做的

分析》,载《现代法学》2019 年第 5 期。

11. 冯文杰、李永升:《AI 刑事责任主体否定论的法理与哲理证成——兼论“人”是什么》,载《东北大学学报(社会科学版)》2020 年第 1 期。

12. 高铭暄、孙道萃:《我国刑法立法的回顾与展望——纪念中国共产党十一届三中全会召开四十周年》,载《河北法学》2019 年第 5 期。

13. 高铭暄、王红:《互联网 + 人工智能全新时代的刑事风险与犯罪类型化分析》,载《暨南学报(哲学社会科学版)》2018 年第 9 期。

14. 韩骁:《人工智能犯罪的教义学审视》,载《人工智能法学研究》2018 年第 2 期。

15. 何鑫:《强人工智能体承担刑事责任的哲学与法学根据》,载《江西警察学院学报》2019 年第 6 期。

16. 侯帅:《自动驾驶技术背景下道路交通犯罪刑事责任认定新问题研究》,载《中国应用法学》2019 年第 4 期。

17. 黄云波:《论人工智能时代的刑事责任主体:误区、立场与类型》,载《中国应用法学》2019 年第 2 期。

18. 冀洋:《人工智能时代的刑事责任体系不必重构》,载《比较法研究》2019 年第 4 期。

19. 贾元、焦旭鹏:《走向未来的刑法学——“社会变迁与刑法科学新时代”学术研讨会综述》,载《人民检察》2019 年第 3 期。

20. 姜涛、柏雪淳:《谁之责任与何种责任:人工智能的责任模式配置慎思》,载《河南社会科学》2019 年第 4 期。

21. 康均心:《2018 年中国刑法实施报告》,载《湖北警官学院学报》2019 年第 2 期。

22. 郎正午:《伪命题:人工智能带来的刑事风险》,载《天水行政学院学报》2019 年第 3 期。

23. 劳东燕:《风险社会与变动中的刑法理论》,载《中外法学》2014 年第 1 期。

24. 劳东燕:《风险社会与功能主义的刑法立法观》,载《法学评论》2017年第6期。

25. 李婕:《智能风险与人工智能刑事责任之构建》,载《当代法学》2019年第3期。

26. 李振林:《人工智能刑事立法图景》,载《华南师范大学学报(社会科学版)》2018年第6期。

27. 刘建利:《医疗人工智能临床应用的法律挑战及应对》,载《东方法学》2019年第5期。

28. 刘期湘:《人工智能时代网络诽谤"积量构罪"的教义学分析》,载《东方法学》2019年第5期。

29. 刘宪权、房慧颖:《涉人工智能犯罪的前瞻性刑法思考》,载《安徽大学学报(哲学社会科学版)》2019年第1期。

30. 刘宪权、房慧颖:《涉人工智能犯罪刑法规制的正当性与适当性》,载《华南师范大学学报(社会科学版)》2018年第6期。

31. 刘宪权、胡荷佳:《论人工智能时代智能机器人的刑事责任能力》,载《法学》2018年第1期。

32. 刘宪权、林雨佳:《人工智能时代技术风险的刑法应对》,载《华东政法大学学报》2018年第5期。

33. 刘宪权、林雨佳:《人工智能时代刑事责任主体的重新解构》,载《人民检察》2018年第3期。

34. 刘宪权、张俊英:《人工智能时代机器人异化与刑事责任》,载《法治研究》2019年第4期。

35. 刘宪权、朱彦:《人工智能时代对传统刑法理论的挑战》,载《上海政法学院学报(法治论丛)》2018年第2期。

36. 刘宪权:《对强智能机器人刑事责任主体地位否定说的回应》,载《法学评论》2019年第5期。

37. 刘宪权:《对人工智能法学研究"伪批判"的回应》,载《法学》2020

年第1期。

38. 刘宪权:《人工智能生成物刑法保护的基础和限度》,载《华东政法大学学报》2019年第6期。

39. 刘宪权:《人工智能时代的“内忧”“外患”与刑事责任》,载《东方法学》2018年第1期。

40. 刘宪权:《人工智能时代的刑事风险与刑法应对》,载《法商研究》2018年第1期。

41. 刘宪权:《人工智能时代的刑事责任演变:昨天、今天、明天》,载《法学》2019年第1期。

42. 刘宪权:《人工智能时代机器人行为道德伦理与刑法规制》,载《比较法研究》2018年第4期。

43. 刘宪权:《人工智能时代我国刑罚体系重构的法理基础》,载《法律科学(西北政法大学学报)》2018年第4期。

44. 刘宪权:《人工智能时代刑法中行为的内涵新解》,载《中国刑事法杂志》2019年第4期。

45. 刘宪权:《人工智能时代刑事责任与刑罚体系的重构》,载《政治与法律》2018年第3期。

46. 刘宪权:《涉人工智能犯罪刑法规制的路径》,载《现代法学》2019年第1期。

47. 刘宪权:《涉人工智能犯罪中研发者主观罪过的认定》,载《比较法研究》2019年第4期。

48. 刘艳红:《人工智能法学研究的反智化批判》,载《东方法学》2019年第5期。

49. 龙敏:《自动驾驶交通肇事刑事责任的认定与分配》,载《华东政法大学学报》2018年第6期。

50. 卢勤忠、何鑫:《强人工智能时代的刑事责任与刑罚理论》,载《华南师范大学学报(社会科学版)》2018年第6期。

51. 马治国、田小楚:《论人工智能体刑法适用之可能性》,载《华中科技大学学报(社会科学版)》2018 年第 2 期。

52. 彭文华:《哈利维的人工智能犯罪观及其启示》,载《上海政法学院学报(法治论丛)》2019 年第 4 期。

53. 彭文华:《人工智能的刑法规制》,载《现代法学》2019 年第 5 期。

54. 彭文华:《自动驾驶车辆犯罪的注意义务》,载《政治与法律》2018 年第 5 期。

55. 彭文华:《自由意志、道德代理与智能代理——兼论人工智能犯罪主体资格之生成》,载《法学》2019 年第 10 期。

56. 石经海、唐渠渠:《恐惧抑或不知:人工智能刑法规制争议的数学考察》,载《法治社会》2020 年第 1 期。

57. 时方:《人工智能刑事主体地位之否定》,载《法律科学(西北政法大学学报)》2018 年第 6 期。

58. 孙杰:《论人工智能体的刑法定位》,载《辽宁大学学报(哲学社会科学版)》2019 年第 4 期。

59. 王殿宇:《人工智能刑事主体资格之否定及其进路》,载《广西大学学报(哲学社会科学版)》2019 年第 5 期。

60. 王军明:《自动驾驶汽车的刑事法律适用》,载《吉林大学社会科学学报》2019 年第 4 期。

61. 王利宾:《弱人工智能的刑事责任问题研究》,载《湖南社会科学》2019 年第 4 期。

62. 王霖:《自动驾驶场景下过失犯归责困境巡检与路径选择——以规范归责模式为视角》,载《河北法学》2020 年第 3 期。

63. 王倩云:《人工智能背景下数据安全犯罪的刑法规制思路》,载《法学论坛》2019 年第 2 期。

64. 王肃之:《人工智能犯罪的理论与立法问题初探》,载《大连理工大学学报(社会科学版)》2018 年第 4 期。

65. 王肃之:《人工智能体“刑事责任”的教义学解构》,载《西南政法大学学报》2019 年第 1 期。

66. 王鑫磊、张靖:《刑法视角下的人工智能犯罪》,载《长春理工大学学报(社会科学版)》2019 年第 4 期。

67. 王燕玲、韩蓄:《人工智能体的刑事风险与应对措施》,载《学习与实践》2019 年第 3 期。

68. 王燕玲:《人工智能时代的刑法问题与应对思路》,载《政治与法律》2019 年第 1 期。

69. 王耀彬:《类人型人工智能实体的刑事责任主体资格审视》,载《西安交通大学学报(社会科学版)》2019 年第 1 期。

70. 王耀彬:《刑法上的自由意志与自由意志中的 AI——基于现代泛心论的分析视角》,载《浙江社会科学》2019 年第 12 期。

71. 王志祥、张圆国:《人工智能时代刑事风险的刑法应对》,载《上海政法学院学报(法治论丛)》2019 年第 2 期。

72. 魏东:《人工智能犯罪的可归责主体探究》,载《理论探索》2019 年第 5 期。

73. 吴波、俞小海:《人工智能时代刑事责任认定思路的挑战与更新》,载《上海政法学院学报(法治论丛)》2018 年第 5 期。

74. 吴允锋:《人工智能时代侵财犯罪刑法适用的困境与出路》,载《法学》2018 年第 5 期。

75. 夏陈婷:《人工智能时代的刑事归责路径探析》,载《法治社会》2019 年第 1 期。

76. 熊波:《人工智能刑事风险的样态评价与规制理念》,载《探索与争鸣》2019 年第 5 期。

77. 杨宁:《刑法介入自动驾驶技术的路径及其展开》,载《中国应用法学》2019 年第 4 期。

78. 姚万勤:《对通过新增罪名应对人工智能风险的质疑》,载《当代法学》2019年第3期。

79. 姚万勤:《新过失论与人工智能过失刑事风险的规制》,载《法治研究》2019年第4期。

80. 叶良芳、马路瑶:《风险社会视阈下人工智能犯罪的刑法应对》,载《浙江学刊》2018年第6期。

81. 叶良芳:《人工智能是适格的刑事责任主体吗?》,载《环球法律评论》2019年第4期。

82. 袁彬、徐永伟:《"人机共驾"模式下交通肇事罪的适用困境及突围》,载《广西大学学报(哲学社会科学版)》2019年第5期。

83. 袁彬:《人工智能的刑法主体地位反思——自我意思决定、平等主义与刑法技术措施》,载《上海政法学院学报(法治论丛)》2019年第3期。

84. 张富利、郑海山:《大数据时代人工智能辅助量刑的定位、前景及风险防控》,载《广西社会科学》2019年第1期。

85. 张金钢:《人工智能时代的刑事风险——以智能机器人为切入点》,载《重庆理工大学学报(社会科学)》2019年第8期。

86. 张庆立:《区块链应用的不法风险与刑事法应对》,载《东方法学》2019年第3期。

87. 张全印:《机遇与挑战:人工智能带来的刑事风险与刑法应对》,载《中国刑警学院学报》2018年第6期。

88. 张旭、阮重骏:《人工智能非法应用的犯罪风险及其治理》,载《中国特色社会主义研究》2019年第4期。

89. 张旭、杨丰一:《人工智能时代下刑事风险与刑法应对的"是"与"非"》,载《辽宁大学学报(哲学社会科学版)》2019年第4期。

90. 张旭、周为:《从"风险社会"到"风险刑法":理论与进路的多重清理》,载《东北师大学报(哲学社会科学版)》2020年第1期。

91. 赵秉志、詹奇玮:《现实挑战与未来展望:关于人工智能的刑法学思考》,载《暨南学报(哲学社会科学版)》2019年第1期。

92. 钟菁:《无人驾驶汽车应用的刑事风险分析》,载《长春师范大学学报》2019 年第 1 期。

93. 周蕾:《强人工智能刑事法主体资格的检讨》,载《河南财经政法大学学报》2019 年第 4 期。

94. 周铭川:《论自动驾驶汽车交通肇事的刑事责任》,载《上海交通大学学报(哲学社会科学版)》2019 年第 1 期。

95. 周铭川:《强人工智能刑事责任之否定》,载《上海政法学院学报(法治论丛)》2019 年第 2 期。

96. 周振杰、胡圣鑫:《刑罚的有效性与人工智能领域的刑事责任主体》,载《河南警察学院学报》2019 年第 3 期。

97. [德]埃里克·希尔根多夫:《自动系统、人工智能和机器人——一个刑法角度的定位》,载《黄笑岩译. 法治现代化研究》2019 年第 1 期。

98. [德]黎安·沃尔娜:《自动驾驶汽车编程者的刑事责任——以规定参数进行紧急避险的角度》,王德政译,载《上海师范大学学报(哲学社会科学版)》2019 年第 6 期。

99. [日]松尾刚行:《关于自动驾驶汽车与刑事责任的考察》,载《法治现代化研究》2019 年第 1 期。

100. [英]约翰·金斯顿:《人工智能与法律责任》,魏翔译,载《地方立法研究》2019 年第 1 期。

(三)译著

1. [德]阿图尔·考夫曼、温弗里德·哈斯默尔主编:《当代法哲学和法律理论导论》,郑永流译,法律出版社 2013 年版。

2. [德]埃里克·希尔根多夫:《德国刑法学:从传统到现代》,江溯、黄笑岩等译,北京大学出版社 2015 年版。

3. [德]汉斯·海因里希·耶赛克、托马斯·魏根特:《德国刑法教科书》,徐久生译,中国法制出版社 2017 年版。

4. [德]卡尔·拉伦茨:《法学方法论》,陈爱娥译,商务印书馆 2003 年版。

5. [德]克劳斯·罗克辛:《德国刑法学总论》(第 2 卷),王世洲等译,法律出版社 2013 年版。

6. [德]克劳斯·罗克辛:《德国刑法学总论》(第 1 卷),王世洲译,法律出版社 2005 年版。

7. [德]尼克拉斯·卢曼:《法社会学》,宾凯、赵春燕译,上海人民出版社 2013 年版。

8. [德]乌尔里希·贝克:《风险社会:新的现代性之路》,张文杰、何博闻译,译林出版社 2018 年版。

9. [德]乌尔斯·金德霍伊泽尔:《刑法总论教科书》(第 6 版),蔡桂生译,北京大学出版社 2015 年版。

10. [美]道格拉斯·胡萨克:《过罪化及刑法的限制》,姜敏译,中国法制出版社 2015 年版。

11. [美]道格拉斯·胡萨克:《刑法哲学》,姜敏译,中国法制出版社 2015 年版。

12. [美]瑞恩·卡洛、迈克尔·弗鲁姆金、[加]伊恩·克尔编:《人工智能与法律的对话》,陈吉栋、董惠敏、杭颖颖译,上海人民出版社 2018 年版。

13. [美]约翰·弗兰克·韦弗:《机器人是人吗?》,刘海安、徐铁英、向秦译,上海人民出版社 2018 年版。

14. [日]曾根威彦:《刑法学基础》,黎宏译,法律出版社 2005 年版。

15. [日]平野龙一:《刑罚的基础》,黎宏译,中国政法大学出版社 2016 年版。

16. [日]前田雅英:《刑法总论讲义》(第 6 版),曾文科译,北京大学出版社 2017 年版。

17. [日]西原春夫:《刑法的根基与哲学》,顾肖荣等译,中国法制出版社 2017 年版。

18. [日]宗冈嗣郎:《犯罪论与法哲学》,陈劲阳、吴丽君译,华中科技大学出版社 2012 年版。

19. [以色列]加布里埃尔·哈列维:《审判机器人》,陈萍译,上海人民出版社 2019 年版。

20. [意]切萨雷·贝卡里亚:《论犯罪与刑罚》,黄风译,北京大学出版社 2008 年版。

21. [意]乌戈·帕加罗:《谁为机器人的行为负责?》,张卉林、王黎黎译,上海人民出版社 2018 年版。

22. [英]罗杰·科特威尔:《法律社会学导论》(第 2 版),彭小龙译,中国政法大学出版社 2015 年版。

二、外文文献

(一)著作类

1. Corrales, Marcelo & Fenwick Mark, *Robotics, AI and the Future of Law*, Springer International Press, 2018.

2. Cui, Yadong, *Artificial Intelligence and Judicial Modernization*, Springer International Press, 2020.

3. Dignum, Virginia, *Responsible Artificial Intelligence: How to Develop and Use AI in a Responsible Way*, Springer International Press, 2019.

4. Hallevy, Gabriel, *Liability for Crimes Involving Artificial Intelligence Systems*, Springer International Press, 2020.

5. Hallevy, Gabriel, *When Robots Kill: Artificial Intelligence under Criminal Law*, Northeastern University Press, 2013.

6. Ogus, A. I. & Barendt, E. M., *The Law of Social Security*,

Butterworths,1982.

7. Pagallo, Ugo, *The Laws of Robots: Crimes, Contracts, and Torts*, Springer International Press,2013.

8. Serena, Quattrocolo, *Artificial Intelligence, Computational Modelling and Criminal Proceedings: A Framework for A European Legal Discussion*, Springer International Press,2020.

9. Simari, Guillermo & Rahwan, Iyad, *Argumentation in Artificial Intelligence*, Springer International Press,2009.

10. Wischmeyer, Thomas & Rademacher, Timo, *Regulating Artificial Intelligence*, Springer International Press,2020.

(二)外文期刊或文集中析出的文章

1. Begishev, Ildar R. & Latypova, Elvira Y. , *Artificial Intelligence as a Legal Category: Doctrinal Approach to Formulating a Definition*, 2 Actual Problems of Economics and Law (2020) 79.

2. Begishev, Ildar R. & Latypova, Elvira Y. , *Artificial Intelligence as a Legal Category: Doctrinal Approach to Formulating a Definition*, 14 Aktual'nye Problemy Ėkonomiki I Prava (2010) 79.

3. Dobrinoiu, Maxim, *The Influence of Artificial Intelligence on Criminal Liability*, 26 Lex ET Scientia International Journal (2019) 140.

4. Hallevy, Gabriel, *I, Robot-I, Criminal: When Science Fiction Becomes Reality: Legal Liability of AI Robots Committing Criminal Offenses*, 2010 Syracuse Science & Technology Law Reporter (2010) 1.

5. Hallevy, Gabriel, *The Criminal Liability of Artificial Intelligence Entities-From Science Fiction to Legal Social Control*, 4 Akron Intellectual Property Journal (2010) 171.

6. Hallevy, Gabriel, *Unmanned Vehicles: Subordination to Criminal Law*

under the Modern Concept of Criminal Liability, 21 Journal of Law, Information and Science (2011) 200.

7. Ivanovic, Aleksandar R. & Pavlovic, Zoran S., *Involving of Artificial Intelligence in Committing a Crime as a Challenge to the Criminal Law of the Republic of Serbia*, 2 Journal of Eastern-European Criminal Law (2018) 46.

8. Joh, Elizabeth E., *Artificial Intelligence and Policing: First Questions. (Singularity: Artificial Intelligence and the Law)*, 41 Seattle University Law Review (2018) 1139.

9. Kowert, Weston, *The Foreseeability of Human-Artificial Intelligence Interactions*, 96 Texas Law Review (2017) 181.

10. Osmani Nora, *The Complexity of Criminal Liability of AI Systems*, 14 Masaryk University Journal of Law and Technology (2020) 53.

11. Padhy, Ankit K., *Criminal Liability of the Artificial Intelligence Entities*, 8 Nirma University Law Journal (2019) 15.

12. Padhy, Ankit K. & Padhy Amit K., *Criminal Liability of the Artificial Intelligence Entities*, 8 Nirma University Law Journal (2019) 15.

13. Pedrina, Gustavo M. L., *Consequences and Prospects of the Application of Artificial Intelligence to Criminal Cases*, 5 Revista Brasileira de Direito Processual Penal (2019) 1589.

14. Radutniy, O. E., *Criminal Liability of the Artificial Intelligence*, 138 Problems of Legality (2017) 132.

15. Reed, Chris., *How Should We Regulate Artificial Intelligence?*, 376 Philosophical Transactions. Series A, Mathematical, Physical, and Engineering Sciences (2018) 360.

16. Simon, Roy D., *Artificial Intelligence, Real Ethics*, 90 New York State Bar Association Journal (2018) 34.

17. Stanila, Laura, *On the Necessity of Recognizing Artificial Intelligence*

as Subject to Criminal Law-The Case of Autonomous Vehicles, 2 Journal of Eastern-European Criminal Law (2019) 40.

18. Stern, Simon, *Introduction*: *Artificial Intelligence*, *Technology*, *and the Law*, 68 The University of Toronto Law Journal(2018) 1.

19. Yastrebov, Oleg A., *Artificial Intelligence in the Legal Space*, 22 RUDN Journal of Law (2018) 315.

后　记

“日月忽其不淹兮，春与秋其代序。”提笔撰写后记的恍然之间，才真切地意识到进入吉林大学求学的九年时光、入职东北大学工作的三载岁月竟已悄然流逝。求学、工作多年，流连于家校，往返于春秋，可谓是漫长而又短暂，坦途不乏艰辛。蓦然回首，学术之路远比当初预想的困难，但恩师的传道受业解惑、父母的养育支持理解、爱人的关怀扶持陪伴、挚友的关心帮助鼓励、同事的督促宽慰指点，也使我有信心、有能力、有动力坚持下去。对于学术，我也付出了最大限度的真诚与努力，虽然限于能力水平，不乏遗憾之处，但亦无愧于当初的选择。

“若非前路掌灯者，安得云帆雾里行。”得遇张旭恩师近十载，时常回忆起本科阶段参加本硕博贯通培养研究生选拔的情景，也正是彼时决定跟随恩师攻读博士学位。本硕博一路行来，正是恩师的谆谆教导塑造了我的学术人格、赋予了我职业素养与生活智慧。正如诗文中所言，恩师多年的教导于我而言，正是在我迷茫求学时期引领我前行的一座灯塔。在人生中，学业与职业无疑是奠定人生基调的重要节点，恩师对于我学业修成与职业选择的耐心教导与珍贵建议，是惠及我一生、影响我一生的宝贵财富。恩师对我的教导,如春风化雨、润物无声,在学业上,上至论文选题、下至行文句读,恩师总是不厌其烦地给予指导;在生活中,恩师总能在我疑惑迷茫、不知所措之际安慰、鼓励。张旭恩师,是我的传道之师、授业之师、解惑之师,更是人生之师。师恩深重,无法言谢!同样感谢我的博士后合作导师孙萍教授,以及在我工作后给予我莫大帮助、如同恩师的陈艳华老师、曹海军教授、隋军教授。唯愿吾师身体康健、平安快乐,心向往之皆能如愿!

"愿正义的阳光照耀我们,让公平与正义永驻心间"是吉林大学法学院对学生的希望与叮嘱,亦是诸位老师以身体力行所彰显的"学为人师、行为世范"的伟大品格。多年来,有幸承蒙诸位老师的教导,在此诚挚感谢法学院刑法教研组的老师们,感谢李韧夫教授、徐岱教授、王充教授、李立丰教授、李海滢教授、郑军男教授、陈劲阳教授、李蓁通副教授、王勇教授、王弘宁副教授、王军明副教授、王若思副教授。同时,感谢原法学院学生工作办公室马旭老师、研究生工作办公室郑诺老师、张舒老师、王颖老师的关心与照顾。感谢老师们的辛勤付出,学生将牢记诸位老师的教诲!

"白山泱泱,黑水汤汤。"东北大学文法学院办学九十五年以来,秉承"自强不息,知行合一"的校训精神,弘扬"透明、温暖、和谐、健康"的阳光理念,书写了一段与祖国同呼吸、与行业同发展的辉煌历史,为莘莘学子创造了温馨和睦、书香浓厚的学习环境,为教师职工搭建了资源丰富、激励完善的科研平台。入职以来,深受学院领导张雷院长、隋永强书记、杜宝贵院长、李丹副院长、孙宏伟副书记、宋戈副院长、吕晓副院长、满小欧副院长与同事们无微不至的关心、照顾与信任,使我在独立从事科研、教学工作伊始便得到充满能量的助力,继而顺利地由学生状态过渡到教师身份。本书的出版也离不开学院的大力资助,感谢东北大学文法学院!

"谁言寸草心,报得三春晖。"感谢我的父母,对而立之年的我细致入微的照顾与全力以赴的支持。从小到大,父母对我总是有求必应,但又注重对我独立思考、承担责任的教育。古有孟母三迁,我的父母在我幼时也曾为了我的学业数次搬家,为了我的成长与教育不遗余力。诚然,能够在象牙塔中安